大语文

人大附中

主编 王艳

记叙文写作课

备考指津

徐翔宇 著

中国人民大学出版社
·北京·

人大附中系列丛书编委会

刘小惠	李永强	王晓楠	周建华	崔艳阳
许作良	李　颖	于秀娟	钟兰芳	马　晴
梁丽平	卢海军	宓　奇	徐　莉	黄群飞
李　桦	张卫汾	王志鹏	胡继超	邹明健
佟世祥	吴　凌	吴中才	孙　芳	刘景军
刘永进	贺　新	闫新霞	梁月婵	闫桂红
张　帅	唐艳杰	彭　伟	冯树远	陈　华
万　丹	武　迪	郑　晓	赵有光	

本书系北京市教育科学"十三五"规划 2020 年度青年专项课题"高中语文创意写作课程的开发与实施研究"(编号：CDCA2020115）研究成果

目录

第一讲 写作准备 / 1
  一、何为素材 / 1
  二、写前诊断 / 2
  三、素材蓄积 / 13
  四、素材化用 / 21

第二讲 审题 / 39
  一、故事主题词 / 39
  二、叙事元素 / 49
  三、逻辑限定 / 58
  四、材料导引语 / 72

第三讲 成文 / 80
  一、人物类元素命题构思指导 / 80
  二、情节类元素命题构思指导 / 87
  三、场景类元素命题构思指导 / 94
  四、道具类元素命题构思指导 / 114

第四讲 修改 / 127
  一、修改方向 / 128
  二、修改策略 / 133

第五讲　高考北京卷记叙类作文题的命题趋势与导向研究　/ 153
　　一、强调"此在"　/ 153
　　二、强调"我在"　/ 156
　　三、强调"文质兼在"　/ 158

第六讲　日常生活　惊心动魄
　　　　——2015年高考北京卷作文解析　/ 162
　　一、审题指导　/ 162
　　二、主题启发　/ 165
　　三、范文解读　/ 171

第七讲　笔架有幸沾窗雨，书签也亦映隙曛
　　　　——2016年高考北京卷作文解析　/ 175
　　一、审题指导　/ 175
　　二、主题启发　/ 177
　　三、范文解读　/ 180

第八讲　"共和国，我为你拍照"
　　　　——2017年高考北京卷作文解析　/ 187
　　一、审题指导　/ 187
　　二、主题启发　/ 188
　　三、素材拓展　/ 191
　　四、范文解读　/ 194

第九讲　绿水青山中的现实与诗意
　　　　——2018年高考北京卷作文解析　/ 196
　　一、审题指导　/ 196

二、主题启发　/ 199

三、素材拓展　/ 201

四、范文解读　/ 203

第十讲　2019 的色彩

——2019 年高考北京卷作文解析　/ 208

一、审题指导　/ 208

二、范文解读　/ 212

第十一讲　那条在生命间回响的信息

——2020 年高考北京卷作文解析　/ 222

一、审题指导　/ 222

二、主题启发　/ 225

三、素材拓展与写法点拨　/ 230

四、范文解读　/ 233

第十二讲　这，才是成熟的模样

——2021 年高考北京卷作文解析　/ 240

一、审题指导　/ 240

二、主题启发　/ 241

三、范文解读　/ 244

第十三讲　网络空间的浪漫与梦魇

——2022 年高考北京卷作文解析　/ 250

一、审题指导　/ 250

二、立意指导　/ 253

三、主题启发　/ 254

四、范文解读　/ 256

第十四讲　亮相
　　——2023年高考北京卷作文解析　/ 262
　　一、审题指导　/ 262
　　二、范文解读　/ 264

第十五讲　打开
　　——2024年高考北京卷作文解析　/ 271
　　一、审题指导　/ 271
　　二、范文解读　/ 277

第一讲　写作准备

素材是写作的矿藏,这是显而易见的道理。在实际写作中,同学们却总会出现捉襟见肘、四顾茫然乃至手忙脚乱的情况。如何储备与化用素材,是备考阶段的同学们普遍困惑之处。本讲即聚焦在写作准备阶段,以帮助同学们诊明写作源头上的症结,探清写作储备的前路,正本清源,夯实记叙文写作的地基。

一、何为素材

故事动笔前的写作准备,离不开素材。那什么是素材呢?

素材之于创作如同泥瓦匠手里的砖瓦,是最基础的材料。写作者有了素材,故事创作才会拥有踏实的依凭。无论多么天才的作者,无论他的想象力有多么丰富,都不可能离开直接或间接经验创造故事。正如莫言先生所说:"小说家无论如何千方百计挖空心思搞创新,不管他有多么丰富的想象力,确实还应该有一个生活的底子,万丈高楼还是要从平地上建起来。"[①] 莫言先生所说的"生活的底子"既包括写作者平时积累的各种生活经验和人生阅历,也包括阅读、思考和各种闻见所得。但无论是直接经验的素材还是间接经验的素材都并不一定能被直接用于写作,这与写作素材的特点相关。

凌鼎年先生这样解释素材:"素材,通常是指作者从现实生活中

---

① 管遵华.跟莫言学写作.北京:机械工业出版社,2013:17.

发现、搜集到的，未经整理加工、未经提炼的、零零散散、琐琐碎碎、原汁原味的原始生活片段或某种印象、若干资料。"① 从他的叙述中，我们不难发现，作为故事写作准备阶段的素材是没有完整性、没有系统性、缺乏加工改造的，故不能被直接写入故事。

想要让素材助力于写好考场故事，就不能只停留在发现素材的阶段，还要迈入储备、发酵与改造素材的阶段。后文将针对这几个阶段提出应对策略，以供借鉴。

二、写前诊断

在素材积累时，我们常常产生无所适从的困惑，但又不知困惑的具体所指，产生困惑的症结何在，以及如何对症下药，如以下三位同学。

同学甲：我的问题主要是，平时自己在做素材积累，自认为各类素材都大致准备了一两个，**但到了考场上总觉得用不到**（但其实是可以写出不错的故事的），应该说是养成了定式思维吗？此外，用了自己觉得贴合的素材，得分却并不特别理想。如果想要改变这种"眼高手低"的现状，该怎么办呢？

同学乙：我在记叙文方面最大的问题就是，审完题目，知道题目大概有什么需要注意的要点之后，不知道该怎么**选取合适的故事**。即使有合适的故事可以写，可能也会很疑惑该以一个怎样的思考路径（就像作用题可以从几个角度来回答问题）去合理安排故事，构架出整篇文章。

同学丙：如果**写作题目的关键元素词不在素材里**，把它安放到原有的素材中就会牵扯到重新安排原有素材的设计构思，难以在考场上

---

① 凌鼎年.微型小说创作28讲.北京：光明日报出版社，2018：1.

短时间内快速套用素材且写出深刻的好故事。

为了诊明同学们在素材使用上的症结,我们通过以下两个诊断来具体分析。

诊断一

请选择你熟悉的4个故事素材,分别概括其主要内容,填写在表格的第一列中,如表1-1所示。分别判断其是否可以作为后列四道作文题的有效素材,贴合的素材请画"√",在此基础上总结素材贴合与否的原因。

表1-1　　　　　　　素材贴合写作任务自检表

素材	题目一	题目二	题目三	题目四

【作文题目一】

色彩,指颜色;不同的色彩常被赋予不同的意义。2022年,冬奥会、冬残奥会在北京胜利举办。2022年还是共青团成立100周年,是香港回归祖国25周年,是杭州亚运会举办之年,是中国空间站建成之年,许多关系国计民生的大事、世界共享的盛会、赓续传承的事业、星辰大海的探索,都将汇聚于2022之中。作为在这个特殊年份参加高考的学生,你会赋予2022年哪一种色彩,来形象地表达你的感受和认识?

请以"2022的色彩"为题,写一篇记叙文。

要求:思想健康,内容充实,感情真挚,运用记叙、描写和抒情等多种表达方式。

【作文题目二】

"举头忽见衡阳雁,千声万字情何限""青山缭绕疑无路,忽见千帆隐映来""忽见严冬尽,方知列宿春"……生活中,"忽见"往往能触动我们的心灵,引发我们的思考。

请以"忽见"为题,写一篇记叙文。

要求:思想健康,叙事合理;有故事,有细节。将题目抄写在答题纸上。

【作文题目三】

请以"续集"为题目,写一篇记叙文。

要求:思想健康,内容充实且引人思考;可写实,可虚构。

【作文题目四】

家乡文化会在每个人的成长中留下抹不掉的印记,不易被自己察觉,更不易为外人所知。家乡文化的密码往往隐藏在家乡独特的人物、景致、风俗中,隐藏在富有家乡烟火气息的器物中,隐藏在家乡的风味特产中……

请以"家乡的文化密码"为题,写一篇记叙文。

要求:思想健康;内容充实,有细节描写;语言流畅,书写清晰。

在你的诊断中,素材与题目均可贴合吗?我想答案对大多数同学来说是相似的:可能或多或少都有不够贴合之处。问题出在哪里呢?

问题一:素材覆盖面不足。

在素材储备的过程中,如果只是对素材做一个简略的事件梳理或人物梳理,没有从主题和叙事元素两方面进行挖掘和填补,是无法快捷地构建写作情境,有效地化用素材的。以"乌兰牧骑"来做说明:

乌兰牧骑,在蒙古语中意为"红色的嫩芽"。从1957年开始,内蒙古自治区锡林郭勒盟苏尼特右旗就出现了这一新型的、前所未有的红色文化工作队，**他们主要活动于游牧区等较为偏远的地区，给那里的牧民带来丰富的精神文化生活。**它是人们遵循党的文艺**"为工农兵服务、为社会主义服务"**的方向，结合自治区的实际情况建立的一个综合性的红色文化工作队，是内蒙古草原上的一支文艺尖兵，这支红色文化工作队本着**"哪里最需要，哪里最偏僻，就到哪里送歌献舞"**的原则，给一代代农牧人民带去文化艺术盛宴。①

从乌兰牧骑的基本介绍来看，素材贴合"家乡的文化密码"这一记叙文题。如果我们能积累到与之相关的舞蹈（打草舞、接羔舞、剪羊毛舞、安代舞等）、乐器（三弦、四胡、马头琴、笛子、手风琴等）、歌词（《我的乌兰牧骑》《草原的轻骑兵》等）等元素，"密码"就可落实为具体的元素，从而发挥其作为道具的叙事功能。

那是不是意味着素材与另外三道题目无法关联呢？如果我们再对这一素材进行检索，可以发现当代红色文化曾陷入传播困境：乌兰牧骑红色文化工作队存在传播方式单一、分类指导不够、优质作品稀少等问题。随之而来，也就出现了对乌兰牧骑文化传播传统的质疑：草原在当下还需不需要乌兰牧骑？乌兰牧骑怎样焕发新生？

面对这些质疑，乌兰牧骑红色文化工作队谱写了新时代的"续集"。

> 扎根生活沃土，服务牧民群众，推动文艺创新，努力创作更多接地气、传得开、留得下的优秀作品，永远做草原上的"红色文艺轻骑兵"。②

---

① 董颖. 沉浸式戏剧在草原文化中的实现路线研究：以乌兰牧骑为例. 戏剧之家，2023（9）.

② 习近平. 给内蒙古自治区苏尼特右旗乌兰牧骑队员们的回信//习近平书信选集：第一卷. 北京：中央文献出版社，2002：145-146.

近年来，以"沉浸式"体验为主题的文旅项目不断发展，受到大批受众的青睐。其中，互动性强、体验感足、参与性高的沉浸式实景戏剧更是以巧妙的剧本、唯美的歌舞及"零距离"的真实观感为观众带来全新的观赏体验。将当下这种最火热的文化传播方式引入乌兰牧骑的表演项目能有效促进草原文化的传播。①

2022年11月19日，科右前旗满族屯满族乡白音乌拉嘎查歌声飘荡，热闹非常，兴安盟乌兰牧骑的队员们正在表演精心编排的文艺节目，通过节目将党的二十大精神送到草原深处。从四面八方赶来的乡亲们看得入神，笑容在暖阳中绽放……②

新时代的飞速发展，也给乌兰牧骑带来了新的发展机遇与拓展空间。为了深入学习宣传贯彻党的二十大精神，鄂托克旗乌兰牧骑借助云上资源，推出乌兰牧骑云上舞台，开拓乌兰牧骑演出宣传新天地，以崭新的风采出现在群众面前。2022年11月以来，线上直播共32次，浏览量高达76.5万，点赞量多达1 127万。③

从以上选编的文段可见，新时代的乌兰牧骑是对乌兰牧骑传统的继承与发展，有着数字科技的助力，有着新表演形式的参与，有着新的传播内容的更新，在2022年有着独特的故事上演。依据这些内容，我们可以将"2022的色彩"谱写为2022年乌兰牧骑焕发生机的故事，将"续集"谱写为新老两代人传棒接力的故事，将"忽见"写成在科技加持下忽见乌兰牧骑文艺演出新图景的故事。总之，素材开掘决定了素材化用的可行性。

---

① 董颖.沉浸式戏剧在草原文化中的实现路线研究：以乌兰牧骑为例.戏剧之家，2023（9）.
② 许文军.续写乌兰牧骑的美丽传奇.兴安日报，2022-11-22.
③ 郝时远.新时代乌兰牧骑的舞台更广阔.内蒙古宣传思想文化工作，2019（11）.

问题二：题目契合点不明。

素材贴不贴合题目，是一个双向选择的问题。除了素材覆盖面不足，也有可能受写作任务审读不清的影响。以上列出的四道记叙文题目，分别在故事发生的时间、情节发生的情形、贯穿故事的中心物件、故事承载的主题四个方面有写作要求，可以说写作任务情境对素材的关联点有着具体而明确的指示。契合点判断不明，不仅会影响到素材的选择恰当与否，也会影响到素材的化用效果，这是作文备考绕不过去的关卡。这一点会在下一讲展开，这里不做赘述。

那么，有贴合的素材就能写出好故事吗？请大家继续完成下面的诊断。

诊断二

仔细阅读以下三篇例文，根据给出的评分标准（见表 1-2），为三篇文章打分，并给出打分理由。

表 1-2　　　　　　　　　　"忽见"评分标准

评分维度 \ 等级	一类	二类	三类	四类
忽然之见	迅速且意料之外，有陌生化效果；故事精彩	迅速或意料之外，故事完整	"忽"体现不足，故事完整	和"忽见"无关，故事不完整
所见对象	具体明确	明确	不够明确	不明确
	细节刻画细腻	有细节，有描写	细节不充分	没有细节
所见之感	情感真挚，思考深入；所感与所见密切关联	有真情实感，有思考；所感与所见有关联	所感与所见，不能构成合理关联	不够明确，所感与所见无关

【例文一】

忽见（1号文）

忽见这个词，虽构词简单，却给人一种"蓦然回首，那人却在灯火阑珊处"的惊喜，只在口腔中发声，便觉倏地有意料之外的美感。

还记得许久之前，无意看了一期《国家宝藏》，讲述的是秦始皇陵兵马俑。之所以只一瞥就看下去，只因为那位嘉宾——一名兵马俑摄影师、收集者说："那天我像平常一样，拍到那个兵马俑的嘴唇，忽见有指纹……那是千年前匠人的指纹啊！"讲起这段经历，他几度哽咽。我不禁想起这样一幅画面。摄影师背着相机，走到兵马俑前，举起相机对焦时，摁下快门的手却顿住了，半眯起的眼不自觉地睁大，时间如静止般，透过棚顶洒下的阳光正好记录下这"忽见"的瞬间，就如同一位不知姓名的匠人刚走过，他就来了。摄影师踩着仍新鲜的泥土，如站在匠人的脚印上一般，面对如此情景，怎能不落泪。我便想到《国家宝藏》的主题曲——《一眼千年》。倏忽一眼，便是千年。我不禁羡慕这位摄影师的忽见之景。

有幸，我也终于来到了秦始皇陵兵马俑，在琳琅满目的文博纪念品中辗转，却并未发现满身黄土、全都一色的兵马俑之美。闲逛间，竟与朋友走散。寻找着，寻找着，见她发我消息："回头！"转身，忽见一尊跪射俑被陈列在展厅一角，拥挤的人群把那里围得水泄不通，它却无畏地立于其间。人群推搡，看着它，我却也稳立于其间。忽见这一眼，我倏忽明白了它的意义：那是沾土的决心。

青山缭绕疑无路，忽见千帆隐映来。

【例文二】

忽见（2号文）

相机的镜头对准修复师。画面里，他正手执一柄尖细的小凿子，一毫米一毫米地从土石中，剥离出一只残存些许彩绘的俑头。相机后的小赵与修复师共同迎着俑头炯炯的目光，看剥离下的一寸寸土石犹如时光的碎片，在阳光的照射下，散发着旧日的余温。小赵羡慕地想着:"让文物活起来,靠的是文物修复师一丝不苟的工匠精神,与之相比,文物摄影师逊色多了!"

当然,小赵是个负责给秦俑拍"证件照"的摄影师。摄影师的工作既辛苦又乏味:摄影的工作区——兵马俑一号坑堪称减肥训练营,摄影师要背着单反相机不停地找角度,蹲下,站起,还生怕汗珠滴到这些珍贵的"泥军队"身上;两百座兵马俑,五六百张废片,只为了给兵马俑拍好"证件照"。还剩八百多个,得拍到明年去了。小赵心里抱怨着,又下了坑。

等他下到坑底,冬至的太阳已低角度地照进俑坑,在空气中划出很长的一条光路。小赵穿行在一排排的兵士之间,尽管有些抱怨,但他还是小心翼翼地把相机探进陶俑与土墙之间的缝隙,透过镜头凝望他们的面容。

借助放大数倍后仍高清的现代科技,他看到面前的一只陶俑,在一撇胡须之下,静静盖着一枚指纹——那是数千年前修筑兵马俑的工匠所留。在这抬头忽见的一瞬间,时间已经消失了。工匠刚刚离去,而小赵穿越厚重的岁月,就站在了他仍留有余温的脚印上。他忽然觉得这个坑里不止他一个真实的人,每个俑像前都有他们的创造者在忙碌:他们或说或站,或涂敷或刻画,无数无名的他们,缔造了这支无声的帝国军队。

小赵看着渐升的太阳慢慢照亮了面前的整尊陶俑,然后是第二尊、第三尊,直到整个一号坑都被天光唤醒。那一刻,所有的兵马俑都是活的,所有的光汇到了一处,就这么沉默着燃烧了两千余年。人们总梦想拥抱整个大地,尝遍她的果实,爱每一个人。时间总归是不够用的,可人们愿意相信它没有尽头。从秦兵到工匠再到始皇帝,无数的秦人将自己对不朽与永恒的追求,化成了黄土之下的八千余尊秦俑。秦人命他们伫立,要他们守护大秦的千里山河。于是秦人之后,西北千年的风，吹起大漠楼兰的沙，扬起江南层层的雨。一切的一切之中，他们只是沉默着。在太阳的余晖下，这就是那个帝国的影子。

而现在，小赵对着这枚唇角处的指纹呆立当场，看着太阳在他眼角点缀光亮，感受着他带有黄土气息的呼吸。他几度想要伸出手贴在那枚偶然发现的指纹上，又次次收回手，只怕伤了祖先穿越两千余年岁月送到手中的这份厚礼。他呆呆地想着，如若没有手中的相机，那带着历史温度的指纹将会继续静默下去，无法以一种美的姿态活起来，被人知晓。

在一号坑里度过了七个冬至日的他，像个刚刚找到大人的孩子一样，沉默地隔着遥远的时光，深深鞠了一躬。

"我拥有全世界最棒的工作。"他在心里默默念叨，而后开始了像唐人写经那样的修行旅程。

【例文三】

忽见（3号文）

陈一舟坐在工作室里，面对几尊残损的兵马俑，边抵抗着疲惫，边盯着其面颊，用绒刷细细地拨扫着。日复一日地辛劳工作让他心里渐渐麻木了。一长夜一长夜的孤身一人的孤寂感，让他几乎忘了当初面对这文化珍宝时的激动与热忱——现在，它们大约只是几尊待修复的"大疙瘩"罢了。

他继续扫着，眉眼、鼻翼、嘴唇……那里似乎有些残留的污渍。他揉揉眼，忽见那兵马俑的嘴唇上，刻下了细密却清晰的纹路。

忽见这难得的纹路让他心里一沉，害怕是自己工作失误造成的损伤，陈一舟慌忙检查了自己一番——一切无误。

他心头一松，又随即一紧，他感到一股热血开始上涌，麻木了多年的神经突突地跳着。一种难以名状的期待生发开来，或许随之复苏的是他多年前便渐停跳动的赤子之心。

他手抖着，挑了最细的绒刷，一下，两下，他几乎不愿碰触到兵马俑的嘴唇。他死盯着那小小的一块、一条，纹路在他眼中不断放大。陈一舟几乎看不见其他事物。

直到所有旧灰土被扫尽，陈一舟才抬起头，从整体上远观着扫去，只一眼，他却忽见，那是一枚指纹。

陈一舟惊呆了。他咽了咽口水，深吸一口气，僵着膀子移向前。靠近那指纹的一步如此庄重而恭敬。他痴痴地望着那凸起与阴影交错的地方，指尖的纹路回旋得如此奥妙神奇，像是文明宇宙的深邃旋涡，他毫无防备便坠入其中。

那一瞬间，就在他下意识地将指尖也抵在自己嘴唇上的那一瞬间。

那一瞬间，他忽见匠人的一双宽厚的大而粗糙的手掌，他忽见那兵马俑前一个个辛苦雕刻的能工巧匠。他们衣着简陋，动用双手造出无限灿烂的文明，而其中一个曾用手轻触过那神秘的宝藏，让他在千年后忽与之相见。

这份来自千年前的馈赠，让无数思绪向陈一舟涌来。没人懂得，他忽见的不只是一枚指纹，更是与千年前的文明和历史、智慧和美忽然相见。他似乎能感觉到那匠人手掌的余温和沉重的呼吸声。这忽然而见的一枚指纹，让他如获新生。

那天，他独自一人下了班，在满街人不解的目光中，一面走着一面流着热泪。终于，他感到那灰土成山的修复工作室里，不再是他一个人了。

三篇考场作文均化用了文物摄影师赵震为兵马俑拍摄"证件照"的素材，素材中本身就含有"忽见"的情节且富有寓意，因此这一素材是十分贴合"忽见"一题的写作的。尽管如此，三篇文章的分数却有很大差异，最终分别被评为二类中（36分）、一类中（45分）、一类下（42分）。为什么使用同样素材的作文却有如此大的得分差距呢？我们从主题开掘和文章表现两个方面来对三篇文章做分析。

问题三：主题开掘度不足。

1号文与3号文中故事的主人公缺乏相应的职业诉求和认知困境。在发现指纹的过程中，人物仅仅成为发现者和见证者，作者没有搭建出主人公真实而复杂的精神世界，因而未能凸显这次忽见的有效价值。而2号文开掘主人公的职业困境，赋予主人公以真实具体的灵魂成长课题。故事的主人公小赵代表那些认为文物摄影工作枯燥、乏味且无意义的群体，他在与指纹的忽见中，实现了顿悟：文物摄影师的工作在一种意义上让文物"活"了起来。故事经由对人物困境的追问和补充，突破了原有的素材格局，让故事向深处漫溯。

问题四：素材表现力不足。

相比于另外两篇文章，2号文充实完善了故事的关键细节，赋予故事以动人心魄的灵魂特质。此外，故事设计并描绘了两次"忽见"：一枚指纹被照相机发现与一号坑被阳光点亮。在细节的描绘中，兵马俑的价值得以"忽见"：秦人对于大秦帝国的守护与对于民族血脉的守护。在价值的"忽见"中主人公小赵完成了顿悟，职业困境得以突破：这项工作不仅在忠实记录历史，更承担着发现文化和守护文化的重要使命。

信息写作心理学认为，写作是信息搜集、加工与处理的过程。由此可见，写作者手里不能没有素材，但只有素材而没有对其展开辨别、咀嚼、提炼、丰满、开掘等改造行动，素材是不可能变为写作题材，从而服务于写好故事的。而要将"外在的生活"转化为"内心的生活"，将"生活的素材"改造为"写作的题材"，素材准备阶段就要避免素材覆盖面不足、题目契合点不明、主题开掘度不足与素材表现力不足等情况，在素材储备与化用方面下对功夫、下足功夫（见图1-1）。

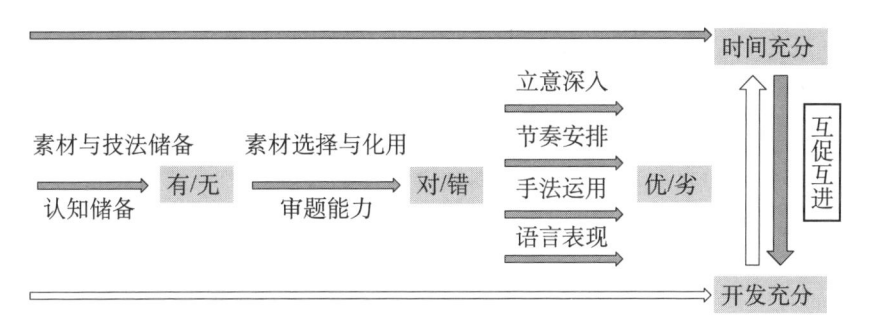

图 1-1 素材储备检测清单

三、素材蓄积

这一部分我们谈谈素材的蓄积。

前文说过,素材是原生的、朴素的、零碎的、未经提炼与琢磨的,是尚未加工处理过的材料,因此只凭物理性的采集和搬运、浅层的机械抄录记忆,是不能使你和素材发生共鸣,将生活的经验变作自己经验了的生活,从而谱写自己的故事的。

想要避免面对具体写作任务时茫然的状况,就要对素材进行转化。这个过程可遵循一套基本的操作规则。简单说来,素材的蓄积过程包括识别素材、梳理素材、开掘主题、升格素材四个阶段。

1. 识别素材

我们都会经历不同的事情,我们也常常从历史、想象、神话传说、新闻纪实与其他作品中获得经验。我们积累了大量的素材,但它们不一定能被用来写作。这些素材如果对你的精神世界、对你对这个世界的想象不构成触发,那么它们在很长一段时间内是沉睡的,很难被快速激活并被转化为考场写作的素材。因此,素材蓄积的首要前提是对素材进行识别和筛选,有以下要则。

首先，选择自己感兴趣的素材。 这里的"感兴趣"是指要辨认素材能否有助于认识自己的思想与情感，确认自己的处境与状态，辨析自己的责任与自由。当然，这个"自己"既包含小我，也包含大我。我们知道，写作的过程是由物到意再到言的过程，如果素材具备以上功能，它就具备了由他物到己意的过渡条件，能够更有效地被作者调度与加工。

其次，尽可能选择丰厚的素材。 这里的"丰厚"是指素材所包含的人物、故事及主题是丰富而多样的，这是针对备考而言的。前文说过，要想快捷地构建写作情景，有效地化用素材，就需要从故事写作主题和叙事元素等方面对素材进行挖掘和填补，而这种挖掘和填补的前提是素材有内容可以挖填。

最后，谨慎选择自己不可驾驭的素材。 这里的"驾驭"是指在有限的写作时间内，凭借着自己的生活阅历和知识经验能够完成一篇符合事理逻辑和情理逻辑的故事。例如，莫言有自己写作的富矿——高密东北乡，倘若让他去写海明威生活的时代和社会，对他来说这就是不可驾驭的素材。

2. 梳理素材

在识别素材的基础上，还需要对被挑选的素材进行梳理，以使零碎杂乱的素材条理化。

单个素材的梳理策略，可以参考美国作家迈克尔·拉毕格在《开发故事创意》一书中的"CLOSAT"法，就是将素材按六种类别进行压缩、提炼与分类，这不仅有助于更好地记忆素材，加深对素材的了解，还能帮助打开思路，拓展素材运用的角度。"CLOSAT"法的各个类别分别为：

人物（Character），地点（Location），物件（Object），场景

(Situation)，行动（Action），主题（Theme）。这种方法的好处在于可以让我们快速完成素材与写作任务情景（题目）中主题或叙事元素的对应与勾连。如"苗族银匠"这一素材的梳理表（见表1-3）。

表1-3　　　　　"苗族银匠"素材梳理表

苗族银匠	人物（Character）	青年银匠阿旺（多重身份：银匠＋舞蹈演员＋饭馆老板） 西江艺术团的团员 西江艺术团的团长 待嫁的苗族姑娘金艳和她的母亲
	地点（Location）	西江千户苗寨一个银匠村
	物件（Object）	银项圈 苞谷酒 整套银饰嫁妆 金艳母亲的手镯（爷爷打制）
	场景（Situation）	银饰制作工作室打制银饰 银匠哥在店铺与金艳和她的母亲相遇，接受委托舞台上的《银匠哥》舞蹈排演
	行动（Action）	舞蹈排演 银饰制作
	主题（Theme）	老手艺与新青年（传承）

3. 开掘主题

构建完整的素材体系才能多维度支持写作活动。在单个素材上多下一些功夫，把有限的素材进一步开掘和延伸，扩展其适用面，实现"一材多用"，有利于减轻素材积累的负担，达到事半功倍的效果。

开掘单个素材，要在扩充材料基础上，扩展分析写作主题，整合素材的主题维度，并为相应主题补充相关的叙事元素。仍以"苗族银匠"为例，深入开掘其主题，可以发现苗族银匠故事背后丰富的现实意义（见图1-2）。

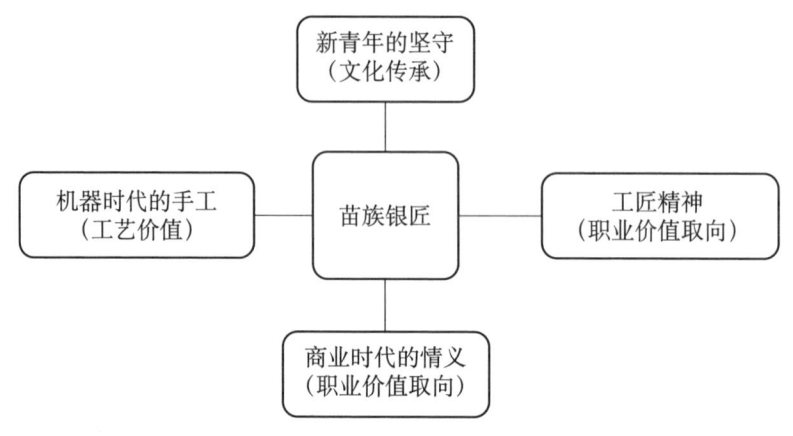

```
          新青年的坚守
          （文化传承）
               │
               │
机器时代的手工 ──── 苗族银匠 ──── 工匠精神
（工艺价值）                  （职业价值取向）
               │
               │
          商业时代的情义
          （职业价值取向）
```

图 1-2 "苗族银匠"主题开掘

需要注意，在主题开掘的过程中，素材主题与素材中群体在当下遭遇的困境有直接关联。我们可以通过搜集和分析这一群体在当下遭遇了何种困境，来确认这一素材可以服务的话题方向。这是发现多种主题的有效策略，同时也是让故事写出新意和深意的有效途径。

在对素材主题进行开掘的基础上，我们以某一主题为圆心，为其添加相关叙事元素（见表 1-4），对关联材料进行分类与归并，使主题性素材集中成块，分别形成故事的基本雏形。

表 1-4　　　　　　　基于主题的叙事元素补充表

苗族银匠	主题一：新青年的坚守	人物：银匠阿旺（年轻）、老银匠师傅、为高薪离村的青年、嫁女的本村顾客、伏羲 地点：火车站、手工坊、银饰店 物件：蝴蝶纹饰的银镯子、整套银饰嫁妆 场景与行动： 1. 阿旺看老师傅打银饰受到感召——文化扎根于血脉中。 2. 银匠生活辛苦、同行（同辈年轻人）放弃或离开——传承的艰难，坚守的可贵。 3. 来订购婚嫁银饰的母女——传统背后寄托的情感，传承的意义。 4. 伏羲在月光中走来——传统归来的想象书写。

苗族银匠	主题二：机器时代的手工	人物：银匠阿旺、老银匠师傅、渴求便捷和高销量的网络商家、远道而来的顾客 地点：网络购物平台、饰品生产平台、公众号 物件：打制银器的机器、手工制品、机器制品 场景与行动： 1. 阿旺受商家提醒，向老师傅提出希望用机器打磨饰品，受到斥责。 2. 阿旺看到老师傅打银饰如行云流水，其饰品比机器制品好看。探寻原因。 3. 阿旺注意到老师傅常看着风景出神；和老师傅一起看窗边的山茶花、路上的行人、远处的山，老师傅一句话让阿旺豁然开朗，明白心中要带着对这样的山水、这样的生活的热爱，将自然赋予的灵感熔铸在作品里。 4. 远道而来的顾客坚持要手工打磨的饰品，因为机器生产的商品千篇一律，无法承载自己对恋人的特殊情谊。 5. 阿旺拒绝了商家的邀请，认认真真地问起顾客的故事，希望为其打造独一无二的礼物。
	主题三：工匠精神	人物：银匠阿旺、老银匠师傅、本村嫁女的顾客 地点：手工工坊，银饰店 物件：蝴蝶 场景与行动： 1. 老师傅目睹阿旺为求销量而粗糙打造银饰的场景，痛斥。 2. 阿旺在月光下看老师傅打银饰，不急不慌，精益求精；但他不以为意，认为这样的打造方法与快节奏时代脱节，不合时宜。 3. 阿旺注意到老师傅在接待一位嫁女的母亲时也不急不慌，事无巨细地问清楚客人的需要，甚至她与女儿的故事；之后选择在原有的图案上加上蝴蝶与荷花，让女儿不要忘记家乡，带着苗族蝴蝶走向远方。 4. 阿旺加入这套嫁妆的打制过程中来，他想得花够一个月，为了那位母亲的笑容。

苗族银匠	主题四：商业时代的情义	人物：银匠阿旺、老银匠师傅、为高薪离村的青年、嫁女的本村顾客 地点：手工工坊、银饰店 物件：银饰 场景与行动： 1. 阿旺看老师傅打银饰——可用在开头（老师傅教导），也可用在中间（阿旺观察）。 2. 老师傅的成品备受顾客称赞，阿旺的则不如人意，阿旺不解。 3. 阿旺发现：老师傅与客人交流很长时间，把客人的要求、订购饰品的原因、目的、情感等记录下来，并设计每一个饰品的花纹、造型；而自己只是按已有的花样打造，并没有尽心竭力。 4. 阿旺与订购嫁妆的母亲深入交流，从她的讲述中生发感触，制作出令人满意的饰品。

4. 升格素材

素材的蓄积不是一个单箭头的过程。因为写作时必然会对素材进行筛选、再现与重组，所以势必要对已蓄积的素材再检验。在这个过程中，丰富的物象、地点、问题、人物与事件被激发出来，重新解释和完善着素材。因此，素材的蓄积是一个螺旋推进的过程。在识别素材、梳理素材和开掘主题之后，还要依赖具体写作去升格素材。

在一定量的写作实践完成之后，我们需要诊断素材的使用效果，以有针对性地升格素材。素材诊断的标准多样，表1-5是好素材诊断清单。

表1-5　　　　　　　　好素材诊断清单

素材	深意	新意	波澜	情意	细腻	存在问题	升格方向	主旨再梳理

注：诊断标准按照1～5的区间值打分，分别对应差、比较差、平庸、较好、很好。

为了保证诊断尽可能客观公正，建议大家借助老师与身边同学的力量，对自己的素材做出评判。表1-6是一位同学在与老师和同学交流后给出的素材诊断。

表1-6　　人大附中2021届毕业生卞语瑶素材诊断

素材	深意	新意	波澜	情意	细腻	存在问题	升格方向	主旨再梳理
鸽哨	4	4	2	5	3	故事的波澜感弱，临场化用时加入情节困难，容易写成流水账，故事张力不够。（根本原因在于对老北京人的情感、行为的了解还不够全面彻底）	1. 梳理对老北京的思考，深入理解老北京人对胡同、鸽哨的情感，以及面对飞速发展的北京的复杂情感。 2. 以《瓦浪如海》《茶馆》等为范本，丰富景观、环境描写以及老北京人之间的人情世故描写。 3. 化用练习。	对北京文化存续、传承、创新、变革的认知，对家乡土地发展轨迹的回望与前瞻，鸽哨物件本身对老北京的标志意义，情怀，初心。
国测一大队	5	4	5	5	3	（还未成文）主人公的选取、人物群像的处理亟须练习。	1. 先了解、观看《感动中国》，提取汇总单人形象及人物群像。 2. 丰富祖国山河景观描写（注意张力）。 3. 成文化用。	奋斗、精神信仰、信念、爱国精神、人与自然。
废墟起舞	4	2	4	4	5	故事不够新颖，需要在语言和主旨方面下功夫，次要人物的加入需要慎重。	1. 丰富细节：四川的自然城市景观特色化描写、地震的景观描写。 2. 化用练习。	追梦者（自我价值的追寻与实现），灾难带给我们的（复苏），舞蹈音乐之美对人的影响，对家乡的深沉热爱。
人间烟火味	3	4	3	4	5	故事还未加入亲情线，要更加贴近自己的生活以备考"身边故事"的题目。	1. 修改原稿成文。 2. 纪录片观看：丰富食物细节描写、烹饪者及烹饪细节的描写。 3. 挖掘对亲情的新意表现形式和主旨。 4. 化用。	文学创作的价值认知（生活气、人情味），亲情之爱对人思想的影响。

当然，单个素材本身在内容与主题上是存在边界与局限的，想凭借一个素材在多样的记叙文考题里畅通无阻，是不明智也是行不通的。近几年高考作文记叙文命题所涉主题，是全面地覆盖了考生发展应有的思考与实践维度的。因此，除去对单个素材的升格，还需在素材之间搭建桥梁，实现素材的网状结构升格，完善自己的素材库。

素材库的升格可以有不同角度、层次和方向，比如以下几种素材积累思路（见图1-3与图1-4）：以人物类型为主题的积累，以热点话题为主题的积累，以人物关系为主题的积累，以教材关联为主题的积累。这些都可以作为主题性素材积累的有效途径，大家可以根据自己的实际情况有针对性地选择。

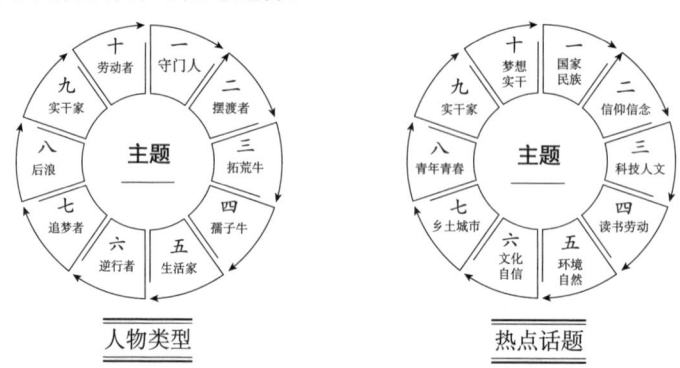

图1-3 人物类型及热点话题示例图

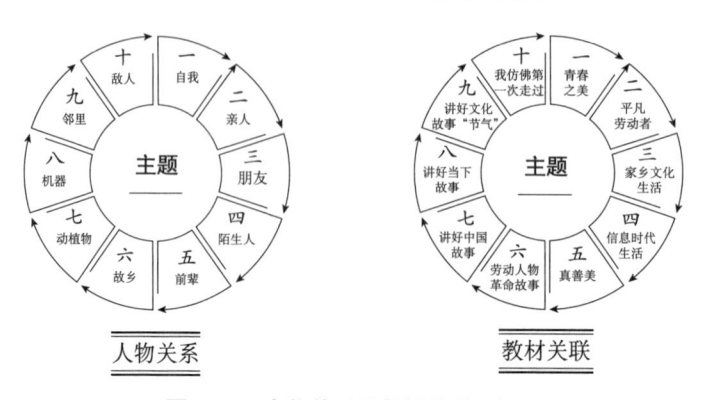

图1-4 人物关系及教材关联示例图

素材的蓄积始终是为了故事写作。在扎实有效的素材积累之后，可以通过以下标尺来检测素材是否对故事写作有效（见表1-7）。

表1-7　　　　　素材是否有效服务于写作的衡量标尺

标尺	是否达成	经验及问题
写作时素材的主题与思想内涵清晰可激活		
根据写作任务总能及时选择到合适的素材		
素材中有熟知的叙事元素适合命题		
素材的情理逻辑合理，能顺利推进故事讲述		

四、素材化用

化用在中国古代诗歌创作中指借句用意，而在故事创作中素材的化用更多强调写作者化他素材为己所用，以完成具体写作任务。

从素材蓄积到素材化用，实际是解决从素材到创作的通与变的问题。刘勰在《文心雕龙·通变》中说："文律运周，日新其业。变则其久，通则不乏。趋时必果，乘机无怯。望今制奇，参古定法。"将这一理论运用在故事写作中，我们会发现素材的蓄积与化用是写作准备阶段不可偏废的两端。只有蓄积丰富而系统的素材资源，创作的时候才能游刃有余；只有根据具体的写作情景对素材进行模拟、易容、嫁接、重塑与再生等，素材的蓄积才能有的放矢。

1. 素材化用误区

在实际的化用过程中，同学们常因处理不好素材的通与变的尺度，陷入写作的误区。素材化用尤其要注意以下几种运用误区。

（1）主次问题：素材先行。

在写作中，要避免"素材先行"的写作思维。我们选择哪一个写作素材、选择怎么使用这个写作素材，依据的首要标准是具体的写作任务。为了运用自己喜欢和熟悉的素材而强行改变写作任务，导致故事偏题，这是我们应避免的。如前文列举的"银匠阿旺"的素材，小作者在第一次运用素材时出现了素材和写作任务若即若离的硬伤，她在自己的作文修改日志中反思：

> 这次语文作文统练，看到"初心"，我就想到这个素材，但由于忽略了素材和初心之间的主次关系，素材化用得很失败。32分真的打击到我了。回家后认真反思了一下，具体问题有：一是没有明确回应初心是什么，不会应题目要求化用素材，几乎照搬原始素材；二是对初心的思考不够深入，只停留在浅层目标上，即"做一个银匠"，没有深层目标，导致初心的指向前后文不一致，在后文中变成了对职业意义的再理解，而非对初心的找回、坚守、再理解；三是叙事链不合理，没有显示初心的意义价值，偏离到了"传承"。

（2）取舍问题：素材照搬。

写作需要量体裁衣，要避免"素材照搬"的做法。许多人越是在前期储备阶段用心良多，就越容易在现阶段不愿舍弃自己辛苦打磨的人物、情节、道具、场景和语言。故事看似丰满充实，其实似是而非、牵强附会，让人云里雾里，不清楚这一部分和写作任务之间的联系。同样是"银匠阿旺"的素材，小作者在一稿修改之后做出了真诚的反思：

> 这一次修改"转"的部分太多了，制造了许多转折，以此凸显初心之难能可贵，但却让可怜的阿旺精神上备受折磨。更重要的是初心的寻回被我压缩在故事的一角，没有给予其应有的重视，其实我的重点应该在初心上（形成/寻回/再理解等的过程）；困难作为凸显初心之可贵的部分，是起辅助作用的，不应占据文

章的主要篇幅。是我太不甘心把梳理的种种困难舍弃掉了，想着老师看了之后一定会觉得我对素材下了功夫，写作的目的偏离到了证明自己的努力上。要不得！要不得！

(3) 表里问题：素材空心。

古人立象以尽意，化用过程就是将素材转化为命题写作的主题性材料。因此，素材的化用要避免"素材空心"的问题，也就是素材写作没有针对命题展开，没有与具体写作构成内在关联。这样的伤害是，故事虽可能看起来精美绝伦，但让人产生疑惑：这个故事究竟对命题做出了什么样的思考呢？正如王夫之所言："意犹帅也，无帅之兵，谓之乌合。"比如上文提到的"鸽哨"素材，小作者在将其化用到"你是我最美的相遇"这一任务写作时，就没有做到让鸽哨为主题服务。她反思道：

> 考场上的化用只完成了对"相遇"的情节扣合，没有完成对"最美"之主题的关注和挖掘，得到了37分这个不太理想的分数。从故事来看，我刻画了在幼年、成年和搬离四合院之后与鸽哨的三次相遇，但遗憾的是没有写出随着我的成长，对我来说鸽哨最美的价值在哪里。修改的重点应放在作为烟火气所在、平和安静的生活所在、自由广阔的梦想所在，鸽哨对北京的新青年也就是我的最美的价值。

究其根本，以上三种误区其实都是没有处理好素材与题目之间的向心和离心的问题，这其实因化用的目标性不明所致。有效化用的前提必须是强化审读题干的能力，全面理解题目的提示与限制，获取具体写作情景中的写作核心任务。只有准确辨认出写作的限制条件，才能够遴选出最优的写作素材。以前文"素材升格"所举卞语瑶同学的素材为例，下面是2021年高考后她做的考场作文构思复盘（见表1-8）。

表 1-8　　　　　　　　　考场作文构思复盘

【作文题目】瓜熟蒂落、羽翼丰满，这是草木鸟兽成熟的模样；但对我们而言，真正的成熟却不仅仅指身体的长成…… 请以"这，才是成熟的模样"为题目，写一篇记叙文。 要求：思想健康；内容充实，有细节描写；语言流畅，书写清晰。
第一步：审题过程复盘
明确："这"指代"成熟的模样"——给成熟的模样下定义。 难点：（谁）成熟的模样是（什么样）。成熟的人的模样很难刻画，以我们的认知水平很难定义它——我选择将"人"缩小范围，如成熟的测绘员、成熟的舞蹈家，这样"成熟"的特点就相对好确定、描绘了。 注意："才是"——最好写出怎样"是"成熟，同时用怎样"不是"成熟加以对比。如：成熟的人与不成熟的人对比，不成熟的人转变为成熟的人。 另：导引语中"不仅仅指身体的长成"给了我一些提示。
第二步：素材选择复盘
激活：已经确定化用方向是给"人"加以限定，我的素材有国测一大队、残疾舞者废墟起舞、鸽哨传承人。 确定：其中国测一大队的素材更方便我完成"转变"和"对比"的刻画。首先它的人物众多，是一个团体，方便我勾勒主要人物和次要人物；其次我事先准备了两三个相关故事，足以刻画主要人物由不成熟到成熟的转变；最重要的是"成熟的测绘队员"的模样相对容易描述且我在之前有准备，素材主旨可以与其贴合。
第三步：素材化用构思
1. 体格壮硕的优秀新队员加入，略显瘦小的老队长欢迎新队员，并希望他们都能成为成熟的测绘队员。 2. 新队员与老队长同去南湖戈壁测绘，新队员对自己的数据颇满意，认为自己已是成熟的测绘队员。 3. 其中一位队员提着全队的水，水桶漏了（此处不必过多描写），新队员十分慌乱，老队长当机立断让其他队员立刻离开【集体至上，不怕牺牲】，他自己留下看守仪器和数据，新队员离开时看到老队长正拿着自己的数据本翻看。 4. 队员们回来时发现老队长已经成了沙漠中的丰碑，而他居然在生命的最后一刻仍坚持做数据整理计算，为我国的测算科研贡献最后的力量【科研精神、勇攀高峰】——新队员受到震动。 5. 几年后新队员已成为队长，带领全队去珠峰复测，当快要破纪录时面临暴风雪，他让无法坚持的队员立刻离开【回扣：集体】，自己则带着几名可以坚持的队员继续攀登【回扣：科研精神、勇攀高峰】。 6. 发现队员不适，为加快速度，冒截肢风险摘下手套。 7. 世界纪录点插上中国国旗，新队员也已成为成熟的测绘队员。

由复盘过程可知，这位同学在构思中很好地把握了素材以命题为核心的要求，最终获得了优异的作文成绩。特别指出的是，题目审读是写作过程中重要的一环，我们将在下一讲详细说明，这里不再赘述。

（4）契合问题：素材不贴合。

除了以上谈的化用的目标性问题，我们还要着力解决素材化用的契合性问题。中国古人在化用的过程中，强调素材之于写作任务应符合一种恰切性。杜甫在描述这一特征的时候曾说道："作诗用事，要如禅家语：水中着盐，饮水乃知盐味。"（魏庆之《诗人玉屑》）就是说素材与写作任务应融为一体，追求自然贴合、不见雕琢的效果。如何在素材化用中达到这一效果呢？我们通过一个写作活动来完成。

2. 写作活动

下面是一则关于可可西里反盗猎团的故事，请仔细阅读这一故事，按照CLOSAT对其进行叙事要件的梳理。在此基础上，针对两道题目给出化用的叙事构思，可以成文。

【作文题目一】

《边城》中爷爷对翠翠说："要硬扎一点，结实一点，方配活到这块土地上！"

请以"结实地活在这块土地上"为题，写一篇记叙文。

要求：叙事符合逻辑，有细节，有描写。

【作文题目二】

每个人心中都有一个最想去的地方：或是极地冰川，或是热带沙漠，或是艰险的边境，或是山里的村庄，又或是地球之外的某个星球……如果你到了那个地方，将会发生怎样的故事？

> 请以"到了那个地方以后"为题，写一篇记叙文。
>
> 要求：思想健康；内容充实；有情节，有描写。

【素材稿】

可可西里的神

人大附中 2021 届毕业生　刘覃昕

达杰仍坐在车里，紧紧抱着他那把破枪，眼睛瞪得老大，紧盯着夜色中那片无垠净土。我敲敲车窗："书记，回去吧！"他从牙缝里挤出一个单字："滚！"连个凶恶的眼神都不肯施舍给我。可可西里就是他的土地，我知道，他哪也不去。

我第一次见到达杰，他正在帐篷小学门外的草地上策马奔腾，衣角飘飘如一只振翅欲飞的鸟。那时我看着他，懵懂地觉得，他是这高原土地留不住的人。

等我追随他的脚步考去了外面的广阔世界，他竟又脱下白衬衫回到家乡。他说在外面的天地里他没有根，不如回来做一株家乡的树。

他这一扎根，竟把根系深埋在可可西里，属于我们索扎乡的苦寒之地——那也正是藏羚羊的栖身之处，更是无数盗猎者的天堂。我劝过他不要和黑道过不去，却最终报名加入他的队伍——这队伍有着保护家乡生灵的使命，确实无上光荣。

我回到帐篷，大伙儿围着篝火，所有人都沉默着。良久有人开口："不肯回？"我不答话。"还是给自己的担子太重。"他们议论着，终离不开几日前那件事。

那天我们安好营地，达杰和司机开车去巡视，竟真的在雪地上遇见偷猎者的帐篷，里面横竖铺挂的都是血淋淋的藏羚羊皮。二人返回寻求支援，却正好撞上偷猎者的车队，交火之中司机受伤，达杰靠一把破枪支撑着勉强把车开回营地。等我们一行人带着武器赶到事发地，帐篷早已被搬空，茫茫雪地只剩鲜红血迹。

达杰抬头望着可可西里苍蓝的天，许久不语。当晚他的胃病又犯了，额头阵阵冒着虚汗，络腮胡颤抖着，风中败草似的。劝他回县里养好身体再说吧，他眼睛一瞪："你们当我老了，当我是病秧子？告诉你们，这可可西里，这天，这地，我人在一天，我就守一天！这藏羚羊，就是我的兄弟！你们受不了，早点滚！"

"好，我滚！这破地方谁稀罕久留！"我愤愤地，带着好心被当成驴肝肺的年轻的怨气，出了他的帐篷。

后来我的确没有再上过可可西里。并非因为那几句气话，而是那极寒之地实在太苦，任务如此艰巨，却并未带来太多想象中的荣光。那虽是故乡的土地，我却最终无奈地确认，我对它没有足够丰沛的爱，深刻到让我结结实实地扎根在那苦寒之中。我在县城谋了个公务员职位，在窗明几净的办公室高高坐着，脚下踩不到太多泥土，只是时常想起达杰沾满灰尘的裤腿，想起他的胃病，不知又有多少次他因未能阻止偷猎，在夜晚咬碎了牙？

后来我听说他的队伍被伏击，达杰在黑暗中殿后，自己用一把破枪打灭对方的一排车灯。人们第二天才敢把他的遗体拖回来。找到他的时候他仍匍匐在地，右手扣在扳机上，左手中的一把泥土结了霜，他被可可西里的严寒冻成一座冰雕。他们许久才把他和那冻土分开。

如果人有灵魂，我深信他的灵魂始终在可可西里上空徘徊，如他生时一样，结结实实地，用尽全部力气，在这片土地上守护、凝望。

3. 研究活动

表1-9是素材积累者刘覃昕同学对"结实地活在这块土地上"一题的素材化用修改稿，左列是一稿，右列是二稿。大家对比两稿修改部分，总结素材化用的策略。

表 1-9　　　　　　　　　　素材成稿对比

一稿	二稿
达杰仍坐在车里，紧紧抱着他那把破枪，眼睛瞪得老大，紧盯着夜色中那片无垠净土。我敲敲车窗："书记，回去吧！"他从牙缝里挤出一个单字："滚！"连个凶恶的眼神都不肯施舍给我。可可西里就是他的土地，我知道，他哪也不去。 我第一次见到达杰，他正在帐篷小学门外的草地上策马奔腾，衣角飘飘，如一只振翅欲飞的鸟。那时我看着他，懵懂地觉得，他是这高原土地留不住的人。 等我追随他的脚步考去了外面的广阔世界，他竟又脱下白衬衫回到家乡。他说在外面的天地里他没有根，不如回来做一株家乡的树。 他这一扎根，竟把根系深埋在可可西里，属于我们索扎乡的苦寒之地——那也正是藏羚羊的栖身之处，更是无数盗猎者的天堂。我劝过他不要和黑道过不去，却最终报名加入他的队伍——这队伍有着保护家乡生灵的使命，确实无上光荣。 我回到帐篷，大伙儿围着篝火，所有人都沉默着。良久有人开口："不肯回？"我不答话。"还是给自己的担子太重。"他们议论着，终离不开几日前那件事。	达杰总是反反复复地给我们描摹这个画面：年轻的他站在无垠戈壁上，远处是连绵的青黑色群山，几只藏羚羊就出现在离他不远处，肌肉饱满、眼睛水亮，像一群圣洁的精灵。他和它们短暂地对视，又各自远望，天上的白云翻滚着。他们都深爱着这同一片土地。他诵念这段回忆的时候像一个梦呓的小孩，眼睛睁着却好像什么也看不见，魂被记忆中的那片土地勾去了似的。可他其实始终在这里，在可可西里的冻土与冰雪之间，和我们一起吃泡不开的面。土地仍是那片土地，只是盗猎者比寒风更猖獗，我们一年多要埋葬一万多只藏羚羊。<u>而达杰大多数时候都严厉而寡言，抱着他的破枪，在苦寒之中整夜站岗。</u> 那天我们发现了盗猎者的帐篷，混战之后又牺牲一名队友，不知第几次让他们跑掉了。两辆老旧的面包车追不上他们的越野车，我们只能看着那车满载着藏羚羊皮远去，雪地上斑斑血迹红得扎眼。达杰看着雪天相接的山峦线，很久很久没有说话，满脸络腮胡颤抖着，如风中败草。 当晚他什么都没吃，我知道是胃病又犯了。寒夜降临，我们围坐在帐篷内，点起篝火，他却端起那破枪，钻进那辆漏风的面包车，又要站一整夜的岗。火焰在每个人的眼里跳舞，大家都盯着那火苗，好像它是宇宙间唯一的希望。"太难了。什么都做不了……"一个人说，声音像石块投入深井中，没有人搭话。空气滞重如可可西里的夜。

续表

一稿	二稿
那天我们安好营地，达杰和司机开车去巡视，竟真的在雪地上遇见偷猎者的帐篷，里面横竖铺挂的都是血淋淋的藏羚羊皮。二人返回寻求支援，却正好撞上偷猎者的车队，交火之中司机受伤，达杰靠一把破枪支撑着勉强把车开回营地。等我们一行人带着武器赶到事发地，帐篷早已被搬空，茫茫雪地只剩鲜红血迹。 达杰抬头望着可可西里苍蓝的天，许久不语。当晚他的胃病又犯了，额头阵阵冒着虚汗，络腮胡颤抖着，风中败草似的。劝他回县里养好身体再说吧，他眼睛一瞪："你们当我老了，当我是病秧子？告诉你们，这可可西里，这天，这地，我人在一天，我就守一天！这藏羚羊，就是我的兄弟！你们受不了，早点滚！" "好，我滚！这破地方谁稀罕久留！"我愤愤地，带着好心被当成驴肝肺的年轻的怨气，出了他的帐篷。 后来我的确没有再上过可可西里。并非因为那几句气话，而是那极寒之地实在太苦，任务如此艰巨，却并未带来太多想象中的荣光。那虽是故乡的土地，我却最终无奈地确认，我对它没有足够丰沛的爱，深刻到让我结结实实地扎根在那苦寒之中。我在县城谋了个公务员职位，在窗明几净的办公室高高坐着，脚下踩不到太多泥土，只是时常想起达杰沾满灰尘的裤腿，想起他的胃病，不知又有多少次他因未能阻止偷猎，在夜晚咬碎了牙？	我钻出帐篷，敲敲达杰的车窗，他竟破天荒地让我进去。车内冷得怕人，达杰用棉袄的衣角反反复复擦那把破枪，时不时把弹匣卸下，一颗一颗清点子弹，又装回去。我终于打破沉默，"书记，去镇上休息一段日子吧，胃病拖不得。咱这本来就是九死一生的差事。我们年轻，一人吃饱便好了，可你有嫂子也有孩子，要是在这荒原上……" "死了？"他说出我不敢说的话。我不答。 "那我问你，什么叫活着？长个鼻子喘气儿就算吗？我不知道也不敢说在这里守着有多大用处，可如果回去跷着脚坐在家里，想到这里一刻不停的屠杀，那还不如我死了！离了这儿，失了心，那不叫活……"他看向远处："你和藏羚羊对视过吗？那些眼睛特别平静，湖面似的。看着它们的时候我在想，这地方这么冷这么荒凉，它们居然活得这样美！若不是盗猎猖獗，它们怎么会落得尸横遍野？这里的生活很苦，可我们要看到它们那样的力量。我觉得有那份强健，我们总是可以为让它们继续这样结实地活在这片土地上付出一些努力的。"我看着，他把手里的枪攥得很紧，指节都微微发白。 我陪着他在车里坐了一夜，终于在后半夜接过他手里冰凉的枪，让他在晨曦中睡去。

续表

一稿	二稿
后来我听说他的队伍被伏击，达杰在黑暗中殿后，自己用一把破枪打灭对方的一排车灯。人们第二天才敢把他的遗体拖回来。找到他的时候他仍匍匐在地，右手扣在扳机上，左手中的一把泥土结了霜，他被可可西里的严寒冻成一座冰雕。他们许久才把他和那冻土分开。 如果人有灵魂，我深信他的灵魂始终在可可西里上空徘徊，如他生时一样，结实实地，用尽全部力气，在这片土地上守护、凝望。	我们给牺牲的队友立了一块小小的碑，碑面黑亮黑亮的，但我知道不久这碑就会跟其他的石碑一样，被风沙碎石磨得粗糙不堪。可可西里没有鲜花，每次经过石碑我们只能静默地低头，那些石碑在零下四十度的苦寒中立着。他们曾结结实实扎根在这片荒芜却强健的土地上，而我们也将在这里结结实实地活着，顶着寒风，继续向前走去。

在素材化用上，二稿相较于一稿在诸多方面做出了调整与升格，以更好地契合写作任务，具体构思结构见图1-5。

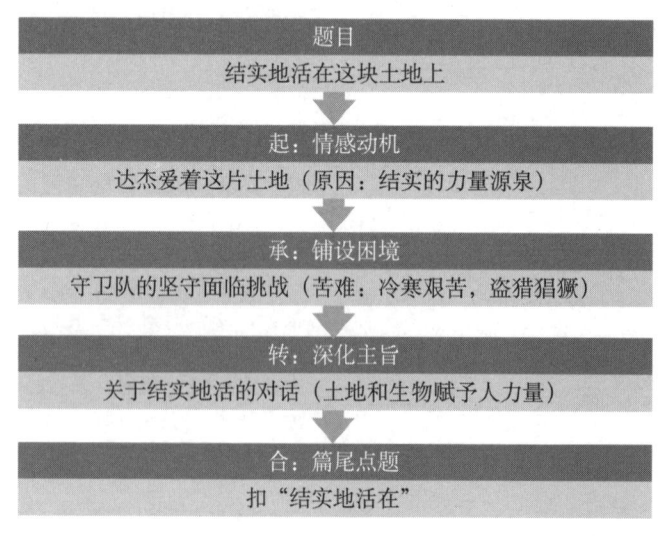

```
题目
结实地活在这块土地上
    ↓
起：情感动机
达杰爱着这片土地（原因：结实的力量源泉）
    ↓
承：铺设困境
守卫队的坚守面临挑战（苦难：冷寒艰苦，盗猎猖獗）
    ↓
转：深化主旨
关于结实地活的对话（土地和生物赋予人力量）
    ↓
合：篇尾点题
扣"结实地活在"
```

图1-5　故事构思提纲

点题：针对题目中给出的叙事主题，要对素材的情节做出关联性筛选、逻辑性组合与必要性点题。比如，为了让这一素材更贴合"结实地活"这一主题，二稿在故事的开端添加了"结实的力量源泉"，以填补叙事逻辑；在故事高潮处添加了我与达杰关于"结实地活"的对话，点明土地和生物赋予人坚韧顽强的力量；在故事结尾处用我的选择完成了"结实地活在"这一主题的价值认可与行动证明。

增补：题目中给出的关键性叙事元素，如果素材中缺失或单薄，要进行叙事价值的挖掘和叙事内容的增补。 比如，为了让这一素材更贴合"这块土地上"，在故事开头处，就向读者描绘了"这块土地"的样貌，它是神圣与贫寒、美好与邪恶交织的土地，为"结实地活"提供了叙事的必要性。在故事高潮处，为了让读者更好地接受"结实地活"对于守卫队、对于这方土地的价值，补充了对藏羚羊的状写，画面冲击力与价值说服力跃然纸上。

删减：不符合命题主题及叙事逻辑的素材内容，要进行大胆删减和必要修改。 最明显之处就是对文章结尾的修改，初稿选择了达杰在守卫中壮烈牺牲，"我"永不返回可可西里的结局，这与题目中"活在"的叙事逻辑和"结实"的叙事主题不匹配，应该大胆修改和删减。在二稿结尾处，小作者选择了"我接过枪支陪其守夜"的情节和"墓碑无声却汹涌"的状写，出色地匹配了叙事要求。

4. 化用

以上谈的是化用的契合性。化用，本质上也是一种再创造的文学活动。化用素材，期待着写作者在具体写作题目的激发下对素材开拓出新的意义和价值。鲁迅先生说"杂取种种人，合成一个"说的就是不拘泥于单个素材或素材的单个主题，对素材广采博取、拼合重组，以达到化旧为新、化常为奇、化腐朽为神奇的效果。

我曾经布置了一项基于自己真实生活的素材积累作业，要求同学们以小组合作的方式梳理"18岁的困惑与迷茫""青春世界中与我有关的他者""18岁的美好时刻"三个主题。比如针对"18岁的困惑与迷茫"这一主题，一个小组给出了他们细致的梳理图谱（见图1-6）。

32 | 记叙文写作课——备考指津

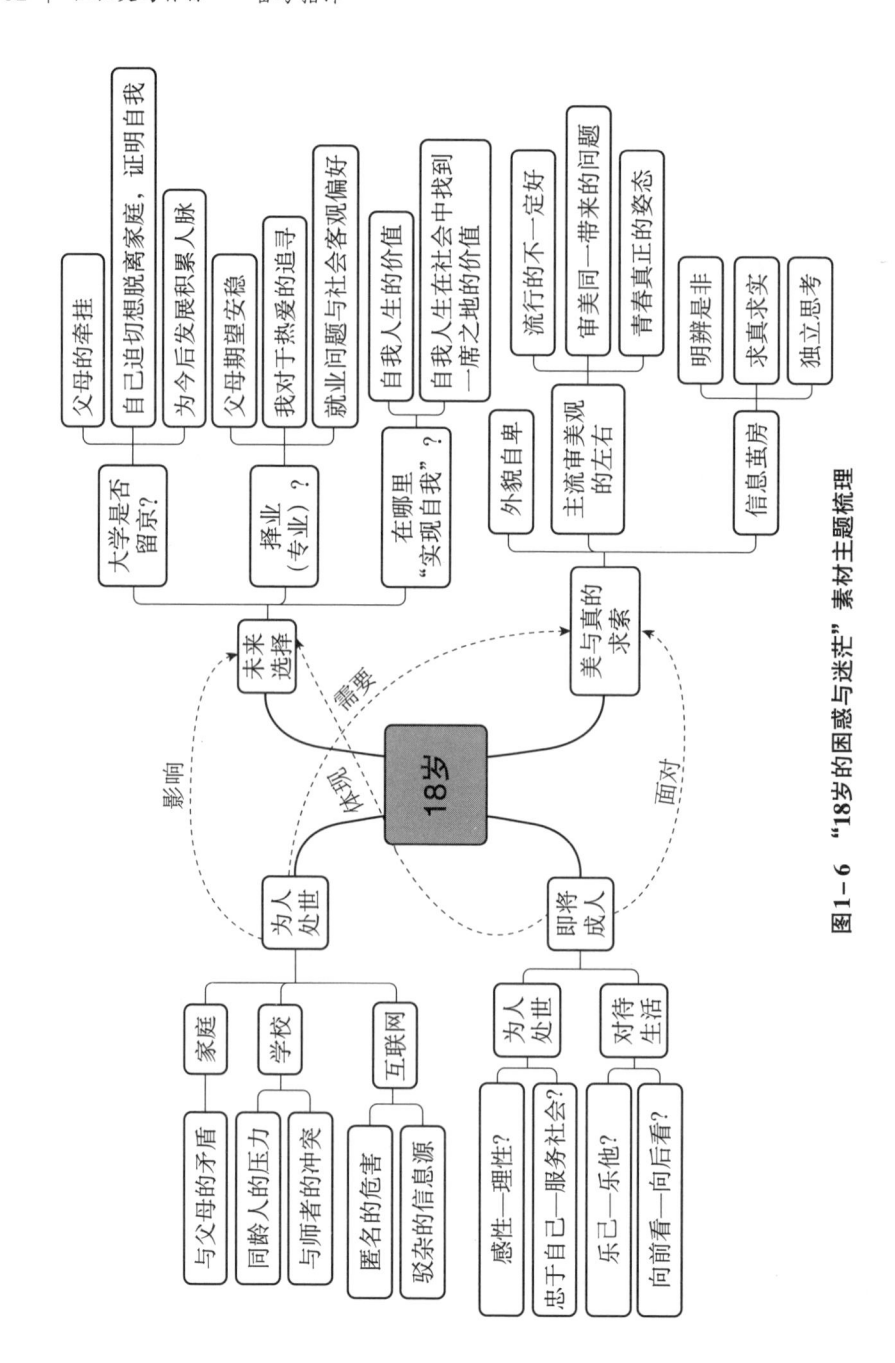

图1-6 "18岁的困惑与迷茫"素材主题梳理

18岁

未来选择（需要）

- **大学是否留京？**
  - 父母的牵挂
  - 自己迫切想脱离家庭，证明自我
  - 为今后发展积累人脉
- **择业（专业）？**
  - 父母期望安稳
  - 我对于热爱的追求
  - 就业问题与社会客观偏好
- **在哪里"实现自我"？**
  - 自我人生的价值
  - 自我人生在社会中找到一席之地的价值

美与真的求索（面对）

- **外貌自卑**
- **主流审美观的左右**
  - 流行的不一定好
  - 审美同一带来的问题
  - 青春真正的姿态
- **信息茧房**
  - 明辨是非
  - 求真求实
  - 独立思考

为人处世（影响/体现）

- **家庭**
  - 与父母的矛盾
- **学校**
  - 同龄人的压力
  - 与师者的冲突
- **互联网**
  - 匿名的危害
  - 驳杂的信息源

即将成人

- **为人处世**
  - 感性—理性？
  - 忠于自己—服务社会？
- **对待生活**
  - 乐己—乐他？
  - 向前看—向后看？

而针对"青春世界中与我有关的他者"这一主题，一个小组在丰富的讨论和交流中，汇聚了几个关系圈的人物与故事梳理（见表1-10）。

表1-10　　　　　处于关系中的人物与故事梳理

老师	亲人	朋友	校园劳动者
高老师（沉默的力量、记叙之争、洒扫庭除、公众号）	母亲（特种兵的她、阳台上的倩影、我的母亲也是我的老师）	渐行渐远的他们（初中分隔两校、虚荣之罪过、青春的迷茫与彷徨）	中心花园的环卫大爷（把落叶扫进泥土的他、清晨与鸟儿相伴而坐、摘柿子给大家）
徐老师（故事课、最后一刻、中心花园的第二个驻扎者、高三的"钉子户"、热爱窗子的她）	父亲（沉默如山的他、我那个柔情似水的父亲、国安球迷安某某）	游学北京的西藏同学（纯净如他们、那个地方的女孩子的明天、对这个世界从不抱怨）	校门口的保安（18岁的同龄人、那个爱读《平凡的世界》的他、始终微笑着的他）
毛老师（办公室里的生活家、湘妹子的魅力、最晚离开的人、最爱田园行不足）	爷爷奶奶（拥抱新科技、宋庆龄故居的志愿者、相爱相伴的一生）	7班三侠（略）	楼道里的清洁工阿姨（拖地种种贴心、关爱校园安全、她的孩子也在高三）

在整合自己和身边的人、事与物等资料的基础上，同学们经过讨论发现，面对题目的多变与多样，单纯从自己所熟悉的人群中找一个人或一件事，也就是鲁迅先生所言的"专用一个人"，不能完全实现人物的典型、叙事的曲折和主题的深刻。相反，以生活中的甲乙丙丁等人做原型，将他们的某些特征拼凑、糅合在一起，将与他们关联的事件根据叙事要求整合，能超越单个素材的局限，更好地为主题的达成和人物困境的解决提供服务。

注意，拼接与组合并不影响叙事的真诚与说服力。我们在认识他者和外界时，既能发现实然的对象，也能发现应然的对象。选择融合现实中的素材，其实是怀着浪漫精神去建设应然的理想世界的，这也是故事写作的意义所在。

比如在《有一束光，照亮我的青春》中，小作者希望落实这束光照亮"我"的青春这一价值，选取了毛老师的插花、徐老师的窗子与高老师的安静，将之融为一体，创造了更为饱满理想的语文教师形象。

【例文一】

有一束光，照亮我的青春

人大附中 2023 届毕业生　荆琪

我的青春多半是坐在教室角落一处昏暗位置的日子。那儿虽靠窗，却因一段凸出墙体的阻挡而得不到半点阳光。

清晨，当他人沐浴在暖意之中时，我便常常缩在课桌前发呆，鲜红的分数格外刺眼，语文试卷愈发无味，而我的人生不知将会飘落何方。

这个教室中唯一会使我眼前一亮的，大概就是每周一语文老师捧着新鲜的花束进来的时刻。花束被盛在一个漂亮的透明玻璃瓶中，有时是淡蓝的满天星，有时是金灿灿的向日葵。而我的老师脸上则挂着大大的笑容，眼睛弯成了一条线，让人只是遥遥望过去，都觉得像个小太阳，由内而外地照耀着沉闷的教室。

可惜这些只不过是瞬间，更长的时间里，我高三的主色调并无变化。花束被摆在窗台上，从我的位置上恰巧看不见。

"五一"前夕，我在老师再三叮嘱下拿着分数几乎是班级倒数的语文卷子向办公室走去，窗外下着雨，冷风从缝隙里钻进来，冻得我指尖发凉。走进办公室时，我便听到了一种不同于以往的、咔嚓咔嚓的声音，似是剪刀，却又不疾不徐、规律和谐地响在人心上。

走进去看，我发现我的语文老师正一下一下地修剪着她的花，有教室里的，还有许多位老师办公桌上的。她瞧见了我，竟没叫我拿出手中的卷子，反而先托了两瓶花到我面前，像个孩子似的得意扬扬地问："怎么样？好看吧！"

不同于往日坐在教室中，这一刻我离老师极近，她怀中那捧雏菊的清香扑面而来，沁人心脾。我抬起头，仿佛看见那花儿就映在她的双眸中，那里流转着纯粹而斑斓的光。

令我自己都感到奇怪的是，当我这次和老师坐下来面批时，眼前的文章第一次没有那么面目可憎。我们嚼着散文中的句段，听雨声渐渐沥沥地打在窗户上。我感觉自己好像找回了小时候窝在沙发里，捧着一本书便能读一下午的感觉，尘封心灵许久的阴霾正一点点消散，有阳光从上面洒下来。

于是我便向老师倾吐了我曾经的文学梦，讲我曾经如何热爱写作，我的灵感又如何在高三一次又一次的打击中逐渐干涸。她静静地听完，将一瓶花的另一侧转到我面前。

"看，即便春天将要过去，还是有些花是未曾开放的。"

"而它们却同盛放的花儿一起沐浴在阳光中，享受着春意，期待着明天。"我在心里默默地回复道，觉得自己的眼眶湿润了起来。

那天晚上我向校门口走去，路灯在雾蓝的天空下一盏盏亮起，我忽然想要回过头去看看那幢陪我度过了三年时光的教学楼。微光中，我的语文老师将修剪好的花束摆到了窗台，然后坐下来，埋头于忙碌之中。

薄雨模糊了视线，而这一次，我却仿佛能看见那些花儿在墨绿色的黑板映衬下开得那样热烈而生机勃勃。

我的青春也不尽是昏暗的，即便还没有花开，但有一束阳光正暖暖地照亮。

也或许花一直在开放。

而在《风景这边独好》的创作中，小组的另外一名小作者希望落实高三风景不可替代的"独好"，通过上述素材库，组合拼接了"傍晚时母亲在阳台的等待""高三统练后语文老师与同学们一起看夕阳""班主任温馨邀请同学参加浪漫灯节"这三个场景，让高三独特的仪式感和珍贵的青春意义细腻而动人地展示于读者面前，当然这不是一个场景素材能够深入全面阐释的。

【例文二】

风景这边独好

人大附中 2022 届毕业生　姜博艺

这一年，我们搬进了新的教学楼。七月份的天空依然澄澈，我们背着书包走进新的教室，踮起脚扒着窗子看向外面，眼中映着与以往不同的风景。大概就是在这个时候，关于高三的一切才有了实感。

那天格外不顺。排得满满当当的计划，因为其中一项花费了远超预期的时间，完全被打乱了——这意味着要么将计划推到明天，要么今天晚上又得熬夜了。还有冷白得刺眼的灯光，涂改了无数次的计算过程，找不到的橡皮，下课后渐渐沥沥的雨和没带伞的我，一切都让人烦躁。于是我戴上帽子，向下拉了拉帽檐，向家跑去。

站在楼下，是能看到家里的窗透出的灯光的。因为住在二层，所以里面晃动的人影也映得十分清晰。这时候，母亲正弯着身子在窗边收拾着新种上的牵牛花，一会儿停下手里的活，手搭着窗台，向楼下张望，一下便看到了淋着雨的我，摆摆手让我赶紧上来。

"这两天雨下得又冷又湿，还连着下，哪有这么多雨的啊？要这样以后得天天带着伞了……"我刚进门就扔下书包，脱下淋湿的外套，发起了牢骚。

母亲走进厨房给我热粥，听着我背靠着厨房门大谈特谈。

"这所有都加起来,我的天……要是明天还下雨,我真……"话未出口,却发现母亲并不应答,我于是噤了声,过了会儿才小声地问:"我是不是最近有点娇情?"她端着粥,用勺轻轻搅着,走到我跟前,又抬头看了看我,才说:"你可得了吧。"

她笑起来,并没有停下手上的动作。"谁还不发点牢骚呢?你也有,我也有。"我接过递来的碗,走到房间,又听到母亲喊了一句:"都喝了啊,连着所有,别又剩下莲子喽。"

那天过得不怎么顺,就连喝的第一口粥都差点烫着嘴,莲子还是有些苦,外面也有冷风,但我记得粥很香,米很糯,那晚睡得不错。

第二天一早出门,难得看到朝霞染红了半边天。我背着书包,踩着与以往不一样的颜色,自觉是得了点幸运,看了一眼还有些困倦的太阳,自己倒是更精神地往学校走去了。今天的落日一定也会很漂亮,我心想。

事实也的确如此。就在下午短暂的课间,我拉开窗帘,发觉今天窗外比以往要明亮得多。身边逐渐多了几个同学,我们倚在窗边,看着橙黄色就那样淹没了马路对面白色的楼。但太阳作画时用颜料实在过于慷慨,天空的底端洇开了阳光,变成了浅淡的紫与白。桌上是摊开的作业本和卷子,那些苦恼与不安却都在此刻被搁置,只有无言的我们贴近彼此,看着窗外,目不转睛。

这时,手机上传来一条信息:"花园有猜灯谜,感兴趣的可以去看看。今晚有大雨,早点回家。好好学习,中秋愉快。"是班主任发来的。下楼,我便看到那热闹的中心花园和红绳上挂满的绘马与愿望。当然还有灯谜,我也看了两个,但都没猜出来,后面也就净看别人猜了。这样的灯,这样的热闹,去年有,前年亦有,只是我暂时忘了。回到家中,我站在窗前,看天空大概喝得酩酊,脸颊漫上了酡红。再低头,又看到母亲种的牵牛花已经攀上了窗户的栏杆,在晚风的包裹下摇动着叶片。

我从未觉得这些再平常不过的景色竟可以如此动人心弦。

好天气并没有持续多久，就又变得阴雨连绵。几只灰喜鹊，在细雨中扑打着翅膀掠过树梢，又飞向天空。它们并不是那样有力量的——或许是因巢中还有牵挂，又或是因自己并非孤身，才会这样不惧怕，愿去拥抱这细雨吧。

我仍坐在教室里，那些随处可见的景色却与以往不甚相同。于是我将它们印在心里——是属于我的，也是属于高三的，独特的仪式感。

"风景这边独好"，我现在大概可以说出这句话了。

在化用过程中，命题者、写作者与读者三方均有参与。写作者在对素材储备和化用的过程中，要始终有一种意识：三者是经由"我"的创作而完成跨越时空的交流的。所以不管运用何种原则和策略，都应在行文过程中保留与命题者和读者（阅卷者）间的交流意识：这样写遵循题目的写作要求了吗？这样写能让读者感受到"我"遵循了题目的写作要求吗？这样写能带给读者在合题之外的意外之喜吗？等等。倘若在写作和修改中带有这样的交流意识，日积月累，会让命题者与读者产生一种"高山流水遇知音"的喜悦与欣慰。如此，素材的化用也就拥有了点石成金的功力了！

第二讲　审题

审题能力的训练，是考场记叙文训练的必修课。

在题目表述中，这种关联一方面体现为对主题词的选材立意要求，另一方面体现为对故事元素的切题要求。而这些要求离不开对题目中的根本成分——词语的辨析与落实。

小词须细辨，小词有大用。古人读诗写诗讲究炼字，审读题目中的词语约略和古人说的炼字相当。作诗在炼字，要炼诗眼；审题也在炼字，但题目中每一个字都可以算题眼，只因审读目的不同而有所侧重。无论如何，审读题目中的词语，应争取做到无遗、无阙、无误，正如刘知几在《史通》中所言："言虽简略，理皆要害，故能疏而不遗，俭而无阙。"

据此，本部分将分别梳理故事主题词、叙事元素、逻辑限定与材料导引语四个角度的审题任务，以明白考场叙事的奥秘所在，形成规律性的应考策略。本讲前两节所提及的主题词与叙事元素多与名词、动词与形容词这类实词有关联，第三节所关涉的叙事逻辑部分的审读则多与副词、连词这类虚词有关联，而第四节中对材料导引语的准确理解则离不开对一些关键标志词语的明确。

一、故事主题词

在构思故事时，我们经常会纠结一个问题：是主题先行，还是素材先行？实际上，这需要随写作情境的不同而灵活调整。对有明确任务情境的写作活动而言，依据题干条件先行构思主题是有必要的，既可避免素材游离于写作任务之外，也可避免因筛选条件不清而陷入搜索空白的窘境。如若任务情境中已明示主题词，则需要深入辨析主题词概念，以厘清故事的边界。

需要注意的是，不是所有的写作题目都明示主题，但几乎所有的题目都含有对主题的引导。以"在线"一题为例，"在线"二字明示写作者之故事主体要发生在互联网这一客观环境中，并内含这样的要求：写作者需要对发生在互联网环境中的活动进行认识和评价。由此可见，主题有引导和限制功能。

首要问题是如何有效筛选题目中的主题词。何为主题？在中国文学理论的语境里，主题思想即一部作品通过形象表现出来的中心思想，它强调主题是作者提炼的产物，源于作者**对题材和现实生活**的**理解和认识**。

由此可见，要确认写作任务，便要确认题目中要表达的关于现实生活与生命的**认识、评价和理想的词语**，这是题目中明示的**焦点信息词**。

在一个含有多种叙事元素的记叙文题目中，有一些元素主要服务于情节叙事，有一些元素指向叙事主题。例如"**结实地活在这块土地上**"一题，"活在这块土地上"指明你的故事要叙写在一方特殊的土地上的生活，"结实"一词指出描写和记叙这样的生活要落在对"结实"的认识和思考上。

另有题目其主题是蕴含在叙事元素中的，比如"**该怎样爱你——这脚下的土地**"，在"爱"的行动和情节中暗含着对"爱"的理解和认识，这是故事走向深刻的认知基础；比如"**和解**"一题，主题体现在"和解"的情节之中。当然，最明显的题目类型就是只呈现主题。比如"**涓涓之美**"一题，要求你的故事应表现那种"细小的和缓的美",且应该对这种美予以价值思考。

处理主题词和写作的关系,要把握好以下两个方面。

第一,要力求准确地辨析主题词。

其一,力求对词语本身准确理解。要关注词语的词性。比如,题目"默契","默契"一词,既可以作为名词,指秘密条约或口头协定;也可以作为形容词,指双方没有明白说出而彼此有一定的了解。选材立意时要关注"默契"的词性和词义的不同。**还要关注词语修饰对象、使用范畴、褒贬色彩和新生义。**比如,在褒贬色彩上,"斗争"一词,在古代其争强好胜的精神常常是被人否定的,但在近现代进程中,"斗争"强调的忧患意识和使命担当具有鲜明的时代内涵和迫切的现实需要。再比如,在使用范畴上,"和解"一词并不是所有情况下的"最优解"。当我们面临的是原则底线、正义良知、人类利益等的抉择时,和解便不应作为行动选择的"最优解"。

其二,关注题目和材料对主题词的限制。以"结实地活在这块土地上"为例。在我们的日常生活中,"结实"一词的含义主要体现在两方面:一是事物坚固、牢固;二是题目中指出的强壮意。对题目做语法分析,"结实"是对"生活"的修饰限制,以上两种词义虽与之有关联,但都不妥帖。用来修饰和限制生活的"结实",主要用以说明一种"坚固""强壮"的精神面貌。结合题目的材料导引语可知,《边城》中爷爷对翠翠如何生活的期望和要求是"硬扎""结实",以配得上这块土地。由此可知,题目要求我们叙写的应该是硬扎、坚韧、乐观、顽强的生命状态,其与脆弱、悲观、软弱等生命状态相对立。

其三,辨析辅助该主题词的近义词、反义词。比如,面对题目"默契",可以通过和近义词"理解"相区别来把握写作的精准度。"理解"体现的是单向度的了解,是心意的明晓;而"默契"则有双向度的相互理解、由外到内配合的意思,反映在故事中要写出情节中人物双方心灵之相通，要写出情节中人物行动之配合。

第二，要关注主题的升格（见表 2-1）。

表 2-1　　　　　　　主题升格的四个判断点

判断点	是否达成
素材中的叙事元素是否从不同角度表现了主题	
素材中主人公是否存在对主题的误解和成长	
素材中是否就主人公为何达成这一愿望给出理由	
素材中的困境是否对人物愿望的达成产生挑战与助力	

围绕主题，可以用以下三种构思模式完成叙事设计。

其一，正向成长式。

我们已经知道，叙事的动力在于人物愿望和人物所遭遇的困境间的"搏击"。想要让题干中的主题贯穿故事的始终，最简捷而有效的方法莫过于让人物承担主题求解的任务，让一个成长式主人公承担起推进主题和达成使命的任务。这种立意构思，我们称之为"正向成长式"。

拆解故事的展开过程：主人公面对主题拥有困惑和困境，经历一些关键性契机（人、事、物），从而完成对主题更好地理解和实践。以下面这篇习作为例，故事正是围绕主人公关于人生和职业"归零"的困惑和成长展开的。主人公将高考失利理解为人生价值的归零，从而陷入了无法踏实本分地做一名副食店伙计的困境。后经苏师傅的点拨和劝导，主人公意识到只有将过去自己的重荷和偏见归零，才能真正将失败归零，重启美好人生。

【例文】

归零

人大附中 2023 届毕业生　刘昀端

六点半，胡同里的天刚亮，我就早早站在"苏师傅副食店"门口。这样的春天，我本应该站在校园的春风中。然而拮据的家境让我十几年积累的知识与才华，在一夜之间归于零点。

我心中沮丧，莫不是一辈子都要做副食店里盛芝麻酱的伙计？弓着身子擦桌子的苏师傅看到我，热情地招呼我进来。他端出一个光亮干净的秤，用软抹布轻轻拂过表面，对我说："咱之前说好的，赶明儿芝麻酱活儿就给你管。从小看着你长大，瞧你是个实诚人儿，才给你这活儿。来，我教你用这秤。"

他取来一个碗，轻放在秤上，一串数字便跃动在表盘上。紧接着他又按下归零键，说："客人们拿了碗来，你先给他们称碗有多重，按归零，再给人家扯芝麻酱。这样不会缺斤少两，懂了吗？"

我点点头，不以为意。自行车的声音陆续在门外响起，这是漫长而忙碌的一天的序章……

副食店的生意兴隆，半年已经卖光了半坛子芝麻酱。我想给夏天留点余量，到时候稍微涨一两毛，岂不是能多赚一笔？主顾们都熟络，谁也不会注意到少了的一两口芝麻酱。我以为这是做生意的精明头脑，所以就在秤上动了点小手脚，心想苏师傅绝对会默许的。苏师傅的确也不过问，所有芝麻酱的活儿，全由我一人说了算。

秤上归零的声音一声声敲在我心上，我不太在意。

"吴国庆，我问你！昨天的芝麻酱，你是不是给我短了三两？！"赵阿姨一声大吼击碎了我午休的清梦，她挤过曲曲折折的货架，把那瓶酱摔在我面前的柜台上。

苏师傅忙赶来劝解，赵阿姨却说："老苏！你别劝我，你也不用赔我。我当时看他就贼眉鼠眼的，你现在不管他，到时候你这二十年的好口碑全让他给毁了！"

扫地出门，大概是我不可避免的结局了。副食店的口碑，苏师傅的辛苦，雪上加霜的家境，我引以为豪的高高在上……我又惊又怕，又愧又忧，脸上烧得厉害。

"赵姐，消消气。这孩子我来教育，少盛的分量我补给您。"我抬头看着苏师傅掀开芝麻酱坛子盖，盛了两大勺，补给了赵阿姨。

店里的客人慢慢散了，夜静悄悄的。月光下苏师傅端着一碟花生米、两碗粥，坐在我柜台的对面，叫我一起吃饭。在暮霭之中，他的声音像古老的钟一样响起：

"这秤计数容易，归零也容易，想动点小手脚更容易。可是人心不一样呐，人心归零容易计数难，二十年积累下来的口碑也不算少，可是一丁点儿诡计就能把它全给毁掉。我倒不在乎我这张老脸，可你以后的路可长着呢！"

他停了停，拍了拍我的肩膀："我知道你因为上不了大学这事儿一直有心结，可是，又不是说上不了大学人生就是零蛋，也不是说走不了光明大道就得整歪门邪道，是不是？自己好好想想。"

月牙儿爬上了天，照得店里一切明朗朗的，连同我的心。我心里这杆歪秤，终于被苏师傅按下了归零键。

又是漫长而忙碌的一天，我规规矩矩调好秤，把过去欠所有人的芝麻酱都仔细算出来，装到玻璃罐子里，挨个送到每家门口，按响门铃，递到主顾手里。我听见胡同里有自行车快活作响，我闻见芝麻酱弥散在四合院周遭的醇香。

其二，反向思辨式。

如果题目给了我们一定的主题思辨权限，我们可以思考主题的双面性，既可以从正面去思考主题的意义、普遍性和必要性，也可以从反面去思考主题的危害性、局限性与不必要性。比如以"归零"为题的写作题目，我们既可以思考归零对于负荷过重的生命的减负，也可以思考归零对于生命价值的剥离（如下文）。要注意的是，故事不可因写作者不赞同主题而偏离主题，而应侧重通过故事表现主题会带来何种负面影响。比如，绕开写"归零"的负面效应，转而去写"负重前行"，这就是绕开了写作主题的偏题文。

【例文】

归零

人大附中 2023 届毕业生　薛芮

"恭喜，您的负面情绪已归零，欢迎重新享受生活！"

从坏心情归零中心出来，小张整个人神清气爽。这个时代出现了越来越多的抑郁症、自杀现象，整个社会笼罩在一片阴云中。负面情绪归零技术应运而生，普度了众生。它通过清除有可能带来负面情绪的因子使人保持心情愉悦，从而让人的心境处于"归零"状态。

小张走在街上，广告屏上正放着负面情绪归零的宣传片，"新的开始"几个大字闯进他的视野，屏幕上两个女孩笑靥如花，像从没有过烦恼一样——她们真的从来没有过。过往的行人也都面带微笑，空气甜腻得像凝固了的草莓奶昔。乌托邦就这样轻而易举地降临人间了。

正是因为如此，那个男人才显得尤为格格不入。

他穿着已经发灰的破衬衫，扣子胡乱地扣着，鞋也只是趿拉着。最重要的是他在哭，抱着头、抹着泪，在崩溃地大哭。他站在天桥上，整个人都倚在栏杆上，已经哭得失了气力，脆弱得好像下一阵风就能吹走。整个场景就像一幅绮丽的伊甸园图染上了一团乌黑的墨渍，格外惹人注目。

小张走上前拍了拍男人的肩。"哥们，怎么了？没什么过不去的，看开点啊。"

男人转过头，眼睛通红。他摇了摇头，又平复了好几下呼吸，才跟小张说："我爱人……过世了……几十年陪着我创业，一点福也没享到……现在我赚到钱了，她再也看不到了……"

小张善解人意地跟着叹了口气，他又拍了拍男人。"这样下去也不是事，你趁早去把坏心情归零了吧。"政府对负面情绪清零的补贴很足，毕竟穷人的负面情绪往往更多，小张确信任何人都做得起。

　　男人止住了哭声，他盯着小张，没有说话。小张被盯得心里发毛：真是个怪人，当初就不该多管闲事。正当小张准备转头走开的时候，男人终于开口了："你真的觉得这该被归零吗？"说罢他摇摇头，头也不回地离开了，剩下小张一个人愣在原地。真是个怪人。

　　小张没来由地想起了已经过世的母亲。母亲的笑、母亲轻柔的手、母亲温暖的鼓励……母亲像是空中楼阁上的仙子，缥缈得已看不真切，想去抓那双手，只能抓回一掌冷雾。有关母亲离世的悲伤早已被小张第一时间归零，他从未觉得有什么不妥，直到今天回想起来，才猛然发现那些曾让他牵肠挂肚的过往早已随着悲伤的归零而消散在风里。清除了，归零了，可却再也没有机会重新开始了。他的心早就不会痛了。

　　清明节，小张照例去为母亲扫墓。墓地里处处青烟升起，人们眼里却再也看不到悲哀的神情。

　　小张意外地又碰到了那个男人。看到他的第一眼，小张就知道他仍没有把悲伤归零。男人眼里含着泪，眼底是深深的悲戚。

　　男人也认出了小张，很快就来找小张聊天。小张问及负面情绪归零的事，男人依旧只是无可奈何地摇摇头。"那项技术是我参与研发的，"男人抱歉地笑了笑，"我原以为没有负面情绪，这个世界会美好很多。但爱人离世后我才意识到，没有悲伤，又何言幸福呢？悲伤让我能感受到她，让我感觉到我还是活生生的一个人，我再也不会把它们归零了。"

　　那个春日，阴云重回大地，爱意重返人间。

其三，多重达成式。

　　故事是精神的耕耘，灵魂的叙事。因为精神有不同维度，灵魂有不同面向，所以读者对故事也就有着丰富性和多样性的阅读需要。在简短的故事中，如果能做到从不同精神维度完善主题，那读者就会获得基于主题更为真实和广阔的体验。因此，若能挖掘不同角色对写作主题的认知和表现，并搭建起彼此之间的紧密关联，写出的故事就会带给读者以启迪。

同样写"归零"，不同于之前的两篇故事，下面的故事融三种"归零"于一件小事：商人身份却重义轻利的爷爷选择将旧账本归零，让有生活负担的顾客可以清零以完成人生减负前行；进而推广至青年摒弃旧观念，加入爷孙三代持守"归零"的队伍中；从而让"以义治利、先利后义"的经商品德与智慧在多重"归零"中饱满呈现。

【例文】

归零

人大附中 2023 届毕业生　荆琪

爷爷家里有个中药铺，在药香弥漫的木柜子上挂着一个记账板，如同一位德高望重的老人守护着整家店。每年春节，爷爷总要将它取下来，独自在上面勾画着什么，不一会儿，一些名字后面便清爽了不少。

"爷爷，您记性又不好啦，怎么又让他们的账归零啦！"我缠着他问。而爷爷却不说什么，只是突然如放下了什么似的轻松起来。

父亲继承中药铺后对它进行了一次全面的装修，那面墙上陈旧的药柜被换下，一排排塑料药盒整齐地码上。记账板也不知去向，空荡荡的位置闪着刺眼的白光。

那天晚上爷爷与父亲起了很大的争执："这都什么年代了，隔壁街那家都换上自助收银台好几年了，能有什么问题？"我听见父亲不耐烦地说。"你不懂，有些账，是不能记的！"爷爷音量不高却铿锵有力的话语掷在地上。

第二日一早我就看见爷爷坐在阳台，正拿一块布细细地擦拭着那块记账板。我凑过去看：板子边缘的木料已被磨得发亮，乌黑的板面却仍呈现令人敬畏的色泽。我仔细抚过它，指尖偶然间停留在一处凹痕上——那里刻着一个不属于我们家任何一人的姓氏。

"你知道吗，这间药铺一开始并不是我开的……"爷爷看着那标记，缓缓地说。

于是我才第一次知道爷爷的故事，知道他儿时害了一场大病。"那时自然灾害呀，谁都活不下去，更别说我一个病孩子了。可张医生家要救我，我们欠下很多钱，又怎么还得上？结果不知怎么，人家说记账板被冲花了，又算了一次，人家说记性不好，许多费用也就抹了。"

我忽然全都明白过来：旱灾，哪来的水——自然全是善意的借口罢了。"是啊，我们后来都活下来了，我去还钱，他没收，只把这板子递给我：'人人都有难熬的时候，这账啊，该归零就归零，有时就截然不同了。'老医生说。"

我看着爷爷起身缓缓移到电脑前，打开父亲昨天安装好的界面："你看，这些我早就会用了，计算机是聪明，可它有时候算得不如我清！"爷爷指着屏幕，似笑似叹地说道。

"爸，别担心，"父亲的声音突然从我们身后响起，"您看，我都记着呢！"他将界面一调，蹦出一张简单记录着每一户状况的表格。

"咱卖药嘛，不为赚钱，倒是能帮人重生——人生当然不能重来，但可以有新的开始。"父亲说着，从爷爷手里接过那块记账板。

爷爷从电脑前站起来，舒了舒筋骨。"好，好！"他喃喃道。

我看见老爷子踱到药铺前，重新打量起一排排崭新而整洁的药柜。阳光斜射进来，弥漫在药香间，照在他瘦削的背影上——一如他每次将记账板归零时那般轻松。

相关训练题目

【作文题目一】

《边城》中爷爷对翠翠说:"要硬扎一点,结实一点,方配活到这块土地上!"

请以"**结实地活在这块土地上**"为题,写一篇记叙文。

要求:叙事符合逻辑,有细节,有描写。

【作文题目二】

请以"**归零**"为题,写一篇文章,文体不限。

要求:思想健康,内容充实,语言流畅,书写清晰。

【作文题目三】

有时候,和解是一个完美的结局;有时候,和解只是一个故事的开头。有时候,和解是消除争议的方案;有时候,和解只是无奈的选择。有时候,我们需要和解;有时候,我们拒绝和解……

关于"**和解**",你有怎样的联想和思考?请自拟题目,写一篇记叙文。

要求:思想健康;内容充实,有细节描写;语言流畅,书写清晰。

二、叙事元素

叙事元素高频次地呈现在题面中,是高考北京卷记叙文题命题的特点之一。北京卷的命题在写作主题上往往紧扣时代主旋律和教育主命题,而在写作任务上力求缩小学生写作的边界。

叙事元素具有这样的功能:将时代主题框定在一定的叙事限制内,使题目体现出一种清楚与集中。同时,叙事元素入题也显出命题者的善意,在题目中添加叙事元素是在给予写作者撬动叙事的引擎,避免故事写作的漫无边际，使写作者可以审读题目、确认叙事元素，从而完成以之为结构中心的故事构思，具体见表2-2。

表2-2　　近年高考北京卷记叙文题中叙述元素梳理

年份	题目	人物	情节	场景	道具	时间	地点
2015	假如我与心中的英雄生活一天	√	√			√	
2016	神奇的书签				√		
2017	共和国，我为你拍照			√			
2018	绿水青山图			√			
2019	2019的色彩					√	
2020	一条信息				√		
2021	这，才是成熟的模样	√					
2022	在线			√			√
2023	亮相		√				

一般来说，题目中明示该叙事元素，评阅标准中也会包含对这一叙事元素的切题要求。因此，充分关注题目中的叙事元素，对考场故事的切题有关键影响。

1. 人物

人物类元素命题是指命题中含有与故事元素"人物"相关的信息词语，其大致有两种典型的呈现方式。

其一，人物整体形象元素命题。

如题目"又见灯塔"，以喻体"灯塔"给出"精神上具有引领作用"的价值，"摆渡者"以"摆渡"形象给出"帮助人由此岸到彼岸"的指引价值，写作时均应以此价值作为选材立意、塑造角色的标准。这类命题呈现方式的共性是人物的核心价值是固定且明确的，写作者不应逾越这个价值特征来选材成文。人物整体形象有时在题目中以人物群像的方式呈现，比如"他们"以人称复数要求写作者将视域调到人物群体去思考：这个群体有什么样的群像特点？围绕着他们发生了怎样的故事？他们能够反映的时代精神和价值观念是什么？我们又应该如何与之相处？为之做些什么？这些问题是故事应该着力的方向。

其二，人物局部细节元素命题。

在这类命题中人物的核心价值并不是固定的，恰恰是开放的，可以说命题者就是希望在这种开放的价值特征中去考查学生构思的灵活性、思考的丰富性。比如"鞠躬"一题，躬身行礼的动作，却含有尊敬、道歉、谦虚、告别、感谢、缅怀、礼貌、习俗等诸多含义。以上两题并未直接明示人物价值特征，而是选择以人物外在某个局部代表人物整体形象与内在精神。这个局部可以是人物的一个行动，如"鞠躬""微笑"；也可以是人物的一个局部器官，如"面孔""背影"；还可以是人物的话语"哎""我醒了"。这些局部承载着丰富的内涵，在具有不同的知识积累和经验积累背景的写作者审读下具有了不同的含义，由此也生成了不同面貌的人物形象。

2. 情节

情节类元素命题是指命题中含有与故事元素"情节"相关的信息词语，这类命题也有两种呈现方式。

其一，短过程单情节。

这种呈现方式的题目共性有二。

（1）动词是短过程发生的。例如题目"忽见"要求写出的情节符合迅速的、出乎意料的陌生化的所见，题目"顿悟"要求写出的情节符合突如其来的精神觉解。情节发生的过程是短暂的，但其带来的波澜与认知却是明显的。

（2）在故事中充当单个重要情节。"忽见"的情节之重要在于能"触动我们的心灵，引发我们的思考"，最好处于故事发展或高潮部分；题目"我醒了"的情节要能推动人物精神的成长、心灵的净化，最好处于故事开端以推动情节发展。

其二，长过程主事件。

在题目中，有一类动词要求的叙事不是瞬时达成的，而是需要一定过程才可完成的，故事要依托这个动词的过程性发展来塑造人物、揭示主旨。

如以"复苏"为题的记叙文写作，需要用故事的主体事件来表现复苏的过程，包括其过程中遭遇的困境、做出的努力及复苏的价值呈现。而"复苏"指活力减缓后又恢复正常的一项延续性的生命活动，这要求故事需要对"复苏"做出阶段拆解，以呈现更为真实、细致与完整的时空面貌。

3. 场景

场景类元素命题是指命题中含有与故事元素"场景"相关的信息词语。这类命题也有两种呈现方式，我们以如下两道高考真题为例做具体解析。

【作文题目一】（2017年高考北京卷作文题）

2049年，我们的共和国将迎来百年华诞。届时假如请你拍摄一幅或几幅照片来显现中华民族伟大复兴的辉煌成就，你将选择怎样的画面？

请展开想象，以"**共和国，我为你拍照**"为题，写一篇记叙文。

要求：想象合理，有叙述，有描写；可以写宏大的画面，也可以写小的场景，以小见大。

> **【作文题目二】**（2018年高考北京卷作文题）
>
> 　　生态文明建设关乎中华民族的永续发展，优美生态环境是每一个中国人的期盼。
> 　　请你展开想象，以"**绿水青山图**"为题，写一篇记叙文，形象生动地展现出人与自然和谐相处的美好图景。
> 　　要求：立意积极向上，叙事符合逻辑；时间、地点、人物、叙事人称自定；有细节，有描写。

　　两道题的共性在于，题目中明示场景类元素，要求借场景刻画达成以小见大、以形象载抽象的写作要求。书面故事实际是一种可视的媒介，阅读故事体验的是事物的具象，从这个角度说，场景类元素命题就是要大家通过画面来达成叙事。

　　不同之处在于，"共和国，我为你拍照"要求用小小的照片去呈现共和国辉煌的成就，本就是有难度的，场景设计更依赖多场景的组合拼接；而"绿水青山图"要求用图卷去反映生态文明理念，不一定要通过多场景组合拼接去达成对抽象价值理念的反映，实际上它更期待在单幅图卷的展示中完成多意义的传达。在审题过程中，要注意分辨多场景组合拼接类命题和单场景充分展示类命题，以刻画出有表达效率的场景故事。

　　除了要关注场景是单幅还是多幅的数量限制外，还要注意命题有无对场景包含元素的写作要求。比如记叙文题"我也在现场"中，材料导引语对场景的内容和价值都做出了限制："2月3日，武汉火神山医院正式投入使用，来自各省市的1 400余名医务工作者身着防护服，在抗疫最前线与病毒展开殊死搏斗……"从引文来看，现场的刻画需要由疫情时代、抗疫场所、人事物景综合构成，突出"雪冷不怕春意到"的氛围营造与价值导向。再如记叙文题"二十年后的语文课堂"

中同样对场景的内容和特点做出了限制："科技日新月异，改变着人们的生活，也改变着人们的学习方式。二十年后，语文课可能发生怎样的变化？"从引文来看，对语文课堂的想象除了二十年后的时间限制外，还需要聚焦在科技元素给语文课堂带来的变化上，需要进行场景对比以凸显语文课堂的变化。

此外，场景不等同于布景，它是故事中有意义的空间。在一些场景类元素的题目中，场景不只是场景，还具有象征意义和隐喻意味。比如记叙文题"绿水青山图"中"绿水青山"这一名词运用了借代的手法，以"绿"与"青"代指自然的生机、健康、美好；场景元素"绿水青山"隐喻着人与自然和谐共生的关系。

4. 道具

道具，常被小说家用作戏剧性元素参与情节发展过程，甚至成为矛盾产生的契机和矛盾解决的关键。道具类元素命题是指命题中含有与"道具"相关的信息词语。在这类题目的审读中，要重点关注以下几个方面。

其一，道具的修饰成分。

由于道具承担着以小映大、以实载虚的叙事功能，在审读道具这一要素时，尤其要关注题目中修饰道具的成分，落实其对道具的限制，使道具能够呈现出准确、具体而富有特殊价值的面貌。比如："一条信息"中的"一条"限制了道具的数量，"神奇的书签"中的"神奇"限制了道具的性质，"留一把光阴的钥匙"限制了道具的功能，"我心中的中国印记"限制了道具的归属，等等。

其二，道具的修辞意义。

与场景相似，道具类元素命题的审读同样要留意道具的修辞意义，要能够准确全面地梳理出喻体的特征，以便平行类比到所选的素材中去，完成合理对应。

【作文题目】（2020年北京市海淀区高三第一学期期末考试作文题）

一把小小的钥匙，能打开封闭许多年的门扉；一支用完的笔芯，尘封着年少笃志向学的热忱；一封家书小信，倾诉着别离时缱绻缠绵的深情；一双破旧的草鞋，带我们穿越历史的烟尘，重新望见父辈们筚路蓝缕的艰辛……时光荏苒，让我们留一把光阴的钥匙，以待后来者回溯往昔鲜活、激荡的岁月。

以上材料引发你怎样的联想和想象？请以**"留一把光阴的钥匙"** 为题，写一篇记叙文。

要求：思想健康，内容充实，感情真挚，运用记叙、描写和抒情等多种表达方式。

题目中的"钥匙"是故事写作需要依凭的道具。道具可以实指，指生活中常见的开锁工具，但结合材料可看出"钥匙"更有喻指义。从材料中的"钥匙""笔芯""家书""草鞋"四个举例，我们可以提炼出"钥匙"应具有小型、具象、可长期留存与开启光阴等四个特征，再以这四个特征为基准，遴选出最优写作对象。

如下面的故事，一张欠条表面上是一张诚信的通行证，实际是彰显并唤醒了人性真善美的回忆录。破旧的欠条，无言地诉说了父辈生活的艰辛和共渡难关的淳朴情谊，同时串联起一个个平凡而鲜活的、讲人情且懂感恩的人物形象。故事的动人与温情，主要来自小作者对于题目中钥匙特征的准确挖掘，这让欠条具备了小巧、久远并封存一段光阴故事的功能。

【例文】

留一把光阴的钥匙

人大附中2021届毕业生　王子珩

"爹，原来住我们隔壁的小王来了，还拿来一张纸条，您看这是咋回事啊?"

　　儿子小张风风火火地打开厨房门,我正守在蒸笼前头等着开锅,一时没反应过来,还没等惊讶早就搬走的小王怎么又来这里了,手就不自觉地接过了那张纸条。

　　这纸条年代有些久远,被水泡过似的,边角皱起,就是我们家以前常用的那种信纸,上面的折痕清晰可见。我隐约有些印象,一边赶紧招呼儿子把小王接上来,一边打开了纸条,只见那上面正是我的笔迹,大大地写着"老张欠老王一个包子"。我恍然大悟,那段尘封的往事立马回到了我的脑袋里。

　　老王家和我们家是邻居,那时候我们的包子铺才开起来,直接拿我们当时没改建过的平房当门脸,老王早上隔三岔五就来这里买包子,经常吆喝着我一起去街上遛个弯,一来一往就混熟了。那天儿子调皮,把水龙头拧开了也不关,又正好材料不够,我们两口子没检查家里就带着儿子出去采购了,结果一回来我们差点吓得下巴都掉地上了——屋里积了得有几厘米深的水,整个厨房乃至一层客厅都淹了。我们急得团团转,这时老王经过外头,看到我们的憋屈样,二话不说,狂奔回家,抄起自家脸盆抹布就过来搭把手,好在他曾经干过义工,清洁这一套熟,本来我们要忙活好一阵子的活三下五除二就干完了。我和媳妇自然千恩万谢,他推脱不过,眼珠一转就笑着抖了个机灵说:"我在外头干这清洁工的活,按工时算都赚不到一个包子的钱啊。你看看是不是得意思意思,给我补个零头啊?"当时的我也是实诚,心里一合计好像确实是这个价,当即答应下来:"行,不过店面泡坏了支棱不起来,我先给你打个欠条吧。"说着我就从旁边的信纸上扯了一节下来,写上这几个字,在他目瞪口呆下塞进他怀里了。他哭笑不得地收下欠条告辞了,结果第二天依然带着现钱来买包子,我忘性也是大,竟然到现在才想起来这事,当时真就生生给忘了。

正回忆那段日子呢，儿子就把小王给带上来了。我拽着他坐下，笑着说："稀客啊！来这一趟就是为了来讨这陈年老债啊？你爸最近还好吗？"

"您别说笑了，我来这里主要是鼓捣一下我爸留在这边宅子的东西，他最近可喜欢缅怀旧事呢，非得支使我来。实话告诉您，这纸条是我从他旧皮夹的夹层里翻出来的，当时想来您这里叙叙旧，正愁没个信物，这不就拿着它来找您了吗，"小王笑着说，又似有点羡慕地看了看那欠条，"当时咱们两家关系多好啊，就是因为我们是邻居才混熟的，说实话，现在住楼房，生活确实都方便了，但我就连同层的，甚至对门的邻居名字都不知道，也没见过几次，唉！我真挺羡慕您和我爸这种友情的，可是这个年头，朋友是越来越不好交喽！"

是啊，我们当年散散步、他从我这里买几个包子就能熟络起来，现在想想，确实太不可思议了。只能说确实过了不少日子咯，现在啊，我们都老了，想回到那个淳朴的时代，也回不去了啊。但是想这种事本来也不怎么靠谱，还是珍惜为数不多的以前的友谊吧。

我又和小王聊了聊最近的生活，突然，我听到放气的声音，赶紧起身回头，把一笼刚蒸好的酱肉包子拣出来，装到袋子里全递给了小王。望着他犹疑的眼神，我笑得很开心地说："现在借钱不都讲求利息的吗？我欠了这么长的日子，总得让我表示表示，吃不完就带回去给你爸吃吧，他虽然不常买酱肉馅的，但我可是知道，他每次买酱肉包子都是给自己吃的啊！"小王望着我坚定的眼神，点点头，笑着道别后弯腰出门了——原来这么久了，小王都长这么高了啊。

目送小王出了门，我突然有些感叹。我们这老一辈淳朴的情谊，不会随着光阴的流逝而淡去，只会像那陈酿的米酒一般，在岁月的酒窖中封存，有时会被遗忘，但每每被光阴的钥匙打开，就会如一坛开封的美酒，芳香而醇厚。

除了以上四种主要的叙事元素外，命题中还包含时间、地点这些基本的背景要素。比如"2019的色彩"中"2019"就是对故事发生发展时间的限制，比如"在线"的"线"就是对故事发生地点的限制。需要注意的是，以上所有的元素不一定是单独、孤立地存在于题目中的，越是复杂的题目其包含的元素就越丰富，需要对其全面梳理。

三、逻辑限定

在题目审读中，还应辨别题目中虚词在写作中的可用与不可用之处。虚词往往在题目中起逻辑限定作用。相较于题干中传达着明显的实际含义的词语，一些虚词常常不能被我们有效转化为讲故事的提示和限制条件，因而"失之毫厘，谬以千里"。而对于这些词的辨析，要重点注意如下几点，以做到小词准用、小词妙用、小词大用。

1. 逻辑的辨别

逻辑的辨别是指要辨析题目语境中起逻辑限定作用的词语的词性和意义。

起逻辑限定作用的虚词作为语句中的"语助"，具有功能多、用法灵活的特点。不使用或使用不同的虚词会使题目意义发生较大的改变。例如："远行者也有故事"与"远行者才有故事"两题，分别使用了不同的副词"也"与"才"，表达了不同的语义。"也"用在转折或让步的句子里，隐含着结果相同的意思，故"远行者也有故事"引导写作者讲述（虽然）未远行的人有故事，（但是）远行的人同样有自己的故事。而"才"字用在强调甚至唯一强调的句子里，表达着"只有""必须"的意思，故"远行者才有故事"引导写作者讲述只有远行的人才会有这样的故事，没有远行的人就没有这样的故事。

若起逻辑限定作用的虚词以及虚词的连缀成分的意义和位置发生

改变，相同的虚词在不同或相同的语境中，题目的意义都会因之发生较大的改变。例如："我们也成了一处风光"与"我也在现场"两题中都使用了副词"也"，所传达的语义却不尽相同。前者修饰"成了"一词，隐含着转折强调的意味，表达着这样的含义：虽然原来的我们未成为风光，但在那处风光的感发下，我们也成了一处风光。后者修饰"在"，表达两种情况并存的意味。

2. 逻辑的明确

逻辑的明确是指明确写作语境中虚词包含的叙事逻辑。

逻辑是思维的规则，语法是语言的规则，语言是思维的外显。由此可见，辨别题目语境中虚词的意义和用法，目的是掌握讲故事需要建立和遵循的叙事逻辑，用正确的思维去讲故事。从现有的记叙文题来看：副词常框定叙事主题的发挥范围，例如"我要全速奔向你"；连词常提示要建立关系、诠释关系，例如"一个人和一座城"；数量词常限制着故事元素的数量，例如"一条信息"；等等。虚词要能够小词大用，除了确切分辨虚词在语境中的词性和语法作用，还需要将这个语法作用与故事讲述的逻辑对应。下面以"我的世界也很美丽"一题为例具体谈谈。

吕叔湘先生在《现代汉语八百词》（增订本）指出，副词"也"的基本义是表示"类同"，"也"的释义，主要有以下四种：（1）表示两事相同；（2）表示无论假设成立与否，后果都相同；（3）表示"甚至"，加强语气；（4）表示委婉语气。由此可推得"也"可以表示并列、转折、强调与让步四种逻辑。"我的世界也很美丽"一题的叙事逻辑，可以呈现为以下三种走向：

（1）并列：别处/别人的世界很美丽，我的世界也很美丽。

（2）转折：原以为别人的世界才美丽，但通过某个契机，我发现我的世界也很美丽。

（3）让步：即使我的世界遭遇了主客观障碍，我的世界也很美丽。

尽管三种故事走向的结局是一致的，都达成了"我的世界也很美丽"的主旨，但由于对"也"所隐含的叙事逻辑的判断不同，其呈现的情节和人物是迥异的。仔细分辨会发现：在并列式的情节发展逻辑中，人物是共情型人物，由此引发的对主旨的思考是美丽是各美其美的；在转折式的情节发展逻辑中，人物是成长型人物，由此引发的对主旨的思考是美丽是在我身边的、被我拥有的；在让步式的情节发展逻辑中，人物是坚守型人物，由此引发的对主旨的思考是美丽是可以被我创造的，美丽是坚固恒久的。由此可见，对于虚词所包含的叙事逻辑的明确，是建构立意、设计情节与人物、具化主旨的必要环节。

3. 逻辑的落实

逻辑的落实是指在立意阶段，要建构虚词所在句的内在逻辑，形成完整自洽的逻辑链条。

其一，逻辑对照。

表明动作、行为、发展、变化、性质、状态等的程度、范围、时间的副词在叙事中的落实，可以通过类比或对比法实现逻辑自洽。例如："他是真正懂得……"中的"真正"应以表面上懂得及其危害来对照；"你是我最美的相遇"以对比法来诠释何为"最美"更能凸显"最"；"我们正年轻"应以作者理解的"不年轻"的面貌来对比"正年轻"呈现出来的面貌，从而使读者获得关于"正年轻"的独到认识如对比"虽然看似年轻但精神衰颓"与"虽不再年轻但内心充盈"两类人，以诠释"正年轻"一词更关乎人、事、物的内在生命力。

下面的考场文中，小作者对成为翻译家是自己最美的相遇的觉解，是通过一场特殊的葬礼而达成的。而这场葬礼之所以可以让主人公意识到翻译家的价值，即没有翻译家们攻克巴别塔的呐喊就没有思想文化的传播，是因为小作者选取了葬礼上的各国读者予以对比，选取了幕后无数翻译家予以类比，从而实现了认知成长。

【例文】

你是我最美的相遇

人大附中 2022 届毕业生　李嘉乐

我想为我的工作写一篇文章，告诉你，你是我最美的相遇。

我们相遇的那天，你携着"翻译家"的标牌来到我身边。"翻译部"的办公室里寂静无声，尚未翻译的外国典籍成摞堆起。我不曾从这幅画面中感到一丝美丽，因为"美"总是惊心动魄的、夺人眼目的，可"翻译家"这份职业，沉默又黯淡。

我们躬身苦读着复杂的外文单词，绞尽脑汁想要驯服它们，让它们变作人人都可以触摸的语言。可笔耕不辍又如何，笔尖淌出长篇心血，却没有一句话属于自己，于是我们永远沉默无声。当人们用听筒听到名著的箴言警句而感动震撼时，他们会流着泪拥抱光芒四射的作者，但没有人会记得听筒。我感到失落，感到迷茫。

直到有一天，我听闻一位作者的死讯，是我曾翻译过的无数作品的作者中的一个。我恍如梦境般站在黑白花圈的礼堂中，看着这位曾被我转述过其思想的巨人陨落。

前来吊唁的人们神情肃穆，我一愣，发现他们的手上无一不拿着这位作家的书——也是我翻译的书。他们珍重地捧着这一本本书，用这一本本作品，向逝去的人示意，告诉他自己如何与他相识，又如何珍视他的思想。在肃静的人群之中，我忽然意识到，如果没有我，没有我们这群沉默的翻译家，这些吊唁的人们不会相遇在这里。此刻，那些初遇的人们正围聚在一起仿若旧友，手上的书为他们缔造了一见如故的亲密。他们默读着手中的作品，然后低声互诉自己最爱的一段话，同时为作者心灵的火花而叹息。人群明明几近无声，我却听到思想的共鸣正在响起。

我忽然感到这一场发生于葬礼上的相遇很美。不同语言甚至肤色的人们齐聚于此，他们的思想形成于各异的文化之邦，或许有矛盾冲突，却都能被一本本几厘米厚的"方块"包容。他们的口中虽然说着不同的语言，可当他们都为同一行文字所触动时，便形成了一种属于他们的共同的语言，名为"共鸣"的语言。这语言惊心动魄，夺人眼目。

那一瞬间我明白了什么，曾经的迷茫瞬间消散。走出葬礼，走出无数个葬礼，我并不悲伤，我知道逝者已被我永远留住，那一本本被小心携带的书就是明证。葬礼之后，不久前才在葬礼上相遇的人们正相约着去哪里续聊，因为知晓彼此都带了可供相谈的故事——那位作家生前的书，被我翻译的书。看着他们远去的身影，我微微一笑，知道这场美丽相遇的后续，会是更多个新的美丽的故事。收回目光，我微微低头，注视胸前挂着的"翻译家"标牌。

我回想起与它相遇的那天。"翻译部"的办公室里寂静无声，尚未翻译的外国典籍成摞堆起。但这一次我听到了，听到了无声中的呐喊，那是我与我的同事们正呐喊着去建造文学世界的巴别塔。我看到了，混乱中我们正高举着一位位巨匠的思想火炬，在各色语言的激流中逆流而上，将它们送到不同岛屿上更多的人手中。这画面是如此沉默却惊心动魄，如此黯淡却夺人眼目。

我想没有比这更美的相遇了，因为它，缔造了日后无数场美丽的相遇。

由此可见，叙述中有对比与类比，在对比或类比中叙述，不仅可以达成对题目中关键虚词的照应，还可以使人物的性格本质、价值观念得到鲜明凸显，更可以全面反映丰富而复杂的社会众生相。

其二，逻辑补全。

题目为复句中的一个单句，句中的副词或连词的逻辑关系多样，需要通过添加关联词并补全复句来明确题目的写作方向。

例如："但是还有……"一题，"但是"作为关联词，一般与"尽管""虽然"搭配，构成转折关系。补全逻辑应是：虽然社会生活（情节）、个人体验（情景）出现了困境，但是还有某种名物陪伴着我们。仔细揣摩，"但是"在题目中引导写作者完成事物的正名与价值的建构。"但是"之前是铺设现实生活困境，"但是"之后是对该物的普遍意义的强调，而故事的基本情节也随着叙事逻辑的补全而初具模型。

在逻辑的补全环节，我们可以不局限在添加一组关联词上，可以通过添加多个关联词，使故事的逻辑更丰富、更复杂。

下文中，小作者在大兴安岭守林人群体的素材转化中，完成了双重因果的叙事逻辑搭建：由于几代守护者的接力，大兴安岭得以成为穿越岁月永葆青春之美的一处风光；而我们由于这样的奉献铸就了自己的价值，也成为一处风光。

【例文】

我们也成了一处风光

人大附中 2021 届毕业生　樊易

"这大兴安岭，看了这么多年了，还是这么美。"老王放下酒杯，突然深情说道。

是啊，我们何尝不是因为它的美才甘心日夜于塔上瞭望着、守护着它呢。岁月来去匆匆，这片林地却依然保持着它的青春。老张突然把手伸进我的头发里，酒劲漫上他的脸。"大兴安岭还没到雪季呢，你咋有了白头发哩！"我憨笑着望望我的守林人伙伴们，谁的头发没白呢！

想要在瞭望台上工作，就要把自己的存在融进山林里，受那孤独的苦。我们各自工作的三座塔相隔了足足六十里地，因此每次小聚都得等上个把月。想当年我们仨刚大学毕业，就搭着伙回到了家乡这片森林。白天在塔上记录风向、监察火情，晚上便在林子里巡逻。一晃已经二十四年了。我们从大兴安岭的"接班人"熬成了"老长辈"，就连各自的瞭望塔，也随着我们的衰老一同生锈了。

酒喝尽了，我正打算回去，老张突然留住我说："明天新来一批设备，里面有瞭望塔用的望远镜，嘿，我试过了，视野远得很呢！都能看见你的塔了。明天记得接一下哈。"我拍拍他的背，算和他道了别。下次相见，又不知是什么季节了。

要说是什么东西把我们哥仨留在了这里，还是爱呗。我边走边想。前面是林子，后面可就是家了。当老张还是小张的时候曾经说过："这个时代里，要有人'攻克'那未来，就要有人'守住'这现在。"我和老王深受打动，决定一起担起这"守护者"的工作。

次日，新望远镜来了。它比旧的那台多配了套电箱，说是电子科技的。刚一安装好，我便迫不及待地把眼眶贴了上去。大兴安岭的景色更加清晰地显露出来。一阵南风吹过，斑鸠抖羽顺风而飞，乔木轻摇其枝，唤起一片蛱蝶。翠色满山。这片富饶之地，正是中国最美的风光啊。

我转动方向，突然看见老张的塔。他也正用望远镜看向我这里。向北，我又看见了老王的塔。我们所在的三座被森林簇拥的锈红的塔，犹如一道火红的防线，在这翠绿之中显得格外亮眼。一股温暖的泪水不自主地漫出眼角，我突然想要紧紧拥抱他们。我大声呼喊着他们的名字，向他们招手。即使声音无法传达，此时的心意也定能随风飘至吧。我想要告诉他们：

"不知不觉，我们也成了一道风光啊。"

其三，关系建构。

题目是由词与词、词组与词组连接而构成，用连词关联的多个角色，则需要通过对连词的具体阐释来落实角色间关系。以题目"一个人和一座城"为例。

> **【作文题目】**（2023年北京市海淀区高三第一学期期中考试作文题）
>
> 　　一座城，是一个人身心栖居的家园；一个人，又给一座城带来温度与活力，甚至会影响一座城的气质与精神……人和城的故事，一直都在上演着。
>
> 　　请以"**一个人和一座城**"为题，写一篇记叙文。
>
> 　　要求：思想健康；内容合理、充实，有细节描写；语言流畅，书写清晰。

写作要求我们用故事讲好人和城的关系，区别于"一个人，一座城""城中人"，题目中的"和"既有语法功能，又有逻辑功能，更有情感功能。"和"字意味着联结，从材料导引语来看是指互相赋予对方生命的一种关系，是互相因为对方而存在的，他们互相召唤，互相赋形，互相成为对方的依据和镜像。这个人和这座城之间一定会存在着一种特定的精神联系，存在着内在的有机关联。

老市民偏执地丈量那些已不存在的或将要消失的或遭受冲击的"旧"事物时，是在思考关于城市在大踏步前行时要不要舍去曾构筑这座城市灵魂的人、事、物。书写者克服险阻，奋力书写关于这座城市的新故事时，驻扎者任凭外界动心娱目，仍兀自扎根于这方土地时，是"只有我在这里，这座城市才是完整的"认知使然，更是感念这片土地无声包容的伟大使然。一个人逃离却又回归、忘记却又铭记时，愈来愈远却愈来愈想、愈来愈久就愈处愈深时，是这座城带给了这个人丰富的魅力（见图2-1）。

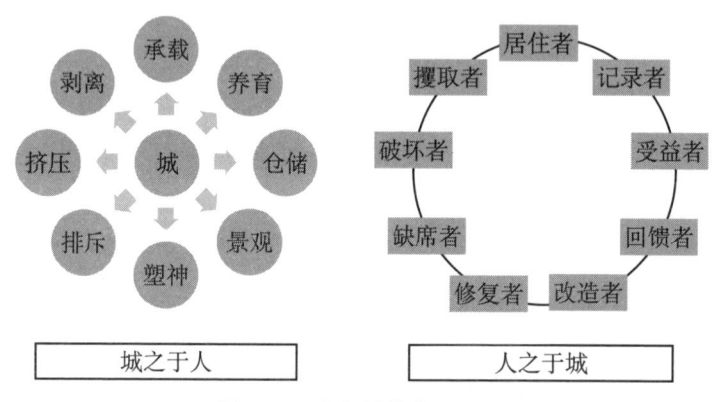

图2-1 人与城的关系呈现

从关系建构角度来看，"和"字可以呈现为一座城对一个人的影响，也可以呈现为一个人对一座城的影响。如下文中，主人公作为冷峻而又不失温情的旁观者与反思者，在不断询问着：在城市高度同质化、商业化的今天，我们作为生活在这方土地上的人民是要随遇而安，还是要守护好土地原始、本真的独特魅力？

【例文一】

一个人和一座城

人大附中2023届毕业生　李奕宸

我本来已经习惯这座城现在的样子了。

每一年都是那样的荷花，高低开着，连接远方的水。岸上有人卖渔网，水上是我等人摇橹。六个小岛上一一铺设着游玩处、摩托展、老酸奶。有一条水道供我四平八稳地走，这是如今的白洋淀城。

如常，我在竹筏上载了一家子。一家子好，孩子一要性子，就少不得玩一整天，我今天的活计就不愁了。竹竿一推就离了岸，我再次感谢这座小城对我的馈赠。

"咦？"孩子说，"这里和之前那个城也差不离呀。""前面好玩得很。"我笑着应付，加紧向欢乐岛赶去。

放下这一家人，我当自己是游客，一路从城门内走来。有些熟悉，更有些陌生。我记忆中野鸭家鸭厮混的场面、城市勇悍硬朗的气质少了些，现在这里多了江南水乡的情致，杂糅了北京城的雍容。

我发现我的城市被人装点，我不认识它了。我该怎么让我的城市在承载我们生计的同时回归本真？

我蹲在那儿想，却被王大娘瞧见，她极力邀我去她家，似乎不去便叫她失了面子。这熟悉的温暖倒是一直没变。她叫我坐，又去张罗了一笼咸鸭蛋，个大而有光泽，握在手上能攥住其间流动的黄心，是她的手艺。

我向她说出我的疑虑，她便和我一同蹲在大湖边，说："我们这帮老邻居，也感到不一样了，但还能有什么办法？吃饭第一要紧。"我看着湖水承载着落日，金色的水面上一溜竹筏渐归。忽有人唱起旧日的渔歌，先是独唱，接着一连串地唱了起来，大娘也动情地要站起来。我忙扶起她，这城市中古老的韵致突然在我心中被触动。

当日晚上，我又遇见了白日的一家子，我邀请他们重游我的小县城。给他们讲这里曾是抗日战场，未拆的旧屋的弹孔藏着什么故事，张嘎小鬼头从哪座山下来将鬼子晃到了哪处，哪处容易让人落水。他们似乎明白了我的城市在一样的荷花与摩托外的独到之处。

我又请他们去王大娘家，在她"不用不用"时眼疾手快地塞钱给她。那不幸的鸭子白天产蛋，晚上被吃，端的是筋道鲜香。我问那孩子的感受，在快活地吃鸭肉的余隙，他表达了对这座城的热爱。我逗他说："你瞧，这城是不是像这位奶奶，好客又朴实。"王大娘红了脸，孩子忙说："我看像叔叔你，不善表达但里面东西这么多啊！"大家一齐笑了。

送别他们一家后，我抚摸着脚下的土地，眼看城内如庙会般的灯火，我想着教大伙将她的商业气息淡化一点，像我今天一样，叫人弄清北方硬朗的水城风貌。明天，"十一"黄金周就过去了，我跟大伙一起想办法，一定成。

再眺望湖水，我见我的城市更美更独特，向我笑着。

"和"字更可以是一个人和一座城的双向关联。或因为一座城对一个人的影响，这个人选择对这座城的行动，如这座城养育塑造了这个人，这个人回馈修复着这座城；或因为一个人对一座城的认识和行动，这座城以同样的方式影响人类，如这个人修复着整座城，这座城回馈以更丰富的滋养，如这座城给这个人以挤压，这个人回之以逃离而又觉悟到这座城也给予他滋养，故最终选择返回这座城。

下文中，小作者正是从老杨是否要从北京这座城中撤离、北京是否要从老杨的世界中退场出发，搭建了一个人与一座城的双向关联。值得肯定的是，故事中的双向关联不是简单的连线，而是形成紧密的因果互动。老杨选择叶落北京，因为这城市是他生长的地方，给了他方方正正的人格气质、热情周到的为人之道；而老杨选择叶落北京，最终也为新北京留住了像他的旧书店一样的老北京的灵魂，老北京人和老北京是灵魂相依的彼此。

【例文二】

一个人和一座城

人大附中 2023 届毕业生　刘昀端

老杨望了望窗外那轮沉于树梢之下的夕阳，轻叹了口气，最近他总感觉自己老了，像自己经营了一辈子的这家古籍店里发黄的书页一样老了,像方方正正四九城里每一块沐浴历史风尘的古砖一样老了。老杨把店门轻轻一掩上了道锁,心里想着明天要给远在海淀的钱教授送一趟新找来的《古文观止》。

他骑着老自行车穿梭于老城老巷里。北京城,多么熟悉又令人安心的名字,老杨从小就在这里长大。他也认定自己叶落之时会归于此地,这座城市是他生长的地方。

回到家后迎面看到儿子的面孔,他还没反应过来,儿子就把他拉到一边。"爸,我刚跟我妈说,想把您二老送到海南养老,那边天气暖和,比北京舒服,您跟我妈年纪都大了,该享福的年纪就别再苦哈哈开书店了。"

小杨还想再说点什么,可是被老杨制止了:"明儿再说,明儿再说。"老杨挥挥手进了屋,卖掉书店,搬到海南,老杨固执得像这个城市的青砖一样——根本不可能。

次日清晨,太阳还没升起来,老杨便出门去书店取来了厚厚一叠书,蹬着自行车往北骑。一路上,他一直在想着小杨抛出的问题。

走吗?这胡同里有他生长的印记,这路上有他成长的影子,北京是他栖居了六十多年的故土,怎么可能这么就走?可是他又想到了已经搬到南方的老街坊,住进大高楼的老邻居,这城市赋予他的,也赋予了所有人,为什么却有不同呢?老杨越想越糊涂了。

钱教授收到书的时候激动地说着乡音:"哎呀,谢谢您呀,老杨,这套书我想了好久的呀。"说罢,抚平了书页上细微的皱纹,旧书的纸页翻过,陈旧的气息扑面而来,老杨闻到的却是岁月的味道。"老杨啊,不瞒你说,你们老北京人都很热情啊,帮忙帮到底,这么尽心给我找这书,感激不尽啊。"钱教授握着老杨的手,两只手包裹着一团温热。老杨笑了笑:"嗨,做人就该这样,没事儿,回见了。"

回程路上,老杨看着老城外拔地而起的高楼大厦,想着钱教授说过的话，他是老北京人，钱教授觉得这样的热情诚恳是老北京人独有的，这不正是这座城市给予他的独特的品格吗？他虽然只是一个人，却给钱教授传递出了这份老北京城的特质，这算不算他应坚守旧书店的理由呢？

当然算了，老杨在心底舒了口气，笑自己的固执像老城墙一样，他又蹬着车骑进了瓦浪。

其四，虚词的蓄积。

最后来谈谈虚词的蓄积。

要准确审读词语，单知道辨别虚词的方法和路径，是不够的。社会人生包罗万象，蕴含无穷事理，而这事理又凝练在丰富变化的虚词之中，如果对常见的虚词蓄积不足，审题行文必然难以应付自如。所以，备考阶段还需预先完成蓄积虚词这一功课。表2-3列出了记叙文题目中常见虚词，供蓄积之用。

表2-3　　　　　　　记叙文题目常见虚词一览表

常见虚词	例题	词语意义及叙事逻辑
才	远行者才有故事 这，才是成熟的模样	（1）表示只有在某种条件下，或由于某种原因、出于某种目的，才会怎么样。用于后一小句，前一小句常有"只有、必须、要"的语义。如"远行者才有故事"强调的是只有远行者才有故事的条件结果逻辑。 （2）强调确定语气。"才＋是"的结构含有"别的不是"的意味。例如"这，才是成熟的模样"中暗含别的模样不是成熟的。"才＋形＋呢"的结构主要强调程度很高。
也	我也是追梦人 我们也成了一处风光 我也是青年 我也要放声歌唱	（1）表示两事相同，含有并列逻辑。"也"用在前后两小句，或只用在后一小句。 （2）表示无论假设成立与否，后果都相同。含有让步逻辑。常见逻辑补全结构有"虽然/无论/纵然/再……也……"。

续表

常见虚词	例题	词语意义及叙事逻辑
又	又见灯塔	(1) 表示一个动作（状态）重复发生，两个动作（状态）相继发生或反复交替。有时候没有前半句，光有后半句，暗含着以前有过这类事或照例该有这类事。比如"又见灯塔"中的"又"要求重启一个事件、再现一个场景，体现变与不变。 (2) 表示语气。与"可是、但是、却、而"相配合，表示转折；与"不"配合，加强否定；与疑问指代词语配合，加强反问。
但	但是还有_____	(1) 表示转折，引出同上文相对立的意思，或限制、补充上文的意思。要表达的重点在"但是"之后，故有强调的逻辑。"但是"之后常有"却、也、还、仍然"等。 (2) 副词用法，表示"只、仅仅"，强调唯一性。
还	我还是那个__的少年	(1) 表示行为、动作或状态保持不变，或不因上文所说的情况而改变。 (2) 表示经过比较、考虑，有所选择，用"还是"引出所选择的一项。 (3) 与"不但、不仅、不光"搭配，表示递进，更进一层。
更	风景这边更好	(1) 表示程度更高。用于比较。多数含有"原来也有一定程度"的意思。比如"风景这边更好"要求写出两处或更多风景，在比较中不否定彼处风景，但强调此处更好。 (2) 有时不含有"原来也有一定程度"的意思，只是和相反的一面比较。表示跟上一层意思相反或出乎意料，相当于"反而""竟然"。
和/与	你和你站立的地方 我与新北京 一个人和一座城	(1) 表示平等联合关系。连接类别或结构相近的并列成分。 (2) 表示选择，相当于"或"，常用于"无论、不论、不管"之后。

续表

常见虚词	例题	词语意义及叙事逻辑
因为	因为有了你	表示原因。
只	只要……还在……	"只"表示除此之外没有别的。"只是"用于否定句，强调在任何情况下不变；与"不过"相近，表示轻微的转折。"只要"表示充分条件，有"凡是"的意思，但还可以有别的条件。"只有"表示某条件是唯一有效的，其他条件都不行。

四、材料导引语

材料导引语是正确理解命题意图的关键，是激活思维的重要环节，也是触发写作欲望的第一要素，更是文章构思立意的要津。

北京历年高考记叙文题，虽均有标题以明示写作任务，但仍坚持用材料导引语作为命题的辅助阅读材料。究其原因，材料导引语承担着提供话题背景、提示写作内容、给出写作限制与交代写作价值的功能，这对于故事写作的环境铺设、素材激活、话题扣合与立意深入有着重要价值。

相较于议论文题，材料在记叙文题中更为重要。因为故事写作是要将抽象的价值观念用形象思维呈现出来，材料对于故事的激活、赋形和升格有着重要作用。在审读材料导引语时，要避免以下情况。

其一，导引语闲置。

在考场实际的创作过程中，时间紧张压力大，我们常常会舍弃导引语，抓取题目后，直奔故事的构思写作，这种将导引语闲置的做法是不可取的。

以 2020 年高考北京卷记叙文题"一条信息"为例，材料导引语"其中有一条信息，或引发了你的感悟，或影响了你的生活，或令你振奋，或使你愧疚，或让你学会辨别真伪……"其实不仅仅是在提示写作的角度，更是在对题目中的信息做出概念限制，以框定写作的边界：只有能够引起人们行为、情感及思考的内容，能够消除不确定性的才是信息。在实际的写作中，很多同学在粗读题目后，认为信息是简单而熟悉的事物，略过材料直接开始了写作，没有按照命题要求完成扣题，造成了偏题的状况。再以 2019 年高考北京卷记叙文题"2019 的色彩"为例，很多同学没有对材料导引语足够重视，忽略了材料中的"你会赋予 2019 年哪一种色彩"中的"一种"，写出了大量的融合色和多颜色的故事，同样造成了偏题的状况。

其二，导引语中心。

将导引语作为审读题目的中心，忽略其对标题的辅助作用，同样不可取。不同于其他地区的作文题，北京卷记叙文题是有标题作为明示限制的。换句话说，标题是处于核心位置、发挥着支配作用的。如果绕过标题去泛读导引材料，极容易思维发散且不容易快速确认写作主题。

以 2018 年高考北京卷记叙文题"绿水青山图"为例，只看材料导引语"生态文明建设关乎中华民族的永续发展，优美生态环境是每一个中国人的期盼"，而不将其与"绿水青山图"关联，会忽略本题的写作限制，题目要用场景描绘的方式去传达生态文明对中华民族的价值。在实际写作过程中，很多同学没有仔细揣摩二者之间是方式和结果、写作条件和目的的关系，把"绿水青山图"写成了"生态文明记"，没有很好地完成写作任务。

在审读材料导引语时，应做到以下几点。

1. 厘清导引语的提示与限制

较推荐的审读流程是：以标题为原点，以句为阅读停顿单位，梳理标题与材料导引语每一层次之间的关系，分类归纳写作的提示与限制。以如下题目为例。

> 【作文题目】（2023年北京市海淀区高三第一学期期末考试作文题）
>
> 电视剧《觉醒年代》播出后，很多观众问编剧：这么精彩的作品有续集吗？编剧说：我们现在的幸福生活就是续集！生活中，每个人都应该成为精彩续集的创造者。
>
> 请以"续集"为题，写一篇记叙文。
>
> 要求：思想健康；内容充实，有细节描写；语言流畅，书写清晰。

先以文题"续集"来确定构思原点。这是一道情节类写作命题。"续"是动词，"顺着时间推进"，是某种内容、意义、方式、风格的"延续"和"发展"，还原在故事里应从谋篇布局、填充内容到逐渐扩展成完整的叙述过程。"集"指大型图书中可以相对独立的一部分，或小说、电影、电视剧中相对独立的段落。可以是一段连续故事的单集，也可以是多段连续故事的汇集。从标题词语本身来看，写作的空间是很大的。

结合材料导引语来看写作的提示和限制。"电视剧《觉醒年代》播出后，很多观众问编剧：这么精彩的作品有续集吗？"交代了命题背景与来源，并指出续集的本义是文艺作品的续作，隐含着观众对于前序故事的肯定，对于后续故事潜在的阅读期待。"编剧说：我们现在的幸福生活就是续集！"给出了续集的引申义，续集是前辈奋斗的持续结果呈现，隐含着对前辈精神的肯定和升华，赋予其更多元的社会意义。"生活中，每个人都应该成为精彩续集的创造者。"拓展了续集的引申义，续集的主体可以是生活中的每个人，"精彩"扩充了幸福的范畴，"创造"赋予了续集发展性的含义，隐含着故事应回答为何每个人都应成为精彩续集的创造者。综上，本题的材料导引语主要对"续集"的概念和价值做出了如下限制和提示。

第一，"续"什么？继承血脉、传承精神、延续历史、发扬创造……要回答所"续"的宝贵"财富"。

第二，谁的续集？我们每一个人，可以是新时代各个阶层、行业、地域的人。要发掘当下生活中的精彩续集。

第三，怎样的续集？现在的幸福生活（事件、场景），不可为负面意义的狗尾续貂。

第四，怎样来"续"？确定与前序故事的连接点（相似性），对其进行适度"回放"；设计前序故事的发展点（差异性），对其进行重点"演绎"。

材料导引语除了对关键概念进行提示与限制外，还可以从主题立意、故事发生时间、故事发生地点、叙事元素等方面给予写作提示与限制，如表2-4所示。

表2-4　近年高考北京卷记叙文题目材料导引语一览

年份	题目	导引语	限制角度
2015	假如我与心中的英雄生活一天	在中华民族发展的历史长河中，从古至今有无数英雄人物：岳飞、林则徐、邓世昌、赵一曼、张自忠、黄继光、邓稼先……他们为了祖国，为了正义，不畏艰险，不怕牺牲；他们也不乏儿女情长，有普通人一样的对美好生活的眷恋。中华英雄令人钦敬，是一代又一代华夏儿女的榜样。	概念限制 角色限制

续表

年份	题目	导引语	限制角度
2016	神奇的书签	**书签，与书相伴，形式多样**。设想你有这样一枚神奇的书签：它能与你交流，还能助你实现读书的愿望……你与它之间会发生什么故事呢？	概念限制
2017	共和国，我为你拍照	**2049 年**，我们的共和国将迎来百年华诞。届时假如请你拍摄一幅或几幅照片来显现**中华民族伟大复兴的辉煌成就**，你将选择怎样的画面？	时间限制 主题限制 叙事限制
2018	绿水青山图	**生态文明建设**关乎**中华民族的永续发展**，优美生态环境是每一个中国人的期盼。	主题限制
2019	2019 的色彩	**色彩，指颜色**；不同的色彩常被赋予不同的意义。**2019 年**，我们隆重纪念五四运动**100 周年**，欢庆共和国 70 华诞。作为在这个特殊年份参加高考的学生，你会赋予 2019 年哪一种色彩，来形象地表达你的感受和认识？	概念限制 主题限制 叙事限制
2020	一条信息	当今时代，我们每天都会面对各种各样的信息。其中有一条信息，或引发了你的感悟，或影响了你的生活，或令你振奋，或使你愧疚，或让你学会辨别真伪……	概念限制
2021	这，才是成熟的模样	瓜熟蒂落、羽翼丰满，这是草木鸟兽成熟的模样；但对我们而言，**真正的成熟却不仅仅指身体的长成**……	概念提示
2022	在线	**网络时代、疫情期间**，很多活动转向"线上"，你一定有不少关于"在线"的经历、见闻和感受。	时空限制
2023	亮相	**舞台上，戏曲演员有登场亮相的瞬间**。生活中也有许多亮相时刻：国旗下的讲话，研学成果的汇报，新产品的发布……每一次亮相，都受到众人关注；每一次亮相，也会有一段故事。	素材提示 领域提示

2. 注意材料导引语中的标点符号

审读材料导引语，除了要逐词逐句细细揣摩体会，还要留意文段内出现的一些特殊的标点符号，它们是命题者留在字里行间的"蛛丝马迹"。

其一，引号。

在写作中，引号是一种重要的标点符号，它可以帮助读者更好地理解文段的含义和命题者的意图。

有时，引号用以标识命题者需要着重强调的对象，以引起审读者关注。2022年高考北京卷记叙文题"在线"中使用了两处引号："网络时代、疫情期间，很多活动转向'**线上**'，你一定有不少关于'**在线**'的经历、见闻和感受。"这两处引号均起到了强调的作用，命题者在强调什么呢？把两个词语放在一起，我们就会意识到，命题者希望我们在写作中注意区分"线上"和"在线"这两个词语。标题"在线"是一个情节类动词，要求我们写主人公处于线上的场景或情节；而"线上"是一个环境类动词，提示故事发生的环境背景。二者是有明显区别的。

有时，引号用以标识具有特殊含义的词语，以引导审读者深入挖掘。2022年北京市东城区高三第一学期期末考试记叙文题"又见灯塔"的材料导引语中，灯塔一词出现了三次，而只有第二次用引号标识："从前，海上航行的人靠灯塔指引方向，后来，人们常用'**灯塔**'象征希望、智慧，比喻人生的理想和目标。在成长的道路上，有人会因疲惫停下追寻的脚步，有人会因迷茫怀疑求索的意义，但是总有一些人，能在人生的山重水复中，再次见到灯塔的亮光。"这给读者以提示：本题中的"灯塔"不仅仅指本义的实体物，更有象征义与比喻义，这是命题者期待作者着力的方向。写作中能够完成象征与比喻的平行类比即算合题。

其二，省略号。

导引语中的省略号常耐人寻味。

大多时候，省略号表示列举未完全。比如，2020年高考北京卷作文题"一条信息"中的省略号表示信息功能价值的多样性，2023年高考北京卷作文题"亮相"中的省略号表示写作领域的开放性……无论是哪个方面的列举未完全，都给出了写作上的"通行证"——不必局限在命题所给的列举中，可以遵循规则另寻内容。

也有时，省略号表示命题者语义未尽，留有空白，以供写作者思索并做出回答。比如，2021年高考北京卷作文题"这，才是成熟的模样"中"瓜熟蒂落、羽翼丰满，这是草木鸟兽成熟的模样；但对我们而言，**真正的成熟**却不仅仅指身体的长成……"省略号表示语义未尽，需要你做出回答，这恰恰是命题者想要你用故事做出回答的关键之处。

还需要留意的是，省略号后的语句有时是话题另一角度的开启，有时是对前文列举的总结，这一点可以帮助我们快速抓住段落的层次和重心。比如，2022年北京市朝阳区二模记叙文题导引语："在除夕年夜饭餐桌上，在脱贫攻坚工作者的脚下，在北京冬奥会开幕式'二十四节气'倒计时短片里……在这里，能读懂中国。"省略号后的句子是对前面列举内容的主旨框定，无论哪一个场景，都应该将其描绘的目的落实在"读懂中国"上。

除去以上两种标点符号，其他标点符号在复习中也不容小觑。比如，分号提醒着我们这一部分需要分层阅读，以识别写作的方向和禁区；问号提示着写作者一定要在故事中对问题做出明示回答，以明确写作的关注点……吕叔湘、朱德熙在《语法修辞讲话》中说:"每一个标点符号有一个独特的作用,说它们是另一形式的虚字,也不为过分。"

无论在故事写作中,还是在审读题干的过程中,如果能够慎重地对待标点符号,会带来意料之外的写作与阅读之惊喜。

第三讲　成文

　　围绕叙事元素展开叙事，遵循小说创作基本原理的有效途径。
　　史蒂文森曾这样阐述："写小说有三种方法。第一，或者你先把情节定了，再去找人物。第二，或者你先有了人物，然后去找这个人物的性格开展上必要的事件和局面。第三，或者你先有了一定的氛围，然后再去找出可以表现或实现这氛围的行为和人物。"① 他的这段话其实就是在告诉读者可以用人物塑造、情节演述与场景氛围营造三种方法来创作小说，这种叙事结构三分法从五四时期起就不断被援引。我们将这一方法运用到考场叙事中来，以人物、情节、场景和道具四种叙事元素为故事的动力引擎和结构中心，可以有效勾连题目中的叙事元素，达成切题成文的目的。
　　在具体写作过程中，故事的构思立意与谋篇布局很难与审题截然分离，因为审题的目的就是讲对并讲好一个考场故事。故这一讲就是在判断文题中叙事元素的基础上，通过抓取叙事元素来撬动叙事。具体来说，就是分析叙事元素在故事中所处的位置、比重和功能，搭建其与主旨、情节与人物间的逻辑关联，从而达成有效扣题与编织成文的目的。

一、人物类元素命题构思指导

　　人物类元素命题指命题中含有与故事元素"人物"相关的信息词

---

①　陈平原. 中国小说叙事模式的转变. 北京：北京大学出版社，2010：94.

语，大致有两种典型的呈现方式。

一种以人物价值为修饰词的人物整体形象，如下面所示的题目一与题目二。"又见灯塔"一题以喻体"灯塔"给出"精神上具有引领作用"的价值，"摆渡人"以"摆渡"动作给出"帮助人由此岸到彼岸"的指引价值。写作时均应以此类价值作为选材立意到塑造角色的标准。这类命题呈现方式的共性在于人物的核心价值是固定且明确的，写作者不应逾越这一价值特征选材成文。

【作文题目一】

从前，海上航行的人靠灯塔指引方向，后来，人们常用"灯塔"象征希望、智慧，比喻人生的理想和目标。在成长的道路上，有人会因疲惫停下追寻的脚步，有人会因迷茫怀疑求索的意义，但是总有一些人，能在人生的山重水复中，再次见到灯塔的亮光。

请以"又见灯塔"为题目，写一篇记叙文。

要求：思想健康；内容充实，有细节描写；语言流畅，书写清晰。

【作文题目二】

《边城》中的渡口和摆渡人已经成为文学经典形象。生活中，许多人都曾经或将会遇到"渡口"，也曾得到或将得到"**摆渡人**"的帮助。

上面文字引发了你怎样的联想、想象和思考？请自选角度，自拟题目，写一篇记叙文。

对于以人物价值为修饰词的命题，推荐的构思策略是运用剥笋式的思维逻辑去搭建"人物价值"的线性情节。以"摆渡人"为例，我们遵循着"摆渡"所指向的价值，发出如下提问，并在此基础上构思素材中的情节与细节，如图3-1。

```
[为什么需要摆渡?] → [怎样摆渡?] → [摆渡的价值意义?]
["我"迷失于"渡口"] → [摆渡者对"我"实施摆渡的各项行动] → ["我"在走出困境后的表现和认知]
```

图 3-1 "摆渡"一题构思问题链

【例文】

时间之河上的摆渡人

人大附中 2022 届毕业生 焦楚原

那时，我曾觉得我像困在渡口而渡船久不能至的行旅之客，每日尽是彷徨与烦躁。

刚刚来到故宫学习钟表修理的那个夏天，在老北京皇城的阵阵蝉鸣声中，我的心绪迟迟无法平静下来。库房里那一台台落满灰尘的旧式钟表，虽仍有华丽的外壳，却只是有气无力地轻微响动着，甚至已经完全陷入了沉寂。而蝉鸣取代了沉默占据我心，使我总是一日日地处于躁动之中，疑惑修好这些历史遗物究竟会有什么意义。当同伴们在辉煌的钟表大楼中细细拨弄着精密的钟表，享受着时间的精确带来的成就时，我却困在此处，只面对着古时的旧物……我觉得我像是在时间之河岸边，焦躁地无法渡河、无法寻得平静与价值的旅人。

（我迷失于渡口：故宫修钟新人对于修复历史遗物的意义的疑惑与彷徨，停留在渡口。）

但那个下午，渡船在摆渡人的桨声中摇了过来。那天，师父快要完成一尊立钟的最后调试，我恰觉无聊只身前往观看。只见房中钟表的外壳被拆开，闷热的房间里师父却如同对外界的一切毫无察觉一般，沉心静气，用手中的器具拨弄着钟内的齿轮与转轴。里面的结构精巧地勾连在一起，仿佛是一篇复杂的乐章，而伸入的镊子和铜丝仿佛正给这乐章留下一个个和声。起初，我并不能接受这种缓慢与无趣，但渐渐地却被这种细微的耦合深深吸引了：我忽然发现，那时间的内部竟然深深蕴藏着这么多的精妙与华美；一秒钟流逝的背后，是数不尽的精巧结构的组合。室内的烦闷与窗外蝉鸣的吵闹仿佛都已与我们无关，只剩下眼前调理着的"时间"。

终于，一切完毕，合上钟表的外壳，拧上发条，只听见钟声的流逝轻轻地在室中回响，其他的声响都隐去了。此刻，我感到那种我曾寻不到的宁静，一种时间流逝本身的宁静。

静听半晌，师父终于转过来，轻轻地告诉我："这一尊尊钟表，就是一次次时间的象征。它们不仅是时间流逝的忠实记录者，它们也忠实地记录着时间本身。"在师父的叙述中，在眼前的红墙金瓦中，我恍然间看到了故宫六百年中的无数往事：金銮殿上的钟鸣，昭告着新的一天在这个辽阔的国家的开始；钟声的清音映衬着百官议事、阁臣谏论……在一时一分一秒的钟声中，时光暗自流过了六百年之久，虽天地已然巨变，但时间本身依然静静流着，流着，承载着历史与文化的全部重量向着未来的无尽流去……

这个下午，在师父的引领下，我终于在时间之河的渡口处上了船，而他正是摆渡的人。在这个渡口，我从器物的此岸，到达了文化的彼岸。身行在时间之河上，我终于体会到了久违的安静感，这一刻仿佛一切的躁动与喧嚣都已从世间隐去，只剩下身下时间本身潺潺流过的声音，化作钟表的报时声，充盈在天地之间。彼岸渐近，我看到那里站着一个国家的历史，一个文明的辉煌。

（摆渡者的摆渡之旅有二：师父调试钟表展示出的"细微的耦合"；师父用话语交代的钟表承载的此时与历史文明的衔接，理解了彼岸为何。）

忆起当年与同伴的分别，他去了钟表修理所，向我夸耀着他经手的无数华贵的名表。而现在，我终于可以不再像那时一样沉默，而是自豪地告诉他：我在这里收获的，是历史的厚重，是时间的永恒；我手指间流过的，是时间河水的清波，是千年文明的光影。

从此，我的心真正获得了平静，开始潜心学习这份技艺，立志将这份时间流转、文化传承的大美重现世间。我的师父，作为时间之河上的摆渡人，带着我渡过了这条河流，在现实的此岸和文化的彼岸间往来。多年以后，我也会从渡客变成摆渡人，带着更多人渡过这条河流……

直到，我自己也化作河中的一泓清波。

（摆渡的价值意义有三：面对宫墙外的浮华名利甘守寂寞，深刻认识到小小的修缮背后是文明大美的传承，变作摆渡者接往迎来。）

第二种呈现方式，人物的核心价值并不是固定的，而是开放的，或者说命题者就是希望在这种开放的价值特征中去考查学生构思的灵活性、思考的丰富性。比如"鞠躬"一题，弯身行礼的动作，但却含有尊敬、道歉、谦虚、告别、感谢、缅怀、礼貌等诸多含义。

题目并未直接明示价值特征，而是选择以人物外在某个局部细节代表人物整体形象与内在精神。这个局部可以是人物的一个行动，如"鞠躬""微笑"；也可以是人物的一个局部器官，如"面孔""背影"；也可以是人物的话语"哎""我醒了"。这些局部承载着丰富的内涵，在具有不同知识和经验背景的人的审读下具有了不同的含义，由此生成了不同面貌的人物形象。

【作文题目】

鞠躬，从古至今始终承载着丰富的内涵。不同的场合，有不同意味的鞠躬。

请以"鞠躬"为题作文。

要求：思想健康；内容充实，有细节描写；语言流畅，书写清晰。

写作中，大家可以尝试运用嵌入式思维，多层次地展现人物细节，使其具有不同的内涵和叙事价值。从谋篇来看，可让题目给出的细节成为文章的线索，在文中出现多次；从主旨来看，可让该细节成为文章主旨立意的关键细节；从人物塑造来看，要善用焦点刻画的方式，让该细节成为人物塑造的典型局部。融而为一，我们可以通过列情节结构的方式融入该细节，如图3-2所示：

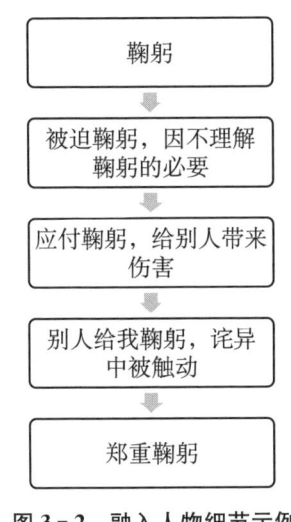

```
鞠躬
  ↓
被迫鞠躬，因不理解
鞠躬的必要
  ↓
应付鞠躬，给别人带来
伤害
  ↓
别人给我鞠躬，诧异
中被触动
  ↓
郑重鞠躬
```

图3-2 融入人物细节示例

【例文】

鞠躬

人大附中2021届毕业生　侯靖

马，是草原的精灵，是牧民的骄傲。

格桑是一匹美丽健硕的草原马，她浑身洁白，从美丽的长睫毛到硕壮有力的后腿，洁白得没有一丝杂色。我与格桑已相识近二十载，从她出生为她取名为含有吉祥意味的"格桑"，到看着她从一匹欢快调皮的小马驹成长为如今俊秀沉稳的骏马。我与她之间的羁绊，并非三言两语能够诉尽的。

　　我最爱做的事情便是与格桑安静地对视，看着她灵动的眼睛，仿佛能了解这匹马儿一切欲言而不能言的心绪。每当我为格桑送去草料或梳理鬃毛之时，她都会看着我的眼，然后低下头来——似在鞠躬一般。当我骑着她在广阔草原肆意驰行后，我都会抚摸她的脸犒劳她的辛苦，这时她也会低下头来回鞠一躬。她是有灵性的生物，我无比肯定。

　　（第一次鞠躬：以我观马，马鞠躬代表着一种感谢，这种感谢来自作为主人的我内心爱护生灵的一种情感投射。）

　　今年入冬很早，才十一月初就格外寒冷，草原上早已是一片白雪皑皑。这天为了储备过冬的粮食，我抄了一杆枪，独自一人来到外面想要猎几只野兔。行路很不顺利，积雪厚到能陷入整只脚，每走一步都要冲破层层阻力。突然间，失重感与痛感同时由脚下传到心间，我踩到了封冻不严的沼滩，陷入冰洞中崴了脚，重重地侧摔到了地上。痛感使额角渗出汗来，又被寒风吹得冻住。草原的天气变化无常，刚刚还是蓝天白云，现在突然阴云聚合，泛起了雾，有降雪的预兆。望着眼前的茫茫雾气，体会脚上钻心的痛楚，一种荒诞而可惧的迷失感攫住了我，让我不住地颤抖起来。

　　手不由自主地握紧，我终于想起了手中猎枪的存在，我举起枪来冲着天空扣下了扳机，巨大的枪声响彻整片空间，我祈愿着，有人能听到而赶来救我。但子弹耗尽，时间流淌，我逐渐绝望。

　　"哒哒哒……"一阵微弱的踏地声从远方飘来，在寂静的世界中仿佛是希望的化身。"我在这里——救救我——"我声嘶力竭地大声呼喊，那脚步声也渐渐接近。终于，我看清了：那是一道比雪还洁白的闪电，穿透了雾气的重重阻挠，飞驰到了我的身边。"……格桑！"

　　这匹已经年长的马儿用她柔情的目光凝视着我，轻轻打了个已经

<u>带有疲惫浊音的鼻响后，低下了她的头——似鞠躬一般——邀请我骑上她。</u>我环住格桑的脖子，借力将受伤的腿拖上了她宽实的后背，又出了一身的虚汗，终于坐在了她的背上。"格桑……格桑……"我将头埋入她的鬃毛中，不住地轻喃着她的名字，从中汲取着热量与勇气。感受着身畔的风急速向后撤去，我安下心来，我会平安回到家中的。

（第二次鞠躬：仍以我观马，马鞠躬代表着营救，代表着作为弱者的我被曾经需要照顾的生灵营救我的一种感谢。）

第二天清晨，不顾家人的阻拦，我拖着伤腿，带着高烧，来到了马厩。虽然头昏脑胀，我依然尽力睁大自己的眼睛，注视着格桑美丽的眼睛，想努力传达我澎湃的谢意。我弯下腰来，深深地、深深地鞠了一躬："谢谢你，格桑。"我听见她轻轻的鼻响，脸颊感受到了她的温度，我知道，她明白，我们是平等的彼此。

（第三次鞠躬：由我发出，作为人类的我跳出了高高在上的地位认知，觉察到人与动物互相救赎、相伴的平等关系，借鞠躬表达敬意。）

格桑，你是草原的灵魂，是世间忠诚与灵性的汇集。

二、情节类元素命题构思指导

在构思成文的阶段，尊重情节的特性，并能根据情节的具体类型进行谋篇布局，可以规避穿靴戴帽或节外生枝的写作问题。

1. 短过程单情节

下方所列的两道题目的共性有二：

第一，动词发生的过程是短暂的。例如题目一"忽见"要求写出的情节符合迅速的、出乎意料的陌生化的所见，题目二"我醒了"要求写出的情节符合突如其来的精神觉解。情节发生的过程是短暂的，但其带来的波澜与认知却是极明显的。

第二，动词在故事中充当单个重要情节。由两道题目的材料导引语可知，"忽见"的情节之重要在于能"触动我们的心灵，引发我们的思考"，"醒"的情节要能体现人物精神成长。

基于以上两个特征，我们将之归为短过程单情节的题目类型。

【作文题目一】

"举头忽见衡阳雁，千声万字情何限""青山缭绕疑无路，忽见千帆隐映来""忽见严冬尽，方知列宿春"……生活中，"忽见"往往能触动我们的心灵，引发我们的思考。

请以"忽见"为题，写一篇记叙文。

要求：思想健康，叙事合理；有故事，有细节。将题目抄写在答题纸上。

【作文题目二】

"醒"既可以是从睡梦中醒来，也可以是从昏迷中醒来，还可以是从昏聩中醒来。

请以"我醒了"为题，写一篇记叙文。

要求：思想健康，引人思考；内容充实，有细节描写；语言流畅，书写清晰。

该类题目的切题行文，要求做到以局部情节达成全篇扣题，在方寸之间给人以惊奇体验。标准有二：

一是该情节的内部安排，即"情节的内部叙述"，主旨是在该情节的发展中直接达成的。

二是该情节的关系处理，即"情节的关联设置"，使之与前序和后续情节密切关联，形成叙事的因果。

达成以上标准的方法有四种（见图3-3）。

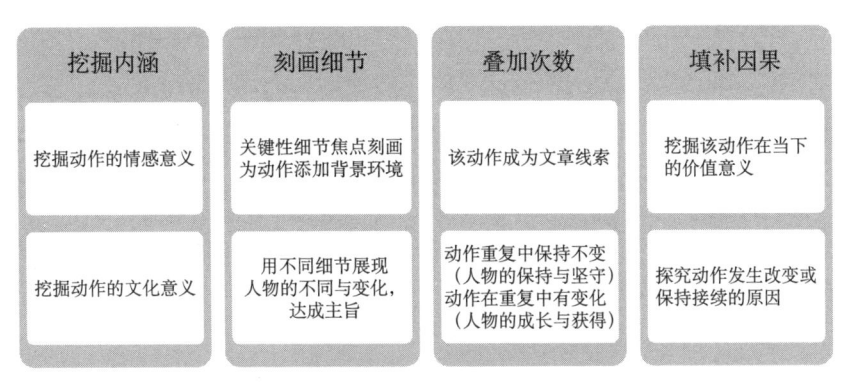

挖掘内涵	刻画细节	叠加次数	填补因果
挖掘动作的情感意义	关键性细节焦点刻画 为动作添加背景环境	该动作成为文章线索	挖掘该动作在当下的价值意义
挖掘动作的文化意义	用不同细节展现人物的不同与变化，达成主旨	动作重复中保持不变（人物的保持与坚守）动作在重复中有变化（人物的成长与获得）	探究动作发生改变或保持接续的原因

图3-3　短过程单情节类题目切题构思策略

该情节在文中的位置处理和内容呈现是审题立意需要重点考量的环节。而从故事的开端、发展、高潮、结局来看，忽见之事无论安排在哪个位置，都有其相应的优点与不足（见图3-4），情节设计时需要发扬优势，弥补不足。

以作文题"忽见"为例。

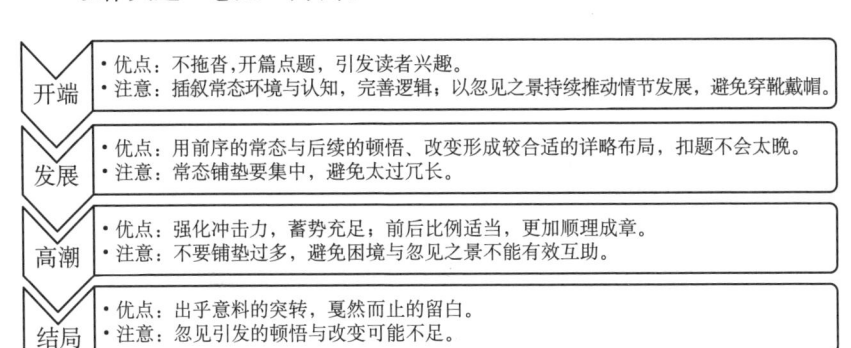

开端
- 优点：不拖沓，开篇点题，引发读者兴趣。
- 注意：插叙常态环境与认知，完善逻辑；以忽见之景持续推动情节发展，避免穿靴戴帽。

发展
- 优点：用前序的常态与后续的顿悟、改变形成较合适的详略布局，扣题不会太晚。
- 注意：常态铺垫要集中，避免太过冗长。

高潮
- 优点：强化冲击力，蓄势充足；前后比例适当，更加顺理成章。
- 注意：不要铺垫过多，避免困境与忽见之景不能有效互助。

结局
- 优点：出乎意料的突转，戛然而止的留白。
- 注意：忽见引发的顿悟与改变可能不足。

图3-4　"忽见"构思示例

2. 长过程主事件

(1) 解读。

在题目中，有一类动词指向的叙事不是瞬时的，而是需要一定过程才可完成的，故事主体事件要依托这个动词的过程性发展来塑造人物、揭示主旨。如以"复苏"为题的记叙文写作，需要用故事的主体事件来表现复苏的过程，包括其过程中遭遇的困境、做出的努力及复苏的价值呈现；而"复苏"指活力减缓后又恢复正常的一项延续性的生命活动，这要求故事的完成需要对"复苏"做出阶段拆解，以呈现更为真实、细致与完整的时空面貌。

针对命题中的长过程动词如何完成切题行文？可重点从三个方面来构思。

其一，要准确把握该动词的含义价值，以划定叙述的边界和主旨。

其二，要具体拆解该动词的发生过程，以落实该动词的存在价值。

或是建立多重困境让行动延续，体现行动的实现之困难与价值。

或是设计从错误认知下的行动到正确认知下的行动的转变过程。

或是加入不同人物的行动来丰富动词所指行动的面貌与价值。比如，"我们也成了一处风光"可以用"成了"的过程去体现"成了风光"本身不同的行动面貌。

或是设置关于动词的悬念，并通过持续行动破解悬念，达成对行动对象的深刻理解。比如，"该如何爱你——这脚下的土地"通过爱的行动的持续，对脚下的土地达成更深刻的认识。

其三，要编织与该动词有因果关联的情节，以使动词意义凸显。

（2）举例分析。

> **【作文题目】**（2021年北京市海淀区高三第一学期期中考试作文题）
> 　　人生有别离，亦有重逢。银杏初黄，我们在校园重逢；乡音萦耳，我们和亲人重逢。有些重逢，似易实难；有些重逢，亦悲亦喜。有的时候，我们渴望重逢；有的时候，我们害怕重逢……
> 　　这段文字引发你怎样的联想和想象？请以"**与你重逢**"为题，写一篇记叙文。
> 　　要求：思想健康，叙事符合逻辑；有故事，有细节；书写清晰。

题解如下。

首先，要准确把握"重逢"这一词语的含义。

重逢是不是再见？重逢是不是邂逅？重逢是不是发现？重逢是偶然的还是主动求得的？所谓重逢，是指在长久分别之后再次见面。再见的尽管不一定是朋友或亲人，但对方一定在作者的心中占据一席之地，这样的重逢才有叙事的价值。总的来说，**重逢就是指与曾经在你的生命中有着存在意义的人或事物在长久分别之后再次见面**。不同于邂逅，双方应该是旧识，阔别再遇；不应是短暂分别，而应是长久分离。

其次，要充分拆解故事中的"重逢"行动。

重逢中包含着初次的相逢，可能伴随着相遇、遇冷、破冰、重拾、建设、告别、允诺等等过程情节，而不同的情节可绘制成不同主题的重逢画面。由此表达作者对于"你"的常与变、"我"与"你"关系情感的常与变、人生际遇的理解与思考。

同时，重逢和别离是相伴相生的。如果分离所指的并不是空间距离上的分隔，而是虽然相伴但仍不相知的分离，是精神与心灵上的陌生化，那么重逢就是指精神上的重逢。这并不算离题，恰恰是有巧思的。如果分离是一种不可跨越的鸿沟，比如生与死，比如国家的对立冲突等等，那么故事在梦境中、想象中的重逢，也是合理的构思。

最后，填补"重逢"这一情节的叙事因果。重逢是故事的主干情节，但只有重逢，叙事逻辑是不完整的。这就要求考生全面布局情节，以凸显主旨。关于情节的构思需要考虑以下几点。

其一，重逢后的变与不变。重逢后的变化不仅会带来故事的波澜，而且更重要的是这种变化催发着主人公的表"态"、表"情"，这正是主旨的着力之处。从叙事学来看，重逢后的主人公的变化所带来的关系的变化，正是故事的障碍所在，能看出作者对故事、对现实的观照力度。当然重逢后人物和关系仍可以保持不变，这样处理的好处在于更好地凸显人物的精神品质和人物间的深厚情谊。因为不管时空距离有多远、时代风浪有多大，情谊不变，精神永存。正是这种渲染性的写法将人物和主旨有效地凸显出来。

其二，重逢前后的详写与略写。有重逢就有分离，有重逢就有重逢前后。如何处理这几组情节的详略，体现着考生的审题水平和写作功底。故事详略安排应注意以下两种情况。

第一种：详写分离，略写重逢。详写分离的情节是为了和重逢的情节前后呼应，以揭露真相、塑造人物、传达情谊。有的时候分离的"惨烈""无常"更能凸显重逢的不易与珍贵。这种详写是有必要的。但是，如果单纯详写分离只是为了把事件的起因、经过、结果说完整，这就是一种缺乏详略布局的故事。

第二种：详写等待重逢的过程，略写重逢。详写等待重逢的过程和重逢的情节形成突转或是照应，塑造这种等待的过程就是必要的。事实上，人生最动人的时刻是等待重逢的时刻，这是故事打动人心之处。当然那种不期而遇的重逢又当别论。从题目的导引语来看，最后收束在渴望重逢、害怕重逢上，是给了学生一个立意上的提示。

【例文】

与你重逢

北京市海淀区优秀例文

我们就这样在街上碰到了，五哥。

我已经十几年没见你了吧，你也不再是少年，我就那样漫无目的地在街上走着，看到路边儿坐着个人，正挥着扇子打盹儿。不知道是什么力量在推着我，但我瞧一眼就知道，那一定是你。

我站在路边怯生生问了一句："这是我五哥吗？"这话轻而易举地飘进了你耳朵里，路对面你睁开了眼睛看了我一会儿，吓得我也慌忙打量起自己——风衣、衬衫、牛仔裤，很得体，除了和这里有些格格不入——五哥穿着短裤和已经洗得有些发黄的白背心。我想你肯定认不出我了吧，可你竟笑起来："是我去大城市的老妹儿回来啦。""是呀，是我回来了！"我也跟着笑起来。你的话匣子猛地打开了。一会儿回忆往昔：什么小时候我的脚被磨盘砸了，你背我回家啦；什么邻居们骗我说林子里有狼，吓得我半夜在屋里头直哆嗦，你提着灯来找我啦。一会儿又像个导游一样给我介绍起家乡的变化：什么村里的屋子都重修了屋顶啦，村里现在有通向城里的班车啦……

我听着这一切，一面忍不住觉得亲切，一面又不禁觉得陌生起来，直到你问我："走的时候说好过不了多久就回来看看的，大城市的时间就是过得快啊，眨眼间就是十几年。"我看着你，一句话都说不出来，我想告诉你这些年我吃了千万般的苦，可你都不会明白。气氛冷了下来，我心里的天平倒向了陌生的那一边，即便我也有十几年的岁月生活在这里。

一阵风忽然吹醒了我，我回过神来，谢天谢地。那句"这是我五哥吗？"声音足够小，并没有飘进你耳朵里，你仍然眯着眼睛坐在街对面，背后小屋的蓝色屋顶格外漂亮。我小声和身旁的女儿说："走吧。"她问："为什么不去和他打招呼呢？"我回："不用了。""可是这样的重逢不圆满啊！"她居然有点生气——她心里的圆满，还是童话故事里那句"从此他们幸福地生活在一起，直到老去"。

可是我心里却明白，近乡情怯是太真实的情绪，重逢很容易也很难。我们选择大城市的同时，也就舍弃了一部分故乡，即便这里的回忆像星光闪耀，重逢仍然是掉进湖里却捞不起的夕阳。那一场重逢的对谈，我为了找到满意的答案需要反复练习，也许就是一生。

"可是也不遗憾啊，能见到面就已经很好了，"我拍了拍她的脑袋，"五哥以前对我可好了，被磨盘砸伤脚是他背我回的家，我害怕的时候是他提着灯来找我。"我把"以前"二字说得很重，不知道她听懂了没有。

五哥，故乡，就这样吧，悄悄地与你重逢，不惊动、不打扰。

点评：文章构思精妙，立意深刻，情感真挚。"我"带着女儿从大城市回乡，偶遇五哥，"这是我五哥吗"牵出一连串的心理活动，最终我没有选择和五哥打招呼。向女儿解释原因时，"我"表达了对这次"重逢"的理解："重逢很容易也很难"，"选择大城市的同时，也就舍弃了一部分故乡"。故乡在变，故乡的人也在变。重逢时，"我"与"你"都不再如昨。作品文学性强，描写细腻，语言表达极具表现力。

三、场景类元素命题构思指导

拉姆·布鲁克斯在《故事力学》中指出："任务驱动、任务关键型的场景构建和执行是决定故事成败的关键技巧，如果你不能以专业水准将场景写出来，那么，所有的构思都会崩溃，成为一堆未能实现的想法碎片。"① 这里的"专业水准"提示我们，场景类元素命题的叙事不只是一个如何用语言文字描绘画面和场景的问题，也是一个如何在画面和场景中塑造人物和推进情节的问题。

具体来说，场景叙事是指作者通过画面描写、场面烘托或情节助推等途径，使小说中的环境具有文学上的可感性，以及推动情节进展和变化的叙事功能。

想让场景会讲故事，要尝试根据具体写作任务让场景在故事中充当一些"特殊"的角色，发挥一些"特殊"的功能。善用这些角色和功能，不仅可以有效完成场景类元素命题的故事建构，也可以为其他类元素命题的故事搭建不一样的叙事空间。

1. 叙事角色一：场景作为情节

（1）叙事功能。

在故事讲述中，可以在场景与情节之间建立某种叙事关系，进而把场景用于助推故事主旨达成的事件上，从而使故事讲述具有别开生面的效果。场景作为情节可以承担如下的叙事功能。

其一，场景作为开端。场景可以通过呈现小说人物身处的环境空间开启故事，并达成交代故事发生的环境背景、铺设悬念与营造氛围的叙事效果。

其二，场景作为转场。场景可以通过空间切换与时间转换的方式成为时空衔接的枢纽，形象地推进故事的演变和发展。

其三，场景作为困境。场景可以被设定为引导、制约人物行动的

---

① 布鲁克斯. 故事力学：掌握故事创作的内在动力. 陶娟，译. 北京：中国人民大学出版社，2016：151.

叙事机制，作为困境来推动故事发展，产生叙事波澜。

其四，场景作为契机。场景可以成为改变故事发展和人物选择的预兆和契机，进而制造出某种叙事氛围。

其五，场景作为结果。场景可以具体呈现人物认知转变和采取行动后的结果，形象地呈现结果并感染读者。

（2）举例分析。

> **【作文题目】（2022年北京市朝阳区高三第二学期期末考试作文题）**
>
> 汪曾祺在《人间滋味》里写道："到了一个新地方，有人爱逛百货公司，有人爱逛书店，我宁可去逛逛菜市。看看生鸡活鸭、新鲜水灵的瓜菜、彤红的辣椒，热热闹闹，挨挨挤挤，让人感到一种生之乐趣。"所谓"人间烟火味，最抚凡人心"，市井百态、寻常生活最能慰藉人心。
>
> 请以"人间烟火味"为题，写一篇记叙文。
>
> 要求：思想健康，内容充实，感情真挚；有细节描写；语言得体。

解题。

"人间"指出场景地点，材料中对其给出了解释——"市井百态"，也就是说"人间"不是泛指人类社会和世间，而是以街市与市场为最主要的叙事地点，比如早市、午市、夜市、菜市、庙会、小区、广场、车站、机场、饭馆、路边摊、地铁等。"烟火"在《现代汉语词典》中有四个意思：

①烟和火。

②烟火食（熟食）。

③烽火，战火。

④借指后嗣。

根据题目提示语，可知烟火更偏向前两种意思，指向寻常生活。"烟火"和"绿水青山"一样，运用了借代的手法，因而写作素材不必限于炊烟和烟火食，可拓展到衣食住行的寻常生活上。"味"既包含着外在的味道、气味，又应包含应有的内涵与特点。材料中"生""活""新鲜""热热闹闹"等词，体现出一种生之气息，拥有一种生之乐趣。人间烟火味自有其踏实真切、生机活力、朴素却丰富的美感。

总体来看，"人间烟火味"就是要用感官尤其是嗅觉和味觉来描写寻常百姓的生活场景，使读者能够体味到"市井百态、寻常生活最能慰藉人心"的道理。写作重心应该放在构造有叙事价值的场景来形象地传达主旨上。以下两篇例文灵活地运用了场景作为情节的几种功能，完成了各自对于人生滋味、况味与趣味的理解与思考。

例文一用场景建构了"悬念＋契机"的叙事线，使主人公在两处场景的推进中完成了对于"爱心厨房"抚慰病患家属的价值认可，从而加入这样的爱心队伍中去。

【例文一】

人间烟火味

人大附中 2021 届毕业生　王碧涵

老万的早餐铺有点怪，老李一搬来这地方就这么觉得。肿瘤医院后街上不大的店面，却摆了不少炉灶，锅碗瓢盆歪歪扭扭地堆在台子上。一快到饭点儿，形形色色的人便匆匆赶来——不是来吃饭，而是各自背着菜品赶来做饭，一时间，各色香气从小店里飘出，蔓延开来。

（故事的开端以限知者老李在具体场景"老万早餐铺"中的主观

身体感知来表达疑惑、制造悬念，使读者跟随老李在较远的距离中观察故事发生的环境，从而有了解开疑惑的阅读冲动。）

趁着下午人们渐渐散去，老李忍不住走进去攀谈："万老板，来碗热汤！"

"哎，您坐！"老万麻利地从保温锅里盛上一碗冒着白汽的汤，浓郁的骨头汤的香气冲进老李的鼻腔："我看您这里每天挺热闹啊！"

"嗨，都是隔壁肿瘤医院患者家属，我就给他们提供点炊火、炉灶，让他们做顿热乎饭罢了。"

老李听得一怔："您这是做生意？"

老万望着炉灶上红红的火苗和咕嘟咕嘟的热汤："嗨，那还得从十七年前的一碗热汤说起……"

那天，万老板正准备收摊，一双龟裂的手轻轻地拍了拍他。"老板，那个，能借一下您的炉灶吗？我想，想给孩子做顿饭，"一对夫妻提着一大篮菜在他背后小心翼翼地问，"那个，孩子胃不好，过两天还得再查查，我就想给他做顿最爱吃的饭，就怕……"

万老板看着那双忧愁快要溢出的双眼，扭头重新点燃了炉灶。热油，爆香，切成小丁的番茄块在锅中翻滚，渐渐溢出红汁，清甜的香气迎面扑来；大火煮开，搅拌好的面疙瘩被筷子一点点拨入锅中，又被筷子轻轻搅散；青菜碎丁，撒入锅中；在锅边轻磕鸡蛋，蛋黄落下，蛋清紧跟着流下，筷子轻搅，在锅中荡漾出一朵淡黄色的花，空气中飘来咸香的香气。油烟氤氲中，女人那常年紧锁的眉头终于打开，烹制注入了满满爱意的美食，仿佛把她从孩子得病的苦难中短暂抽离。

（故事在全知者老万回忆母亲为病患儿子制作爱心早餐的场景中解开疑惑，为后文老万在现实场景中创办爱心厨房铺垫了合理动机。用全知叙事来叙述这一转折性情节，使这一场景调度显得富有情味且细腻动人，更具打动力。)

讲到这里，老万深深地吸了一口气："她眼睛里的炽热和满足是骗不了人的，我从来没想到美食能给人这么大力量。"

"然后呢？"老李听得入迷，急切地问。

然后……男人背着一个瘦弱的孩子来了："快尝尝，你最爱的番茄疙瘩汤，好久没吃到妈妈做的饭了吧？"孩子蜡黄的小脸上努力绽出一丝笑容，夫妻二人期待地盯着孩子，见孩子抿了一口汤，又拿起勺子盛了一大勺，女人眼中闪出了泪花，喃喃道："终于肯吃口饭了。"难得的笑意跃上女人和男人的眉梢，孩子油亮的嘴角也微微上翘。

老李听得眼睛也湿润了。"后来那孩子也坚强，脸色一天天倒红润起来了，别说他父母了，我这个小老板看了也高兴啊。"老万说："其实之前总听到来我早餐摊的家属说，饭菜好是好，就是遗憾不能给病痛中的亲人亲手做几次饭，想念家的味道。看着那家人在我的摊位上做饭吃饭，我就想，不如把早餐铺做成'爱心厨房'，提供些炉灶、锅碗、油盐……"

"你提供的不仅仅是一个厨房！"老李忍不住插嘴道，"<u>这里是家和生活的味道，这里是从苦难中抽离出来的心灵栖息地，我看着那些人们，他们在这里感受到了人间生动温暖的一面。</u>"

"是啊，生死是大事，吃饭也是大事，只有吃饱了，才能活下去，活着，才有希望。"老万和老李静静地望着炉灶上红彤彤摇曳着的火焰。

肿瘤医院后街上悄悄开了家新店"有望餐厅"，不大的招牌前张贴了一张告示："患者家属可免费使用店中炉灶"，落款是"老李"。

烟与火交织出的平凡，安抚着病痛下遇冷的味觉。寒来暑往，厨房从未停歇。炉灶上翻炒的喷香美肴，慰藉着悲痛中的心灵，给他们重整旗鼓的力量。

不同于上文，例文二用场景建构了"困境＋过渡＋契机"的叙事线，用环境要素的时间串联来推动人物的转变，使主人公突破困境。因这烟火味而选择坚守列车员的岗位，用列车的顺利运营来守护这生机勃勃的乡村烟火味。

【例文二】

人间烟火味

人大附中 2021 届毕业生　李梦舒

山后微微露出鱼肚白，少许光照到没有灯的站台上，地面反射出金属的冷光，让腊月中旬的车站更显得寒气逼人。我紧了紧列车员制服——棉大衣，顶着南方若有若无但侵入骨髓的寒风检查列车——老式的绿皮火车，只有这种又偏又穷的地方能见到它了。我不免暗叹倒霉，刚毕业就被分到这里。

（场景在这里被设置为阻碍青年列车员在这方土地扎根的困境。注意虽然本文的场景地均为火车站台，但由于场景中时间及人物的变化，场景的性质和功能发生了改变。这里的场景色调是灰色的，氛围是冷寂的，特点是偏僻穷困的，而这种意境色彩其实来自人物内心的苦楚和不甘愿。）

前方的列车长老张却步履轻快，不时还哼上两句歌。昨晚来报到时，听说他已经在这列车上独自守了十三年了。我不免心生疑惑：他怎么能忍得了这般孤独与艰苦呢？

太阳逐渐从山间露出面容，金色的霞光洒到车站上。人群开始聚集。临近春节，乡民们都忙着赶集买卖年货，一个个大箩筐挤挤挨挨，上面露出熏肉、腊肠、鲜亮的橙子、红彤彤的辣椒，在朝阳下镀上一层金黄。人们扯着嗓子聊天，拐着弯的方言听得我脑袋有些发胀。但不知怎的，阳光、墨绿的火车、彩色的人群、热闹的空气——

这幅充满了烟火味的画面，驱散了我心中缭绕许久的凉意。

（场景在这里被设置为触发青年列车员认知和情感转变的契机。与上一幕的火车站场景不同，这里的场景色调是绚丽的，氛围是热烈的，特点是热闹且充满生机的。熙来攘往交易的百姓，充足而多样的食物，撒野而放肆的叫卖声，热烈生活迸发的力量仿佛大河滚滚奔腾，将不甘愿的主人公卷进来，共享乡村繁荣的盛宴。这一场景其实也是在为后文主人公悟出列车员崇高的职业价值做铺垫，抚慰意味十足。）

"上车了上车了！大家不要急不要挤！"老张含笑的声音在上空散开，一张张小麦色的脸似乎感受到其中的温暖，纷纷扬起脸露出笑容。

大竹筐排着队往车厢里钻，老张不时搭把手。

"小张，你看我这橘子，多漂亮！"

"嗯！一看就甜，绝对能卖个好价钱！"

"老张啊，我新腌的腊肉可香了，卖完给你留一块！"

"哎，谢谢文叔！"

对话离不开柴米油盐，全是家长里短。我看着老张和乡民们熟络的样子，听着似乎发生在菜市场的、满是烟火气的言语，不觉暖烘烘的。

车要开了，老张轻车熟路地穿行在过道，扶正几个箱子。我则在几个麻袋间进退维谷。甜味、咸味、辣味，红色、绿色、橙色，气味和色彩双重冲击，让我疑心自己身在集市。

（场景在这里作为转场，承接上文的繁荣之场景，开启下文的奉献之故事，完成了故事因果逻辑的构建，深化了故事主旨。场景"视觉性桥梁"这一功能的达成来自场景中新元素的加入——老张走入了这道风景，给"我"带来了双重冲击。）

"小伙子，新来的吧？"一个蹲在旁边的老人突然开口。我点点头，他咧嘴一笑："嘿，看你浑身不自在的样就知道。"拍了拍身边的一兜笋干："十三年啦！这火车跑了十三年，打开始就这样。山里的货能运出去了，我们生活也好了！"接着一指老张："他刚来的时候也和你一样，后来不知怎的，一下快活起来了。"

老张远远听到了，笑眯眯走过来："我怎么快活起来了？跟乡亲们在一块，看你们卖东西，看车窗外面的泥巴木板屋变成漂亮的小楼房，而我能在你们为生活的努力中帮一把，不就很让人高兴吗？"

顿了顿，又道："其实吧，这车上的烟火气，是我坚持下来的动力……"说罢笑着抓抓脑袋。老人也哈哈笑起来："说白了，是我们的土味让你留下来的呗！"

我看着老张和众人谈笑，闻着混杂的香气，听着拐弯的方言，浸在人间烟火味当中。

寒风灌进绿皮车，我却不觉得冷。

2. 叙事角色二：场景作为修辞

在故事讲述中，无论是小说人物身处的现实生活，还是其想象或梦境中的虚幻画面，都可以被赋予某种叙事修辞，形成一种特殊的"言语"和"话语"建构，达成修饰、美化、暗示与强调故事意蕴与效果的目的。场景修辞主要有如下几类。

（1）场景隐喻。

场景隐喻是指写作者根据相似性的原则，在场景的刻画中暗示故事中的人物、即将发生的事件和主旨，赋予故事更深层次的含义。

如下面的《忽见》一文，在故事开端的场景描绘中，运用了隐喻修辞。老玉兰树和89岁的奶奶在阿桑的心里是相似的——衰老而缺乏生机，也因此阿桑对老年人费力融入科技新生活感到不解。而当场景转接到百年玉兰树开花和与之相似的奶奶在树下用新科技留住美好时，阿桑的心态发生了很大变化。场景描绘中巧妙运用了隐喻修辞，使百年玉兰树的生命力量与奶奶所代表的老一辈人的生命力量构成类比，故事讲述显得诗意且富有深度。

【例文】

忽见

人大附中 2021 届毕业生　李梦舒

　　遥遥地，望见那栋老年公寓了。上世纪的红色墙皮已在风云雨雪下开裂、暗沉、残损。不用看，阿桑都能想到院中那株半死不活的老玉兰树，与这里死气沉沉的氛围正搭。

　　要说奶奶是 89 岁的老人家了，住在这里却天天折腾智能手机，每次来看她，都碰上她戴着老花镜费力点着屏幕。这又何苦呢？阿桑胡乱想着，转过院墙。忽然被扑面的洁白击得退了一步。只见那株枝干枯萎开裂的玉兰树上，竟开满了花，小酒杯似的，一朵一朵缀满枝丫。阳光把花瓣照得近乎透明，纹路间涌动着阿桑从未察觉到的生命力。

　　或许是太阳晃得吧，阿桑的眼眶湿了。从没注意到，这树怎么突然开花了？

　　环顾四周，阿桑才发现奶奶正站在树下。初春的暖阳透过不甚繁密的枝丫打在她身上，一丝不苟盘起的银发和旧但妥帖的衣服被花瓣间的细碎光点洒上金色。她微颤着举起手机，用力点下屏幕上的快门键。

　　若是平日，阿桑对这般不熟练的操作定会直摇头。今天，不知怎的，玉兰花下的奶奶让她有些不一样的感觉。

　　"奶奶，我来了！"

　　见到孙子，奶奶脸上的皱纹被笑容挤得愈发明显："你看这花，我天天瞧，前些天见有绿芽，还以为自己眼花了。都说它要死了，没想到还能开出花来。"

阿桑想起奶奶这几天，好像确实在微信上发好长的语音念叨这件事，但他从没听完。所以今天忽然一见，毫无准备。

"这树可比你年纪大多啦！"奶奶兴致极高，又讲起阿桑听过无数次的陈年旧事。"当初这里是学校，这树是我刚当老师时和同事种下的。后来啊，赶上好些乱子，大家都守着学校、守着学生，再难也没说不干了。它也陪我们一起守着。"奶奶指指树，又擦了擦眼睛。"后来学校搬迁，这里改建职工楼，住进来时忽见它还在，我可高兴了。像见了老朋友，也想起当年的精神头。"过去左耳进右耳出的故事，字字敲到阿桑心里。他抬头，发觉奶奶的眼睛那么亮，这副衰老的身躯，就像枯枝上耀眼的玉兰花。

"可惜花又开了，那些事儿，那股劲儿，你们却都见不着了。"奶奶叹了口气，"我学智能手机这些新东西，就是想跟上年轻人，给你们讲讲老家伙的故事。精神可从来不过时啊！可惜太难了……"

阿桑望着满树盛放的花，突然明白了。奶奶是老人，但老人同样可以有年轻的生命力不是吗？想起过去自己的想法，阿桑觉得照在脸上的阳光火辣辣的。

"奶奶！我帮您！"

年轻人云集的社交平台上突然出现了一个账号：奶奶不老。第一期视频名为《百年玉兰，精神仍在》，播放量破百万。

阿桑关上电脑，和奶奶一起望向窗外。花落了，绿叶如盖。阿桑不吃惊，忽见花开之后，他看着老树获得了新生。

（2）场景对比。

场景对比是指写作者根据异质性的原则，将两个场景组接起来，营造某种戏剧性张力，并产生原有场景单独不具备的叙事意义。

如下文《忽见》中，小作者将想象中的"忽见"与现实中的"忽见"虚实对照，在场景对比中巧妙讲述了切尔诺贝利的"前世今生"，生发出关于"废墟上的希望与生机"的主旨，对人类科技发展中的一道"伤痕"做出深刻反思。

【例文】

忽见

<u>北京市海淀区一考生</u>

一辆绿色的汽车在路上疾驰而过，伴着呼啸的风声，从蔚蓝的天空下驶离，向着逐渐灰沉的天幕而去。道路上模糊不清的路牌显示这里曾是繁华的国道，但如今已荒芜不堪，这抹绿，可能是其中唯一一抹亮色了。

我们的目的地是切尔诺贝利——想必没有人不知道这个名字吧，我想——那是我的故乡。曾经，那里有一排排厂房，无数穿白大褂的研究人员行色匆匆。当然，生活在那里的人们，头上是压抑阴沉的灰色天空，身上是似乎洗不干净的灰色衣服，耳畔不断响起机器的轰鸣声，鼻子不时嗅到刺鼻的气味。作为许许多多生长在这里的孩子之一，我的世界只有试验塔上偶尔亮起的红灯。

车窗外的景象飞快倒退，由城郊沁人心脾的嫩绿色麦芽，变成杂草丛生的荒芜土地。儿子调小了广播音量，问："爸，那里恐怕只剩寸草不生的废墟了，为何一定要去？"我声音微哑道："寸草不生……那是人类破坏环境的天罚啊！但……也是我的故乡啊！"

我望着车窗上自己的倒影，苍颜白发，忽然看见几十年前，正在外留学的我得知切尔诺贝利核电事故时，瞪大的双眼、朋友同情的安慰、母亲意识到父亲仍留在家乡后崩溃的痛嚎，这些仿佛切尔诺贝利城中灰沉沉的空气，撞在了我的心上。电视台播放着新闻，画面是遭核辐射而躺在病床上的伤员，数以万计流离失所的人民，让人无法呼吸的混浊的空气……

"爸，到了。"我从噩梦中转醒，揉着发胀的太阳穴打开车门，却忽见一片春光。我难以置信地回头，问儿子："你别骗我，真的是这里？"他指着旁边地上废弃的指示牌，点了点头。

天空不再阴沉，只剩下如同薄雾一般的灰色幕纱。在废墟上，许多绿色嫩芽顽强地从缝隙中破土而出，舒展着身躯，耳畔再无轰鸣，取而代之的是偶尔响起的轻微鸟鸣声！昔日困扰着无数人的灰色世界，如今已被新芽之绿取代。深呼吸，只剩极淡的煤油气和浓郁的生机，若非旧时遗址仍在，谁能想象这是核死亡之地切尔诺贝利？

我转头看见儿子，他绽开笑容，声音里透着惊喜："哪有什么五条腿的怪物、吃人的植物？我以为爸的故乡是死亡之城、是废墟、是破败，没想到是希望、是生机！"

心上的石头终于被搬开，我也笑了："是啊，这是……忽见切尔诺贝利之春啊。"

人们对环境的破坏终将受到惩罚，人类远离后，却忽见大自然用顽强的生命力，重新缔造了春天。

我与儿子一同，向切尔诺贝利之春走去。

（3）场景想象。

场景想象是指写作者根据主人公内心深处唤起的意义价值，选择在场景描绘中因人、事、物的触发而创造的非现实空间，形象地呈现人物的意识流活动。

下文《忽见》中，主人公吴解因街边一张海报联想起往日与母亲相伴的温情时刻，从而唤醒内心深处对母亲的牵挂和愧疚，触发了连夜归家的行动。可以说这一场景是推动人物转变的关键性契机。

【例文】

忽见

人大附中 2021 届毕业生　杨熙宝

电话铃响起来，它总是爱吵，像个毛躁的孩子，片刻不停地讲话——哪有那么多可说的？吴解匆匆吞下满口的三明治，噎得脖子一梗，连拍几下胸口才慌忙拿起手机。

"喂，张——喂？妈？我不是说了吗，这几天您先别联系我，单位的电话太多了。今年？今年还是回不去，五倍加班费，我还想赶紧给您和爸换房呢。不住哪儿成，这辈子这么不容易，行了，我先挂了啊，赶工呢。"

挂了电话，吴解却总觉得心烦，下意识地端杯，咖啡一滴不剩，干净得恼人。他抹抹脸又抓了抓乱发，看看表还是起身下了楼。便利店也冷清，挂了红艳的装饰接待无心归家的客人。吴解的咖啡微烫，他只得换着手拿。走出店门时，他迫不及待地低头啜饮一口，抬头却忘记了咽下。

街对面一张鲜亮的海报铺满白墙，是机器猫，头上顶着竹蜻蜓，无所不能的样子。一个男孩拽着他的母亲背对吴解，抬手在指那能飞上天空的神奇道具。女人弯下腰迁就着孩子的身高，头上那顶红帽子上方是机器猫飞过的天空，一角明亮通透的蓝，刺透了吴解头顶那片都市冬日灰蒙蒙的天。

他只匆匆地看了一瞬，便如火烧似的离开，满嘴黑咖啡滞留的酸苦。女人的红色绒线帽在记忆里像一片飘过的枫叶，一个线牵的风筝。他也曾仰起头，见过一顶同样美丽而可爱的帽子，那时候有人对他笑，他也在笑。红线帽的主人难得挤出些家里的余钱给他买来一本漫画，他死死地抱着薄薄的册子，封面上是机器猫滚圆的手臂与躯体，还有一片亮澄澄的蓝。

吴解早就不记得那漫画讲了什么。

他回神时右手被纸杯烫得发红，匆忙换手，把右手贴在冰冷的脸上，摸到一点半凉的潮湿。这只手随后拨通了些电话，又拎着行李上了高铁。

近乡情怯，吴解犹豫许久也未曾拨出家里的号码，又一次删掉屏幕上的数字。快到了，他想，让爸妈尝尝北京的烤鸭，还有豌豆黄，爸妈胃都不好，这些精细又不伤胃，甜丝丝的也好吃。

离小区十几步远时，吴解看到了熟悉的背影，提着篮子。他兴奋地招呼："妈！我回来过年了！您买什么好吃的啦？给我，我帮您提！"

身影顿了一下，仓皇地转过来，篮子里的年货猝不及防地出现在吴解眼前：

一包糖果，他小时候爱吃的牌子，父母却总嫌太甜。除此之外仅一袋水饺，速冻的。

吴解愣在原地，这天第二次红了眼眶。

（4）场景重复。

场景重复是指写作者用重复赋意的方法，通过对同一场景的重复性描述，达成渲染、叠加情绪氛围并产生新的叙事的效果。此方法也常用在体现人物成长和转变的前后对比中。

下文《忽见》中，小作者重复描写了主人公在街头与父亲无声对话的场面，这里的场面重复不是简单的叠加，而是经历了危急时刻后的行动重复：父女二人本可以相认，但仍选择无声对视，这就凸显了作为卧底警察的父亲始终如一的身份坚守和始终不能相认的艰辛，人物形象更为丰满动人。

【例文】

忽见

人大附中 2021 届毕业生　蔡欣桐

我从未想过会在这样的场景里与父亲相见。

我的父亲是一名卧底警察，从小到大，我和他共处的时间简直少得可怜。在别的孩子都有爸爸陪伴玩耍时，我却只能孤独地坐在一旁，眼底流出羡慕的目光，心中难免有些委屈和埋怨。家中就连一张父亲的照片或是全家福也不能摆在明面上，我总是盯着空荡荡的墙壁发呆，在脑海里一遍遍地勾勒出父亲的身影和容貌。

那是一个普通的春日，像往常一样，我独自走在游乐场的小路上，正思索着下一个项目去玩什么，眼神漫无目的地四处飘忽。突然间，一个熟悉的身影闯入了我的视线中：十几米开外，一个中年男子头戴黑色的鸭舌帽，身上穿着最普通的牛仔服，袖口挽到手肘处，露出结实的小臂。

"父……父亲……真的是他吗？怎么会在这里见到他？"我愣在原地，眯起眼睛，目光紧紧锁定在他身上。纵使一别经年，纵使他身着最不起眼的衣服，那高大魁梧的身影和走路的姿态与记忆里父亲的形象严丝合缝地叠在一起。

"一定是父亲！"心中的雀跃和压抑不住的思念霎时间像决堤的洪水一样喷涌而出，我正想快步朝他走去，却对上了他平静的目光。他盯着我，以极小的幅度冲我摇了摇头。我的大脑瞬间一片空白，之前所有的疑问在这一瞬间都得到了答案：原来父亲在执行任务。我深吸一口气，缓缓迈开步子，按照原本的方向若无其事地向前走着。

三米……两米……一米……越来越近了。

我屏住呼吸，心脏怦怦地加速跳动着，手心里的汗水浸湿了衣角。我的长发被微风吹起，而无声地从他的肩头滑落。余光里的父亲鬓间已生出了不少白发，岁月将这些年的风霜一点不落地刻进了他眼角的细纹里，黑色帽檐下的一张脸消瘦了不少，棱角分明。我用力地咬着下唇，手紧紧攥着衣角，睁大了双眼，努力不让几乎要夺眶而出的泪水滑落。

走到小路的拐角处，我一闪身躲在了一棵大树后，悄悄地观察着父亲那边的情况。

不远处，几个男人拿着枪，周围警灯闪烁，人们乱作一团。"砰"的一声巨响划破天空，我踮起脚尖、伸长脖子，努力朝着那边张望，在缝隙中寻找着父亲的身影，生怕他有一点闪失。

人群散尽，我看到父亲像其他人一样，双膝跪地，双手被反剪在背后，身后站着身着警服的警察，他们微微上扬的嘴角似乎在彰显着这次抓捕行动的成功。

我缓缓朝父亲走过去，站在离他不远的地方。落日躲在了山的背后，却把云彩都染上了血色，秾丽又稠密的霞光沿着天际淌过，温柔地落在父亲的身上，也染红了他的衣襟。他跪在那里，可身影似乎比任何时候都要高大。隔着几米的距离，我才意识到，这是我第一次离一个卧底警察这么近。

父亲看到了我，有些无奈地朝我扯了扯嘴角，眼神依旧平静如水，依旧那么清亮。他冲我偏了偏头，示意我离开。一阵酸涩从喉咙涌到目间，我转过身，右手悄悄在身后对父亲竖了一个大拇指，快步离开。

或许，他又要投入下一个任务中去了吧……在没有光的角落里，以他人之名，保护着这一方净土。"希望我们下一次相见时可以在阳光下相拥。"我在心里默默想着。

为了更恰当且熟练地使用这些修辞格,同学们可以尝试完成下面的写作练习。

写作任务:请仔细阅读《风景这边独好》,为故事添加相应的场景修辞,并在此基础上选择其中的一处进行场景描绘,以更好地推动叙事发展。

风景这边独好

①老北京常说铜锣胡同风景不一般。

②要赶早班车的上班族还在睡觉时,一个瘦高的身影就出现在了阳台。飘着淡淡槐香的早晨,他拉《江南春色》。叫卖声此起彼伏的午后,他拉《赛马》。

③可是乐声停后,他就只拥有黑暗。他的手在颤,连带着琴弦也在颤,久久无法平息。他的眼睛闪着光。旁人都说他的眼睛极亮,尤其在拉二胡的时候,像是黑暗里永远闪烁的两颗星。可是他们不知,他连太阳都看不见。十岁的一场大病夺去了他的光明。当时朝阳温柔地抚摸他的眼睛,可他却迷茫地问道:"妈,天为什么这么黑。"爸妈愁白了头,可日子还要继续,四个孩子还要养,于是他被送去拉二胡的乐师那里学艺。乐师无儿无女,把他当儿子。

④他痴迷于二胡。只有按上琴弦时,他才能看见无论如何都想看见的风景。几根琴弦就是他全部的光。可是有一天,琴弦断了,所有的黑暗一股脑儿地涌出。他把自己关在房间里,以为只呆坐了一会儿,可其实已经过去了两天两夜。师父抱着琴进来,他摸到琴:"为什么我看不见?"师父摸着他的头说:"孩子,人人都有心弦,一端连着外面,一端连着心里。你看不见外面的世界,可这并不代表你的内心是黑暗的。你要知道,心里有根弦,能让你看见内心的光明,多少明眼人是看不见的呀。琴弦可断,心弦不能断。"

⑤第二天早上他第一次从里屋走到阳台。弦碰到弓的那一刻,他

的泪就落了下来。日复一日，年复一年，琴声追逐朝阳，飘入胡同每一个人的耳朵，每一堵墙的缝隙。他从目盲的黑色墙壁后面射出一道光明，照亮自己，也让别人拉紧心弦，看见内心明亮的风景。

⑥铜锣胡同听到的风景不一般。

⑦行人步履匆匆地路过他，目光追逐着世俗的光怪陆离。可他的琴声是光，温柔却能直穿云层，为每一个有心或无心的听者开辟不一样的风景。相熟的人问他，为什么每天无论风吹日晒都在阳台拉琴？他沉默半晌，抬头迎着阳光说："心弦要拉才不会断。"

在此提供一位同学的写作练习并添加了评注，供同学们参照。

【例文】

风景这边独好

人大附中 2015 届毕业生　高桐欣

老北京常说铜锣胡同风景不一般。如果你不留心，哪有什么不同。一样的四合院，一样的宅门，一样的老槐树下扯闲篇的老人，一样的追逐玩耍的孩子，一样显得有些落败了。但如果清晨经过那里，就很不同了。

（场景对比与铺垫：常见的场景和铜锣胡同清晨的场景，形成了鲜明对比，更好地突出了此处"不一般"的特点，引起悬念。）

要赶早班车的上班族还在睡觉时，一个瘦高的身影就一如既往地出现在铜锣胡同 28 号的阳台，端坐如松，持弓按弦，有茧子的大手一送——一声鸟儿的清啼就为铜锣胡同送来第一缕曙光。

飘着淡淡槐香的早晨，他拉《江南春色》。他温柔地拉动弓弦，像是在轻抚一个幼嫩的生命。他嘴角带着浅笑，他看见吹面不寒杨柳风抚摸着水乡怀抱中盛开的姹紫嫣红，他看见自己不忍摘下一朵的早春的动人生命，只静静等待它为初升的太阳送上第一缕花香。

叫卖声此起彼伏的午后，他拉《赛马》。他的眉毛带着他的头发随着欢快的节奏飞舞起来。他看见枣红的骏马在绿毯一样的草原上奔腾嘶吼，长长的鬃毛纵情飞扬。他看见自己跃上马背，舞起鞭子，双腿一夹马肚就飞也似的追逐火烧的太阳。

（场景想象：通过情景化的画面展示该事物在主人公内心深处的意义和价值。叙事文中，人物因物思情而激活想象的方式叫"场景想象"，以虚写实的方法常常可形象生动地感染读者。）

可是月光流淌的晚上，他拉《光明行》。他的弓、他的弦、他的心一起颤抖，琴声明亮而有温度。他看见自己不甘眺望，他要化作鸟，化作风，化作云，夸父逐日般地去追逐落日的余晖。最后一抹光芒快要消失在地平线，所以一定要抓住——那光是那么明亮，他宁愿被灼伤双眼，也不肯再回到黑暗的世界。

（场景对比：前后场景呈现出异质性的特征，从而营造出戏剧性张力，形成了悲喜对比，且推动了叙事，为下文补叙为何会有这样的情感变化做了铺垫。）

可是乐声停后，他就只拥有黑暗。他的手在颤，连带着琴弦也在颤，久久无法平息。他的眼睛闪着光。旁人都说他的眼睛极亮，尤其在拉二胡的时候，像是黑暗里永远闪烁的两颗星。可是他们不知，他连太阳都看不见。十岁的一场大病夺去了他的光明。当时朝阳温柔地抚摸他的眼睛，可他却迷茫地问道："妈，天为什么这么黑。"爸妈愁白了头，可日子还要继续，四个孩子还要养，于是他被送去拉二胡的乐师那里学艺。乐师无儿无女，把他当儿子。

他痴迷于二胡。只有按上琴弦时，他才能看见无论如何都想看见的风景。几根琴弦就是他全部的光。可是有一天，琴弦断了，所有的黑暗一股脑儿地涌出。他把自己关在房间里，以为只呆坐了一会儿，可其实已经过去了两天两夜。师父抱着琴进来，他摸到琴："为什么我看不见?"师父摸着他的头说:"孩子,人人都有心弦,一端连着外面,一端连着心里。你看不见外面的世界,可这并不代表你的内心是黑暗的。你要知道,心里有根弦,能让你看见内心的光明,多少明眼人是看不见的呀。琴弦可断,心弦不能断。"

铜锣胡同听到的风景不一般。

行人步履匆匆地路过他,目光追逐着世俗的光怪陆离。帝都黄昏的雾霾,把人们的面庞笼罩得模模糊糊。可他的琴声是光,温柔却能直穿云层,为每一个有心或无心的听者带来一个红色的、柔润的夕阳。相熟的人问他,为什么每天无论风吹日晒都在阳台拉琴?他沉默半晌,抬头迎着雾霾说:"心弦要拉才不会断!"

(场景隐喻:作者根据相似性原则,在画面描写中暗示故事中的人、事、物,起到映射现实的作用。结尾加入了自然环境的描写,不只写自然的雾霾,其实写的是人们内心的雾霾。从而深化主旨,即无论处于什么样的客观环境和生活困境,心中的美好风景都不可更易。)

四、道具类元素命题构思指导

1. 道具的叙事功能

小说家常常借助"道具"来连缀故事。或是一块通灵玉、一方茜纱巾、一串麝香串(曹雪芹《红楼梦》),或是一块肥皂、一份"人血馒头"、一碟茴香豆(鲁迅《呐喊》),或是一只蟋蟀、一方铜镜、一盏荷叶杯(蒲松龄《聊斋志异》)。这些事物往往看起来毫不起眼,但在故事中绝不是可有可无的"闲笔"。

卡尔维诺在《美国讲稿》中说过一句很有意思的话:"一个物品在故事中出现时,它就具备了一种特殊力量,变成了磁场的一个极或某个看不见的关系网中的一个眼。"这些看似寻常的物件在小说中却能呈现出环环相扣、虚实相映、物事相因的叙事效果。

契诃夫说："凡是和小说没有直接关系的东西，一概得毫不留情地删掉。要是您在头一章里提到墙上挂着枪，那么在第二章或者第三章里就一定得开枪。如果不开枪，那管枪就不必挂在那儿。"故事中的道具，不是由主观随意性左右的"牵线木偶"，招之即来，挥之即去，而是作品整体统一的美不可缺少的元素，应该参与情节的发展过程，这是道具的有机性。大致来说，道具在故事中可以承担不同"角色"。

（1）道具可以作为戏剧性元素参与情节发展，成为矛盾发生或矛盾解决的关键。

如下文用一件礼物——巧克力巧设悬念，欲扬先抑，推动了主人公对于父辈和祖辈信仰与奉献的理解与尊重。

【例文】

一件礼物

人大附中 2021 届毕业生　杨熙宝

我睁开眼时，房间里只有闹钟的声浪一遍遍打在墙上，空荡又沉闷。天花板上画着的蓝天白云十年如一日，云不会飘，天色也不曾改变分毫。我揉着眼睛坐起来，扭头去摸索闹钟，铃声停止后我好像碰到了什么，"啪"的一声轻响，有东西掉在地上。

我不用睁眼就知道，那是一块巧克力。

低头一看，果不其然，不认识的廉价品牌，棕色包装纸，我可以想象到的代可可脂的甜腻味道。

"妈，我爸昨天夜里回来过了？"

"是啊，他回来拿衣服，说怕影响你休息，没舍得叫你，去你房间看了看就走了。"

多么体贴，可我只觉得烦躁，他不舍得叫我，却舍得一个月见不到我一面，留在基地陪他那些飞机。妈说他也想当个好爸爸，可他永远只会来了又走，留一块我不想吃也不想看见的巧克力在床头。

"爸爸说下周五晚上能回来多待几个小时，正好吃个饭，也能和你聊聊天。"妈看着我，那么认真，我只好闭紧了嘴点点头。

希望他别再送我一块巧克力。

（铺设主人公的认知与情感。对廉价巧克力的厌烦，对父亲不能陪伴左右的失望。刻画了常年奉献航天事业、不能陪伴女儿的来去匆匆的父亲形象。铺设悬念。）

晚上他风尘仆仆地踏进家门，戴着一成不变的皮手套，脖子上挂着防风镜，开口便是和战友们练习了一套新队列，飞过天安门该有多么好看。

我沉默地吃完晚饭，最爱吃的菜也寡淡无味，一心准备整个晚上都把自己关在房间。他却在我收拾好碗筷后神神秘秘地向我招手，故弄玄虚地拉我去书房。

幼稚。

"闺女，你妈跟我说了，你每次看见巧克力都会皱眉头。"

那确实。

"爸觉得你是个大孩子了，应该能听懂这些了。"

嗯？

（继续铺设悬念。通过有设计的父女对话——有声的问与无声的答，继续铺设父女二人的隔阂，也暗含着女儿隐藏的期待与渴望。）

我第一次抬起头看向他，他把柜子最下层的抽屉整个抽出，从最里面掏出一个罐子。那罐子不大，塑料的，东一道西一道全是划痕，里面填了一张又一张皱巴巴的锡纸。他捧着这个罐子，像过年时抓了一把糖果在手里的孩子，小心翼翼地举起来看。

"这是你爷爷留下来的,他当年也是个飞行员。那会儿咱们穷,巧克力都是进口的,要训练打仗的飞行员才吃得上。部队有要求,配给不让带出去,必须得是他们吃,你爷爷就把包装纸拿出来,让我闻闻甜味儿解馋。"

"所以你……"

"他爱飞,我也爱飞,天那么高云那么美,中国人的天得有中国人守着。爸不是不想陪你,但还有更重要的任务啊。"

(秘密的揭晓。展示廉价背后珍贵的情谊,其中既有祖辈艰苦奋斗的开拓史,也有父辈不忘初心的坚守史。)

我看着他的眼睛,那块廉价巧克力在我兜里发烫。

(精炼结尾。一个"烫"字是情感的喷涌与激荡,这既包含着"我"为这份浓浓的亲情而感动,又包含着对父辈和祖辈艰苦奋斗、执着追求的敬仰。)

点评:叙事精巧,巧用悬念,欲扬先抑;立意高远,以一块廉价巧克力写出了祖辈父辈的航天精神;情感真挚,含不尽之意于凝练的语言中;语言鲜活,符合人物身份与性格。

(2) 道具可以作为象征性元素以对照人物,成为托物言志、因物寄情的意象。

如下文,作者以一盆报岁兰为礼物,刻画出一位渴盼儿孙回家团聚的孤独老人的形象,有很强的现实反思性。文章结尾以对礼物的讨论做结,言有尽而意无穷,给读者以反思与启迪。

【例文】

一件礼物

人大附中 2021 届毕业生　孙昱骢

一楼的爷爷在我儿时的印象里便是孤身一人的,正如同他门前的那个小平台，蜷缩在高楼大厦的阴影中，孤零零的。不知何时起，一楼的爷爷搬来了几盆不知名的花草，摆在原本空荡荡的小平台上，这样一来，小平台倒也显得有了几分生机。

小学时的我对这些不知名的花草着实感兴趣，放学时常常给花草浇水，一来二去，我成了爷爷唯一可以交谈的对象。爷爷对这些花草有着他自己的讲究，几盆我叫不出名来的花草都是由爷爷骑着他那锈得掉了漆的破自行车，在一阵"吱嘎吱嘎"的响声中从城南搬回来的。爷爷说门前的小平台孤零零地立在那里怪可怜的，便搬些花草过来就当是给小平台的礼物，让小平台与自己都多少有了些陪伴。年少不懂事的我因此觉得爷爷是一个怪人，但与爷爷在小平台旁闲聊的时光还是令我十分向往。

（巧设悬念，引发读者好奇。简洁的文字铺设了老人孤独的情感困境。）

过年时，爷爷的邻居们都贴上了红色的对联，小平台的花草在一副副对联的映衬下倒也成了一个别样的年景。爷爷家的大门从来不贴对联，新年到了，爷爷仍是孤零零一人。问起时爷爷说他的儿子这些年在外打工，过年不回家是常有的事，说到这儿时爷爷便盯着小平台的花草一阵出神。良久，他从小平台上拿起一盆花递给我，"有很多兰花很鲜艳很美，可是看久了就俗气；有一些兰花是因为稀少而名贵，其实没什么特色；这报岁兰单纯、淡雅，朴素中还带一点喜气，是兰花里面最亲切的。它是一种准时的花，好像不过年就不开似的，它一开花你就知道新的一年又来了，就当送你的新年礼物吧，独自一人的时候好歹还有花草做个伴。"

（礼物报岁兰出场。既是老人对一个懵懂顽童无意间陪伴的感激与祝福，又蕴藏着老人年年种植报岁兰、期盼全家团圆的强烈愿望。）

上了初中后，我与爷爷显得生分了许多，儿时在小平台旁听爷爷讲着他引以为傲的花草故事的时光在记忆中也愈发模糊。但爷爷的那份新年礼物，那盆朴素的报岁兰仍放在我阳台最显眼的位置。浇水松土俨然成了我日常生活中习以为常的一部分，偶尔施肥时也听到那"嘎吱嘎吱"金属摩擦的声响，透过窗户看去，夕阳余晖下，自行车上爷爷佝偻的身影在渐行渐远。

（报岁兰还在开放，老人的孤独处境却没有改变。随着年岁的增长与学业的日渐繁重，我也只能远远望着这份孤独。）

报岁兰开花了，带着它朴素的颜色与讨人欢乐的喜气，又到了过年的时候。在我的提议下，爷爷在除夕夜被邀请来我家一同看春晚享年夜饭。谈及在外打工的儿子时，爷爷张了张口，却终究没有说什么，只是在打了声招呼后默默地走下了楼。烟花在漆黑的天幕绽放出绚丽的光影，小平台上爷爷那颗倔强的头颅深深地埋在两膝中间。我坐到了他身旁，爷爷突然间老了许多，平日里根根直竖的头发软绵绵地趴伏了下去。"谢谢你的礼物。"半晌后爷爷说道。"我就知道我妈妈做的年夜饭很合您胃口。"爷爷却摇了摇头。

或许，陪伴才是最好的礼物。报岁兰又开花了，年到了，时间真是快呀。

（回送礼物。伴随报岁兰又一年登场，礼物重新归来，在我的邀请下爷爷得以有人陪伴过年。在一老一少关于礼物的对话中传达出小作者对于城市空巢老人的深深担忧，也有着对"陪伴是给老人最好的礼物"的呼吁。语淡情浓。）

点评：该文以一盆报岁兰牵引出一位空巢老人的故事，表达出小作者对于现实的观察与思考，立意深刻，有很强的现实反思。细节生动有韵味，对老人孤独形象的多层次刻画展现了一个在孤独等待中生命、精神也在逐渐衰老的老人形象，极具感染力；语淡情浓，以"我"的视角去传递礼物，与老人完成最简单不过的交谈，一言一语，一观一思，都体现了作者的关注与呼吁。

（3）道具可以作为场景性元素参与环境营造，成为生存空间、表意空间的一部分。

下面的例文《厨房的窗》很有代表性，窗作为和谐透明的邻里空间中的重要呈现元素，在大人盲目的攀比和疲惫的礼节竞赛中，演进成为阻隔封闭的邻里空间中的象征事物，富有哲思，给人启迪。

【例文】

厨房的窗

人大附中2005届毕业生　李苗

我们家厨房的窗户和郑伯伯家厨房的窗户是对着的。每天都能看到两家的女主人在各自的厨房中忙碌的身影；听到抽油烟机发出快乐的轰鸣声。两位忙碌的女主人总是一边做饭一边大声地聊天，聊天声和抽油烟机的声音汇成一首和谐的乐曲。

（窗作为联结两个家庭的桥梁，营造的是和谐的生存空间。）

我们家爱吃饺子，郑伯伯家爱吃醪糟。

事情是这么发生的。

一天，我和往常一样趴在窗户上往下看。忽然一股甜甜的酒香从对面传了过来。我深深地吸了一口气，顿时馋涎欲滴，看到妈妈走进厨房，便大声说："郑伯伯家醪糟好香，我也要喝！"妈妈敷衍着答应了。对面刚进厨房的郑阿姨却对我会心一笑。

吃完晚饭，门铃叮咚一响，郑阿姨给我送来了一碗醪糟。这碗醪糟香喷喷的，甜蜜的滋味和爽滑的口感是我后来再也没有尝到的，我大赞醪糟的美味，却不知道父母在进行严肃讨论。爸爸说："对面老郑是我同事，不回送点东西不好吧。"

"那就送他们碗饺子。"妈妈说。

"好，明天就包饺子。"

从那天起，两家就开始了你饺子我醪糟的礼尚往来，我们甚至发明了一种工具来传送那些热气腾腾的食品。窗成了我们两家交流的地方，做饭时合奏的"厨房交响乐"更为动听了。

（窗成了两家礼尚往来的见证，构成世俗交流的一个重要通道。）

可有一天郑伯伯用了一个大碗送来了醪糟，我妈看着窗那边的郑阿姨，心中犯起了嘀咕。

"你说，他们为什么换了大碗送醪糟？"我妈在席间问我爸。

"原来那个碗碎了。"我毫不犹豫地回答。爸爸却是一愕。

"去，小孩子别插嘴。是不是老郑他们家有求于咱们？"

爸爸神色凝重地看了看对面的窗，说："咱们也换大碗。"

第二天，我们的大碗饺子传过去不久，我看到郑伯伯向我们家窗口投来一瞥，神色凝重如同我爸爸。

我一直不懂，同样的窗，为何我看过去只看香喷喷的米酒，而大人们却能看到情感功利等一些讳莫如深的东西呢？

第三天，醪糟用不锈钢小号锅送过来。

第四天，我们的饺子用中号锅送了去。

后来又有大号锅、砂锅和保温桶彼此传递，两家的窗户也挂上了窗帘。窗帘的出现使两家的女主人无法谈笑，"厨房交响乐"单调多了，只留抽油烟机在那里不停地呜咽。

（窗挂上了窗帘，象征着开放和谐的通道的阻隔，邻里情谊的生存空间被压缩。）

这天，装醪糟的容器改为了高压锅。

我妈忧心忡忡地对我爸说："咱们没有比这更大的锅了。"

我爸不急，说："明天多买一斤肉，咱们必须回送。"

爱吃饺子的喝醪糟，爱喝醪糟的吃饺子，我心中万分疑惑不解。

自从那一大锅饺子送过去之后，对方就再也没有回送过醪糟。

后来，我们两家厨房的窗帘再也没有拉开过。

（窗的功能的失效伴随着情感围墙的形成。）

政治家从窗看过去是世界，诗人从窗看过去是优美和浪漫，财迷从窗看过去是物欲，我从窗看过去是美好的食物，那些大人从窗看过去是无聊的世俗。

人透过窗看事物，我们亦可透过窗看人。

（为什么窗不再为窗？）

像我们家厨房的窗，不如没有。

（4）道具可以作为文化性元素参与主旨传达，成为观念规范、思想志趣的载体。

如下文中的一件礼物具有两重身份，寓意丰富深刻。白沙瓶不仅象征着纯净，更承载着西藏僧人赠予白沙的庄严神圣，由此带给浮躁怠惰的我以生命的顿悟与感动。

【例文】

一件礼物

人大附中2021届毕业生　刘覃昕

书架上放着一个小小的玻璃瓶子，里面装着半满的白色的沙。工作不下去的时候我总会抬头看看它，阳光照在沙粒上，四散开来，满屋子都是纯净的光。

（切入礼物，强调礼物对于我生活与工作的特殊意义，引发读者好奇。为下文的倒叙铺设合理的叙事逻辑。）

几年前，我带领一支队伍前往西藏，计划拍摄一部关于这片神圣土地的纪录片。羚羊产仔的过程、晒佛节的全过程，无一不在计划范围内。然而真正到此地了，却发现困难重重——天寒地冻的高原，再加上高海拔地区稀薄的空气，使团队中不少人病的病弱的弱，根本不在状态。原定的计划是五天拍摄一个主题，一行人赶场子般一个接一个地拍过去，很快便顶不住了。大家停车扎营休整，我坐在地上，点了一支烟。远处的经幡在风中猎猎摇动，天边的苍鹰叫一声，都搅得我心神不宁。一步拖，步步拖，计划的日程本来就紧，人又病了大半，怎么办？

（铺设遭遇困境。拍摄纪录片的工作困难重重，我因此心神不宁。这一困境为礼物的出现铺设合理的叙事逻辑。）

休整第二天，我独自一人前往营地不远处的敏珠林寺。本来只想求个安静思考的环境，却被主事僧人热情接待。交谈了几句，他得知我们此行的目的，竟邀请我们一行人在寺里住下："可以拍摄取材。"几个小僧人嘻嘻哈哈地从旁边溜过，眼睛亮晶晶的。

敏珠林寺本不在我们的计划范围内——太清静的地方，总不便凡人打扰。然而主事僧人的热情让人心动，小僧人们明亮的眼睛也在心中挥之不去，我回去和大伙一商量，便接受了这个邀请，一行人住进寺里来。

翌日清晨，主事僧人早早找到我，邀我和他出去。"有个礼物给你，来吗？"他用不太标准的普通话问道，眼睛像是直直看进我的心底，然而又像是什么也看不见，没有一丝波澜。于是我们便上路，僧人领着我踏过茫茫沙地，找到一座小小的土山。阳光照在沙地上，到处都是干净的茫茫一片，地面的白与天空的蓝互不打扰，唯有他红色的僧袍点缀其间。如此干净。

僧人从土山上敲下砂石，用随身的工具研成极细的粉末。他从怀里取出一只小瓶，躬下身去用沙子填了个半满，递给我。我有几百个问题想问，然而四周寂寂一片，最终没有开口。他研了一天的砂石，而我站在一旁，静默着，环顾蓝天与白沙。天地之间只有研砂的簌簌之声，除此之外什么也不剩了。我摩挲着手中的瓶子，许久。

（僧人赠予白沙之礼。值得注意的是，僧人没有直接赠予作者白沙，而是带领"我"参与了整个采砂的全过程。其间，僧人的不言，天地的空寂，采砂的漫长与专注，一切均指向了"干净"本身，洗涤了我心中的不宁。）

回到庙里才知道这是建坛城的日子。僧人们将沙子染成十四种颜色，在大殿中央共同完成一幅巨大的沙画。几十个僧人手握彩沙，在大殿里有序地走动着。并不安静，所有人都在交谈，内容却无一不与坛城有关。他们的手臂与肩膀以美的韵律移动着，不紧不慢，眼里只有手中那一把沙。我们一行人搭了架子，静静地，把一切记录下来，没有错过一分一秒。

坛城建完的那天，我们与僧人辞别，又踏上拍摄的旅程。虽然在寺中住了数天，可日程竟一点也没有耽搁。接下来的晒佛节等一系列拍摄，也都如愿以偿地完成了。每个人都变从容了，没有再去赶那几分几秒。

书架上的瓶中，沙粒静默着，与被拾起的那天别无二致。我想起主事僧人的话：坛城的搭建，就是重新整理内心的过程，让自己归于洁净。

好一份礼物。

（僧人赠予建坛城之礼。以庄重的礼仪继续洗涤我的内心，让我从容，归于洁净。礼物的叙事意义由此实现。）

点评：设计巧妙，关于礼物的双重设计，强化了礼物的寓意；立意深刻，富有哲理，以白沙承载采砂与建坛城之礼，更蕴藏着断舍离之道；描写细腻动人，展示出渚清沙白的禅意世界；语言朴素自然，符合人物身份与性格。

2. 道具的叙事策略

（1）要厘清题目对道具叙事功能的提示与限制。

如"留一把光阴的钥匙"一题，"钥匙"这一道具作为叙事元素，不仅参与"留"这一情节的开展，也承担着一段"光阴"的关联代表功能，更关涉着"留"这一情节的因果逻辑搭建。在"家乡的文化密码"中，"密码"这一道具无论是由人物、器物、食物还是动植物来充当，都需要作为文化性元素，为家乡文化代言。因此，其作为"代言者"的普遍性、典型性和丰富性是合题的关键。而在"一件礼物"中，材料导引语对"礼物"的文化性功能（或凝结着人与人之间的情谊，或传递着国与国之间的友好）和情节性功能（或使人感动，或令人鼓舞，或引人深思，或让人警醒……）提出了要求。礼物在制作、赠予、交换、接受、回赠、保存甚至遗失、损毁等情节中呈现出丰富的社会性、关系性和象征性内涵，可以作为理解人类复杂、丰富、隐微、深沉的情感心理的工具，如此该礼物便具有了叙事价值。

（2）要准确理解道具的内涵，厘清道具可选择的范畴，避免偏跑题。

以"一件礼物"一题为例，何谓礼物？从提示材料来看，礼物是表达礼节、传递情感的一种载体。显然，"礼物"并不是简单的物质性物件，而是在"礼物成其为礼物"的传递事件中呈现着丰富的国家关系、物我关系、社会交往关系和文化象征关系。这种关系可以宽泛地被称为"礼"，它凝结着人类的个体德性、集体交往行动、道德情感、想象象征、宇宙自然观念以及整个社会的一整套生活方式。同时导引语材料也给出相应提示："关于礼物的故事，或使人感动，或令人鼓舞，或引人深思，或让人警醒……"这句话说明写作中不以形式和载体作为判断"道具"是不是礼物的标准，而以能否引起人们行为、心理、情感及思考变化为判断标准。

因此，理解礼物的关键在于对信息的原本意义和语境意义（叙事中的价值意义）的双重把握。而在构思立意时，要有意识地围绕道具连缀情节、描写场景、刻画人物。

相关训练题目

【作文题目一】

礼物是表达感情的一种载体。一件礼物，或凝结着人与人之间的情谊，或传递着国与国之间的友好。关于礼物的故事，或使人感动，或令人鼓舞，或引人深思，或让人警醒……

请以"一件礼物"为题，联系现实生活，展开联想或想象，写一篇记叙文。

要求：思想健康；内容充实，有细节描写；语言流畅，书写清晰。

【作文题目二】

家乡文化会在每个人的成长中留下抹不掉的印记，不易被自己察觉，更不易为外人所知。家乡文化的密码往往隐藏在家乡独特的人物、景致、风俗中，隐藏在富有家乡烟火气息的器物中，隐藏在家乡的风味特产中……

请以"家乡的文化密码"为题，写一篇记叙文。

要求：思想健康；内容充实，有细节描写；语言流畅，书写清晰。

第四讲　修改

关于记叙文的修改，有些同学认为：写故事要不拘一格、信笔挥洒，只有这样故事的灵气和活力才能表现出来；而过多的观点修正与字斟句酌，往往会破坏故事的自然与完整。这种想法其实不无道理，"文章本天成，妙手偶得之。粹然无疵瑕，岂复须人为？"你看，大诗人陆游也这么强调。

对于学习写作的我们来说，断不可简单地认为好文章是靠"妙手"偶得的，进而纵容自己信马由缰、马虎行文。写作本身是复杂的精神劳动，不同的文体各有其特殊的写作规律。相较于以抒情见长，贵在自然通透、浑然天成的诗歌，小说的优长在于能表现深广的精神世界，形象及形象的表现方式灵活多样。小说写作是依赖修改的。

还有些同学对修改的理解存在偏差。大家常将修改理解为写作完成之后的修饰，其实修改不局限于此。在故事未写之前，对于主旨立意的反复思量，对于布局行文的反复推敲，都带有"修改"的性质。实际上，修改贯穿写作全过程。从修改的价值来看，它不仅仅是一种手段，以帮助我们获得一篇更准确、完美的文章，它更是一种写作能力的培养过程、写作学习的有效途径。因此，同学们修改文章的过程其实是在运用相关文体的写作知识完成写作任务，从而校准自己的写作思维，把握正确的写作规律，获得有效的写作策略，最终拥有一套完善熟练的写作机制。

本讲所谈的修改不局限于一般意义上的润色文辞，更强调写作者对自己思想、思维与语言进行的反思与调适。

一、修改方向

既然修改对于故事写作如此重要,那么,该如何修改自己的故事呢?

我们说,没有问题就没有修改,精准研判自己的写作问题是写作修改的关键所在。因此,故事修改的第一步应依托自己的故事文稿,依据相关的评价量规,发现问题,聚焦问题加以针对性修改。

那么应从哪些方面着力进行问题诊断呢?

我们可以从名家那里去找找答案。鲁迅先生曾经介绍过惠列赛耶夫的《果戈理研究》的一段话:应该这么写,必须从大作家们的完成了的作品去领会。那么,不应该那么写这一面,恐怕最好是从那同一作品的未定稿本去学习了。鲁迅先生所提的"未定稿"在钱理群先生看来也包括作家对同一个素材的几度重写。我们可以对照阅读鲁迅在1919年发表的《自言自语》之"我的父亲"和在此基础上修改并发表于1926年的作品《父亲的病》,以发现文章修改应该着力的方向。

我们可以把"我的父亲"看作一个素材,可以把《父亲的病》看作这个素材的完成稿。"我的父亲"的内容其实被放置在《父亲的病》的第23段到结尾的部分,而在这之前,鲁迅先生添加了大量的段落,共22段共计2 393个字。这是两篇文章最大的不同之处,是鲁迅先生做出的修改。

我们将这些段落与之后的段落做一下逻辑梳理,可以发现扩充了的内容主要包括两方面。

一方面是写奔走于药铺与家之间和"国手神医"不断地周旋,这与23段之后在父亲弥留之际不断呼唤是一以贯之的。前者希望能够帮助父亲,使其减轻病痛;后者怀有对即将失去父亲的恐惧,对其的不舍。这些都源于他对父亲刻骨铭心的爱,源于父子之间那充满矛盾而又无法割舍的生命关联。

另一方面包括他对迷信中医为父亲治病的一种自责与忏悔,这与23段之后遵守理法喊魂也是一脉相承的,其背后都是作者成年之后基于父亲之死的反思和忏悔:对于延长了父亲的痛苦之封建迷信的痛斥与谴责。

由此可见,故事的修改首要的是对素材的再认识与对主题的再挖掘。这是因为,只有将故事思想打磨得更完善,才可以使文辞的修改有价值且不必一再返工。七年的时间里,鲁迅先生实际是先有自己思想的成长,而后完成了对父亲之死这一素材事件的再挖掘,在原有的主旨上强化了对父亲深深地怀念与对迷信深刻地批判。

我们再从文辞的角度来对照阅读"父亲之死"的片段,见表4-1。

表 4-1　　　　"我的父亲"与《父亲的病》的对照表

"我的父亲"	《父亲的病》	修改着力点
我的父亲躺在床上,喘着气,脸上很瘦很黄,我有点怕敢看他了。 他眼睛慢慢闭了,气息渐渐平了。	父亲的喘气颇长久,连我也听得很吃力,然而谁也不能帮助他。我有时竟至于电光一闪似的想道:"还是快一点喘完了罢……"立刻觉得这思想就**不该**,就是犯了罪;但同时又觉得这思想实在是**正当**的,**我很爱我的父亲**。便是现在,也还是这样想。	这里突出了我对父亲病重的醒悟和无力。 这里**添加**了心理活动,突出了我对父亲的爱之深切,正在这"不该"与"正当"的矛盾挣扎中。这是鲁迅对父亲爱的表白,也构成了修改稿的中心。
	早晨,住在一门里的衍太太进来了。她是一个精通礼节的妇人,说我们不应该空等着。于是给他换衣服;又将纸锭和一种什么《高王经》烧成灰,用纸包了给他捏在拳头里……。	这里添加了精通礼节的妇人在父亲临终前一系列尊礼的活动,饱含了作者的批判。

续表

"我的父亲"	《父亲的病》	修改着力点
我的老乳母对我说，"你的爹要死了，你叫他罢。" "爹爹"。 "不行，大声叫！" "爹爹！"	"叫呀，你父亲要断气了。快叫呀！"衍太太说。 "父亲！父亲！"我就叫起来。 "大声！他听不见。还不快叫？！" "父亲！！！父亲！！！"	这段对话着重看标点符号的修改。鲁迅是想通过这些标点的修改表达自己对即将失去父亲的恐惧，不是前作的任务完成，而是自己内心的驱动完成的呼唤。以突出我对父亲之爱。
	他已经平静下去的脸，忽然紧张了，将眼微微一睁，仿佛有一些**苦痛**。 "叫呀！快叫呀！"她催促说。 "父亲！！！"	这里的描写"一动"变成了"紧张"，"伤心"改为了"苦痛"，突出我的不舍其实扰乱了父亲临终前的宁静。
我的父亲张一张眼，口边一动，**仿佛有点伤心**，——他仍然慢慢的闭了眼睛。 我的老乳母对我说，"你的爹死了。" 阿！我现在想，大安静大沈寂的死，应该听他慢慢到来。谁敢乱嚷，是大过失。	"什么呢？……**不要嚷**。不……。"他低低地说，又较急地喘着气，好一会，这才复了原状，平静下去了。 "**父亲！！！**"我还叫他，一直到他咽了气。 我现在还听到那时的自己的这声音，每听到时，就觉得这却是我对于父亲的最大的错处。	这里是添加内容，是鲁迅的重新回忆与反思。他觉得父亲临终前仿佛在说"不"，而这样的醒悟直到几十年后才发生。加重了自己的悔恨，这背后仍是自己对父亲的爱。
我何以不听我的父亲，徐徐入死，大声叫他。阿！我的老乳母。你并无恶意，却教我犯了大过，扰乱我父亲的死亡，使他只听得叫"爹"，却没有听到有人向荒山大叫。那时我是孩子，不明白什么事理。现在，略略明白，已经迟了。我现在告知我的孩子，倘我闭了眼睛，万不要在我的耳朵边叫了。		这里做了大段文字的删减，一是删去了对老乳母的埋怨，回归到对自己的反思上。 二是删去了对自己孩子的嘱托，突出了对父亲的特殊情感。 故事的留白之处更给人以沉痛绵延的阅读感受。

我们从上表的分析来总结除了中心思想的挖掘外，鲁迅还对初稿完成了哪些方面的修改。

（1）**叙事结构**。鲁迅增加了"衍太太帮忙入殓"的情节，以表现与中医误人相似的批判。

（2）**叙事内容**。拓展了父亲病重与不能获得平静的状态描写，增加了故事的真实性，以表现我的负疚与悔恨。

（3）**叙事语言**。故事的思想需要依傍语言。故事里语言的修改既要关注文辞的修改，也要关注标点符号的修改。

鲁迅的修改经验告诉我们，故事修改的重心应在于思想的开掘，应努力探寻素材背后的深层意义。围绕着思想开掘，应着力通过结构、内容、语言三方面的调、补、删、改来完成修改。这里只以鲁迅两篇作品的对照阅读为例说明，其他作家的修改中也同样包含这些方面的修改。

总而言之，故事修改应关注思想、结构、内容与语言这四个变量，其分别对应故事写作中的认知能力、布局能力、摄材能力与言语能力。在对大量学生作文和市区级记叙文试题评价标准分析的基础上，我们加入了命题这一变量，梳理出了高中阶段记叙文写作修改的检查清单，如表4-2所示。

表4-2　　　　　　记叙文写作修改的检查清单

写作变量	干预项	问题排查	检查结果
命题	切合题目	1. 故事是否遵守了命题的写作限制和要求？ 2. 故事是否表现了对命题写作任务的理解？	
思想	偏见	1. 对故事主题的认识是否与公众普遍认可的意见相悖？ 2. 对问题的认识是否缺乏相应的客观基础，只凭主观臆断？	
	缺乏创见	1. 对主题的认识是否能基于当下时代，聚焦新问题，提出新思考？ 2. 对主题的认识是否考虑到边缘群体和例外状况？	
	浅见	对人、事、物的理解是否流于表面，没有触及问题的本质？	

续表

写作变量	干预项	问题排查	检查结果
结构	失衡	1. 有没有把握好概述与描写之间的平衡？故事是流水账式推进、缺乏细节，还是堆砌了太多细节而干扰了主线的推进？ 2. 有没有把握好障碍与行动之间的平衡？故事有没有设置了过多障碍但行动单薄，或困难不足却展示了太多行动？ 3. 有没有处理好不同时序下事件篇幅的平衡？有没有在回忆中停滞太久，或在困境出现之前徘徊太多？	
	失序	1. 情节的组织顺序是否能更有效地凸显主旨、塑造人物？ 2. 故事讲述是否统筹协调了发生时间与演述时间？ 3. 情节的组织顺序是否给读者带来了意外之喜？ 4. 叙事视角无论是第一、第二还是第三人称，前后都一致吗？	
	重复	1. 次要人物是否在叙事价值和叙事功能上雷同？ 2. 情节是否存在叙事价值和叙事功能上的重复？ 3. 情节线索是否过多，但功能一致？	
	割裂	1. 故事本身完整并自成一体吗？ 2. 情节之间存在紧密的因果联系吗？ 3. 情节和主旨之间存在由表及里的表现逻辑吗？ 4. 故事的叙事视角前后一致吗？如不一致，有衔接吗？	
内容	合理	1. 故事内容是否缺乏足够的专业知识，显得虚假不实？ 2. 故事内容是否符合基本的事实逻辑与情理逻辑，可以被大众接受？	
	有效	1. 情节、场景、人物、道具等故事元素有无凸显故事主旨？ 2. 把读者带入故事世界的叙事是否可靠？ 3. 故事结尾对问题和主题有效回应了吗？ 4. 人物转变的动机是否足够推动其行动改变？	
	充实	1. 圆形人物是否被塑造成了扁平人物？ 2. 人物心理困境和行动转变的原因是否不够充分？	
语言	准确	1. 语言能否准确地表现出人物特点、场景价值和主题思考？ 2. 人物的语言是否符合人物的身份特点？ 3. 标点符号和格式是否前后一致且运用规范？	
	形象	1. 故事是否诉诸感官描写，尽力避免"无力的抽象"？ 2. 形象刻画时是否有意识地运用了增强形象性的修辞手法？	
	动人	1. 文字所包含的情感是否真挚、深厚、饱满？ 2. 语言能否表现出事物、人物和情感的美好？	

同学们可以根据表内的变量，综合教师评价、同伴评价和自我评价给出更客观的结果。这一检查清单既可以作为修改之前的问题诊断，也可以作为修改之后的效果诊断。通过它，同学们可以获得两个方面的确定：

一是**定位**，通过各项评价标准，知道自己目前的实际写作水平。

二是**定向**，通过检测出的问题，确认自己修改的着力点。

对故事的检查和诊断，可以让大家暂时将自己的作品冷一冷，过一段时间从读者的立场去审读、评价自己的作品，获得的判断会更客观。

二、修改策略

修改没有固定的模式和方法，每个人的写作习惯、写作能力和思维方式迥异，修改的方法也就因人而异，因此需要对不同的故事予以系统和具体分析。较为有效的故事修改策略，有如下几种。

1. 记叙文修改的针对性

在很多时候，故事初稿的问题会关涉故事的观点、材料、结构和语言诸方面，在整体和局部上存在一定问题。这个时候最怕在修改中眉毛胡子一把抓，想在二稿中把所有的问题解决殆尽。这样的危害在于：一是忽略了故事是一个巧妙协调的整体，对局部问题的修改往往会牵一发而动全身，引发诸多问题，随后再一个个修改的话，会在多次修改后仍无期待的效果；二是修改的目的不仅仅是获得一个较为完美的故事，还要在修改的过程中注意写作中常见的弊病并习得相应的应对策略与方法，从而提高自己的写作能力。以此为目标，我们更推荐聚焦问题，通篇把握，一改一得的方式。

因此，提高修改质量的重要前提是端正修改文章的心态，不可操之过急。应针对性地着眼于一到两个关键问题，集中修改。对关键问题的确认应从两个方面按流程进行：从切题到思想再到表达，从整体到局部。所谓针对性，包括修改问题的针对性与修改策略的针对性。

> 【作文题目】
> 请以"这与我有关"为题，写一篇记叙文。
> 要求：主题积极健康；可以写现实生活，也可以虚构想象；有细节描写；语言得体；书写清晰。

先简要梳理题目的写作要求。首先，写作题目一共五个字，包含着两个叙事元素"这"与"我"的关系，即"有关"的关系。其次，"这"作为指示代词，提示写作者要回答清楚"什么"与我有关：可以是具体的人，也可以是具体的物，还可以是具体的事件行为。但无论如何，具体的人、事、物背后都一定有着与我相关的价值意义。再次，"我"作为第一人称代词，强调以积极主动的态度对待人和事、参与社会生活，强调主人翁意识、公民自主意识或危机感、责任感和担当精神等等。因此，"我"发出的行为不应该是缺乏利他精神的野蛮介入与干涉，而应强调人与外界保持互动互促的良好关系。

而且，"有关"在关联程度上的紧密性与价值意义上的重要性是直接对应的。"有关"可以是涉及、有关系、有关联或有深刻关联。那么，"这"对"我"的价值意义也相应地体现为有价值、有一定价值、有关键价值、有重要甚至重大的价值。

在故事讲述中，叙事不应仅仅停留在回答是什么样的关系的层面上，更应该通过叙事将这种关联的价值意义清楚充分地传达。换句话说，对于"这"与"我"为什么有这样紧密的关联的思考，一定程度上决定了故事的说服力和深刻性。我们来看下面这篇习作的修改过程。

【初稿】

这与我有关

　　阳台上的辣椒开花了，看着高兴，拍了一张照片发到 B 站动态，配文："花都开了，辣椒还会远吗？"慢慢地打完字，用力点了一下发送键——孙子经常吐槽我这点，但我还是改不过来。顺手翻了翻下面的消息，有个名字全是表情符号的小姑娘发了自己穿汉服的照片，那么好看，她也想试试；有个小伙子分享游戏，我玩了一下，不太能弄明白，看看就算了；还有各种生活分享、评论、动漫……她忍不住满意地咧开嘴：哈，这个年轻人的世界与我有关！

　　又翻回去，照片下面已经有了不少评论。"辣椒居然会开花，是我孤陋寡闻了……""奶奶种的辣椒比我老妈的好看！""奶奶考虑分享一下养花的经验吗？不用太长，几句话的视频就行！"我笑出了声，这些小家伙啊！于是回复了一条："种菜的老年生活暂时与你们无关，好好努力吧！"放下手机，觉得眼睛一阵酸胀，不禁叹了口气。毕竟 89 岁了，和年轻人就差在身体素质上，除此之外，我从不认为自己和他们有什么区别。

　　想到这，我又回忆起几个月前刚刚准备在 B 站当视频博主的时候。孙子极不支持，他皱着眉对我说："B 站是年轻人的世界，和您有什么关系？您不会懂，他们也不会接受您！"我不服气，因为我自认为一直没有落后于时代，使用智能手机甚至比我的儿子还熟练，对二次元这些新兴文化也挺感兴趣，和晚辈们都比较聊得来。年轻人的世界，难道就不允许一个和他们年龄差距较大的"老年轻"加入吗？

　　孙子说不过我，最后妥协，帮我投稿了第一个视频——我的自我介绍。其实上传视频之后，我是有点紧张的，怕他们真的把我排斥在外，说我与这里无关。家里人也劝我折腾一下就算了，这么大的年龄，有几个老家伙一起玩就不错了。可我认为年轻人的世界不就是老年人的世界吗？何必以年龄为界划分出几撮人，相互排斥呢？不过出乎意料的是，那个视频在一天时间有了几百万的播放量，大量私信发过来鼓励我："奶奶不老，奶奶也是'90后'！""年轻人的世界欢迎您！""欢迎回家！"我觉得，自己可以大声宣布：这个世界与我有关！

最新一期视频里，那位像"邻家奶奶"一样、满头银发的慈祥老人，对着镜头聊天似的笑着说道："如果我认了'老'这个字，估计连智能手机都不会用，更不用说尝试走进另一个年龄的群体了。但现在，我不就是个在年轻人的世界里混得如鱼得水的老家伙吗？不要墨守成规，不要畏惧尝试，打破常规的标签和认识，只要你愿意，世界上的一切美好，都与你有关！"

我们先根据前文提供的检查清单对这篇故事进行问题排查。可以发现，这篇故事主要在表4-3中的几项上表现不佳。仔细分析这些问题，发现它们之间是互相关联的，如果可以抓住其中的主要问题，就能连带着其他问题一并解决。

表4-3　　　　　　　　　　文章检测表

写作变量	干预项	问题排查	检查结果
命题	切题	故事是否表现了对命题写作任务的理解？	×
结构	有序	叙事视角无论是第一、第二还是第三人称，前后都一致吗？	×
内容	合理	故事内容是否符合基本的事实逻辑与情理逻辑，可以被大众接受？	×
内容	有效	情节、场景、人物、道具等故事元素有无凸显故事主旨？	×
语言	形象	故事是否诉诸感官描写，尽力避免"无力的抽象"？	×

这里的主要问题有二。一是故事以"奶奶"作为第一人称全知叙述视角。在此视角下，故事主要通过人物的心理独白和对话完成。因

此故事的表现力和形象性就会差一些。二是故事选择的道具是辣椒花，这个道具没有与人物的生命形成良性互动，彼此间是割裂的，自然也就没有实现凸显故事主旨的功能。

基于这两个问题给出如下修改意见：

一是建议改变人物视角，以青年作为观察者，以旁观者的限知视角来牵引情节流动，以年轻人的思想桎梏来反衬奶奶生活之活力美好与我相关的主人翁态度。

二是建议将辣椒花改为老树新发的植物，以其年岁已老、精神不老的特点象征奶奶的精神品质，增加故事的可读性和形象性。

【二稿】

这与我有关

阿桑觉得奶奶很奇怪，都89岁了，却天天捣鼓智能手机、B站这些年轻人的东西，着实让人看不明白。每次奶奶不亦乐乎地研究手机时，他都想问一句：这年轻人的世界，与您有关吗？

周末，阿桑被父母派去给奶奶送东西。他走在路上，又回忆起奶奶的种种不符合她画风的行为，心道现在像他这样的年轻人都常把"老年人"挂在嘴边，奶奶怎么就不能学习一下，消消停停过她的老年生活呢？这么胡乱想着，遥遥见到了奶奶那栋楼门口半死不活的玉兰树，衬着常年暗沉残损、露出砖块的墙壁，这一场景倒是很符合这个老年公寓的氛围。

转过院门，阿桑发现奶奶正站在玉兰树下，抬头举着手机。初春的阳光透过不甚密集的枝丫洒下来，奶奶眯着眼睛，梳得干净利索的银发与发旧但整洁的衣服都被镀上一层柔和的金色——若不是那个手机，还真是一幅美好的老年安乐图，阿桑默默道。奶奶拍完照，低头慢慢打字，然后用力点一下屏幕——他最看不惯的老年人标志性动作。就这，还想和年轻人扯上关系？阿桑撇撇嘴。

"奶奶！我来啦，您在干吗呀？"奶奶猛地转身，见到孙子，脸上的皱纹立刻被笑容挤得越发明显："我的阿桑来啦！你看，这棵玉兰树，前两年都说它要老死了，今年居然开花了。老树开花，会更大更香！"阿桑觉得奶奶嗓门太大，有些不耐烦地顺着她的手看过去。几枝似乎枯萎的枝上竟缀着朵朵白色的骨朵，好像在宣告自己的生命仍有活力。阿桑呆了一瞬，大概是太阳晃的吧，眼睛竟湿润了。

进屋，放下大包小包，看奶奶忙忙叨叨在厨房张罗。屋子有点暗，闻起来一股潮湿气，人也不免阴郁了。阿桑觉得奇怪，自己今天怎么多愁善感起来。他第一次想到奶奶平时就一个人住在这里。突然，手中被塞了一盘鸭脖子。"来来，坐下吃，专门给你卤的。"阿桑一屁股瘫坐在沙发上，沙发不堪重负地吱吱响。奶奶笑眯眯地看着他吃，突然说道："我知道你肯定会反对，但我还是要说服你帮我。我想在B站当up主，给年轻人讲讲我们这些老家伙的故事。"阿桑条件反射地张口道："不行！B站是年轻人的世界，您都老掉牙了，和我们有什么关系？"往常，奶奶对他这种论调笑着怼两句也就罢了，可今天，她尤其认真："怎么与你们无关？我们也年轻过，年轻人也会老呀，一代一代，故事是相通的嘛！"她顿了顿，又道："我哪点没跟上时代？老年人一样可以有年轻的劲头，你看那棵玉兰还能开花呢！"

阿桑发觉奶奶的双眼丝毫没有衰老的浑浊，清亮亮的甚至在自己的同龄人中都少见，发出带着温度的光芒，正像那晃了他眼睛的太阳，传递着生命的力量。奶奶在这片昏暗当中，自己做自己的光。他恍然，似乎整日把"丧"挂在嘴边的自己竟比奶奶还衰老。

"我帮您做。"

那期奶奶的自我介绍，在B站上获得上百万的播放量。阿桑看着无数"奶奶不老""年轻人的世界欢迎您"的弹幕从镜头前飞过，耳边又响起奶奶坚定的话："这与我有关！"他打下一行字：奶奶，只要您愿意，年轻人的世界就与您有关，一切美好也与您有关！

我们同样根据前文提供的检查清单排查这篇故事中的问题，可以发现这篇故事在情节流畅与形象塑造上修改得比较到位，这一稿主要在以下两方面还不够完美。

一是思想的浅见。对人、事、物的理解停留于表面原因，没有触及问题的本质。奶奶为什么想在 B 站当 up 主？除了小作者文中表现的内容外，更该展示出她并非一时兴起觉得有趣，而是希望与年轻人分享曾经的岁月，点出老人愿意接受新事物、新科技的积极心态。同时还可以补充这种精神风貌在时光中的秘密。

二是结尾的处理。结尾虽然对问题予以回应，但以直白的扣题方式处理，效果不佳。建议用情景交融的写法，明写景，暗抒情。玉兰树作为文章的物象，与奶奶的人物形象相对，以阿桑的加入来表现他的成长。

【三稿】

这与我有关

阿桑觉得奶奶很奇怪，89 岁的老人，眼神不好，手脚也没那么利索了，却天天捣鼓智能手机、B 站这些年轻人的东西，让人看着都觉得费劲。每次奶奶不亦乐乎地研究手机时，他都想问：何必呢奶奶，这年轻人的世界，与您有关吗？

周末，阿桑被父母派去给奶奶送东西。他走在路上，又回忆起奶奶的种种不符合她画风的行为，心道现在像他这样的年轻人都常把"老年人"挂在嘴边，奶奶怎么就不能学习一下，消消停停过她的老年生活呢？这么胡乱想着，遥遥见到了奶奶那栋楼门口半死不活的玉兰树，衬着常年暗沉残损、露出砖块的墙壁，这一场景倒是很符合这个老年住宅区的氛围。

　　转过院门，阿桑发现奶奶正站在玉兰树下，抬头举着手机。初春的阳光透过不甚密集的枝丫洒下来，奶奶眯着眼睛，梳得干净利索的银发与发旧但整洁的衣服都被镀上一层柔和的金色——真是一幅老年安乐图啊，只是那手机略煞风景了，阿桑默默道。奶奶拍完照，低头慢慢打字，然后用力点一下屏幕——用智能手机，她显然还有些吃力。那为什么还要这样努力地加入年轻人的世界呢？阿桑摇摇头。

　　"奶奶！我来啦，您在干吗呀？"奶奶猛地转身，见到阿桑，脸上的皱纹立刻被笑容挤得越发明显："我的阿桑来啦！你看，这棵玉兰树，前两年都说它要老死了，今年居然开花了。老树的劲头攒了那么久，花会更大更香！"阿桑顺着她的手看过去。几枝似乎枯萎的枝上竟缀着朵朵白色的骨朵，好像在宣告自己的生命仍有活力。他呆了一瞬，大概是太阳晃的吧，眼睛竟湿润了。

　　有一阵子没见阿桑，奶奶的话尤其多，东扯西拉，又回到了那棵玉兰树上。"这棵玉兰树呀，比你大好多呢！"奶奶眨眨眼，"原来这是一个老校区，我二十几岁来当老师，和同事一起种下的。后来赶上好些乱子，可大家都守着学校、守着学生，再难也没说不干了。它也和我们一起，守到学校拆迁，改建成职工楼。再搬进来的时候啊，看见它还在，真像是看见了我的老朋友，也想起来我们那时的精神头。"阿桑发觉奶奶的双眼，丝毫没有衰老的浑浊，清亮亮的甚至在自己的同龄人中都少见，发出带着温度的光芒，正像那晃了他眼睛的太阳。

　　他想说什么，但话哽在喉头。奶奶接着叹了口气："我多希望你们也能知道老家伙的故事啊，时代是变了，但这股劲从来不会过时！"停了一会儿，她突然抬起头，下定决心一般："我琢磨很久了，你大概会反对，但我想在B站当up主，把这些人这些事讲给年轻人。哪怕是你们的世界,也需要当年的精神!"阿桑愣住了。他从未感受到,奶奶的世界与年轻人的世界有这般紧密的关联。

"我帮您,奶奶。"

第一期视频叫《见证历史的不老玉兰》。结尾处,镜头顺着老树并不粗壮的树干向上"爬",可以看到皲裂的树皮、刀劈斧凿甚至火烧的伤痕,老树宛如一节枯木;忽然间镜头扬起,洁白绽放得满眼皆是。画面切换,一张老照片,几个青年在盛放的玉兰树下,然后,出现了正在给树拍照的奶奶。她转过身,挥着智能手机向镜头笑了。

2. 记叙文修改的关联性

在高三备考过程中,记叙文写作训练实际是长过程、多任务的模式。只进行单个写作活动的问题修改,不对其进行关联分析,将很难发现写作上的障碍,导致同一问题反复"发作"。

因此,在阶段训练中建立修改记录的档案,并对关联式问题进行归纳研究,是治愈写作"顽疾"、发挥修改工作最大价值的关键策略。使用这种系统性策略可以让我们明晰故事写作上的"疑难杂症",找准目标,方能集中攻关。坚持下去,可以使故事写作能力得到持续提升。

在这里推荐学习格拉斯和斯特劳斯在1967年提出的"扎根理论",将其应用到修改任务的系统性分析上。其主要操作过程如下:

问题归档→关联分析→确定病症→确定对策

(1) 问题归档(数据收集)。

这一阶段属于修改过程的积累阶段。通过积累一定量的写作练习,将记叙文写作与修改过程中的问题整合梳理,聚焦关键部分,然后有针对性地解决问题。表4-4展示的是一位同学在一个学段内的记叙文写作问题整理。

表 4-4　　　　　　　　写作问题的阶段梳理

作文题	关键问题
一条信息	38分（二类中） 1. 主旨肤浅。饲养员所写的讣告传达出的信息不够引人深思，对人与动物的关系缺乏更深入的思考 2. 详略失当。故事更多的篇幅花在交代发出"一条信息"之前的情节也就是獐子去世带来的悲伤之上，且没有在这一情节中挖掘出发讣告的深层动机。
我醒了	33分（二类下） 1. 扣题不到位。故事处理成了我获得了新的体悟，没有铺垫我思想和行动的"沉睡"之处，以对应"醒"。 2. 详略失当。故事前半部分花费大量笔墨去介绍救援队工作，与写作任务的关联度不够，显得赘余。
在线	42分（一类下） 详略失当。故事希望用主人公"线下"的生活和心理活动去填补叙事逻辑，丰满人物形象。但比例有些过重，影响了"在线"的篇幅比重。
发现另一个我	40分（二类上） 叙事逻辑。"发现另一个我"的叙事理由不够合理，主人公面对的是一个旷日持久缠绕于青春期的问题，因为一次跑步中的遇见就得以化解，显得不够有说服力。
我的世界也很美丽	38分（二类中） 1. 叙事逻辑。表哥对美丽的表述和理解有些片面，导致我因此得出的感悟不够合理。 2. 详略失当。故事花费了较多的笔墨描绘表哥的世界之美丽，但对我的世界之美丽的描绘是不够的，无法凸显"很"的价值程度。

（2）关联分析（数据处理）。

在对一个阶段内写作过程中出现的问题归档后，我们可以整合分析出现的问题，发掘诸多写作问题之间是否具有相似性与关联性，从而在阶段性修改中聚焦高频问题。从表 4-5 可知，某位同学在五次记叙文写作训练中高频出现了"详略不当"的写作问题，同时在写作任务与素材化用存在变化的情况下，始终没有很好地解决情节详略的统筹问题。

表 4-5　　　　　　　　某同学关联问题举例

作文题	关键问题	关联问题
一条信息	同表 4-4	详略失当
我醒了		
在线		
发现另一个我		
我的世界也很美丽		

（3）确定病症（数据处理）。

针对总结出的高频问题，回到写作过程中复盘，寻找造成问题的原因并予以分析。这便要求我们在具体操作中，尽量悬置过去的成见，将写作过程按照其本身的真实情况予以分析。这样下来，才能做到对故事整体上的把握，细节上的知悉，进而发现过往疏忽之处。对写作病症的诊断，可以通过与老师交流，共同完成，如表 4-6 所示。

表 4-6　　　　　　　　关联问题的原因分析

作文题	关键问题	关联问题及关联原因
一条信息	同表 4-4	关联问题：详略失当 关联原因： 题目审读：没有审读出题目中要求重点表现的写作要求。 故事构思：作文提纲（构思阶段）缺乏对故事篇幅的分配。 素材化用：存在因喜欢素材中某个人物或某个情节而肆意发挥的情况。 叙事剪辑：故事习惯直叙，没有充分发挥时序剪辑对文章详略的调节作用。
我醒了		
在线		
发现另一个我		
我的世界也很美丽		

（4）确定对策（理论构建）。

针对关联问题与产生问题的原因，通过老师的帮助获取解决问题的修改方法，并为之设计相匹配的修改计划，落实修改的进程和效果，如表 4-7 所示。

表 4-7　　　　　　　　关联问题的修改策略

作文题	关键问题	关联问题及关联原因	老师建议
一条信息	同表 4-4	同表 4-6	
我醒了			
在线			
发现另一个我			
我的世界也很美丽			
1. 有针对性地做审题和构思训练，在提纲构思中落实情节的详略分配。2. 补充叙事链条的剪辑类技法，重点关注倒叙、插叙与重叙三种策略的使用，对原有记叙文进行针对性策略修改。3. 以素材主题为原点，关联性整理其情节与人物，激活并补充不够完善的情节与人物。4. 以两周为一个阶段完成这一修改计划，并形成单独的写作档案。			

以上方法都强调在系统性搜集写作案例和写作问题的基础上，将资料不断浓缩，得出针对性修改方案。这可以帮助我们在写作能力的升格过程中，集中问题、厘清修改步骤，从而保证在写作过程中对写作真实问题的关注和客观分析。

3. 记叙文修改的模型参照

写作修改升格中，要充分重视语言模型的选择与参照。莫言强调，对于一个初学写作的人来讲，模仿不是耻辱，而是一个捷径，或者说是一个窍门。莫言为什么说模仿是一个窍门呢？同学们写作的根本任务是填补"现有经验"与"写作任务所需经验"之间的裂隙。

写作任务所需经验，可通过老师的教授与自己的读写活动来获得，此外，模仿是一种最便捷的方法。同样在记叙文的修改过程中，面对超出自己能力的修改任务，我们可以通过填补经典作品"现有经验"与"写作任务所需经验"之间裂隙的方法，直接参照与转化，大幅提高写作和修改的效率与层次。

模型参照功能主要分为两种。一是用于对比，为查找和诊断自己在相同写作任务中的问题提供参考；二是用于类比，学习和借鉴，运用到自己的写作修改和升格上。更多的时候，这两种功能是合二为一的。

（1）修改借鉴一。

【例文】

不一样的生命姿态

那是一场实战训练的记录。起伏的山地，河流与树林，全副武装的战士……镜头切换，我突然听到熟悉的声音："他们靠近了，快，河对面！"几个军人蹚着河冲向对岸，浪溅起满身泥泞。一个身影微微回头，画面在我眼中瞬间静止下来——真的是妈妈！她脸上抹着油彩沾着泥，那双眼却尤其明亮。

（姿态的定格描写，焦点放在眼睛上，凸显出人物内在的精神！）

响亮果决的呼喊没来由地让我想起妈妈唤我时轻柔的声音，声音中同样有触动心弦的深情，一个作为军人，一个作为母亲。镜头在心里一遍遍回放，她踏着水花远去的矫健身姿与那抹军绿，在紧促的画面中竟是别样的美。四散的水雾映着太阳，晃得我眼眶湿了。

没有见过实战中的她,我竟从未意识到,妈妈也是一名战士啊!

每当她执行任务归来,推开家门时,衣服总沾着泥土、散发出汗水的气息,身上总多了几处疤痕,面颊总留下山林荒野间风云雨雪的印记,日益粗粝。(姿态的对比,以凸显军人的不易,丰满了人物精神形象。)我暗暗皱眉,叹她不懂爱惜自己的美;她却毫不在乎地露出臂膀,新添的伤疤微微泛光。突然,我看见了这一切背后那个穿行在中印边境、面对枪炮毫无惧色的她。所有的粗粝,原来都是记录着奉献的军功章。

当回过神来时,演讲已经要结束了。

"或许你们觉得女同志训练好苦,觉得我很了不起。并不是这样的,在每个当兵的人心里,穿上军装,就是一个样,就是保家卫国的中国军人!"台上的妈妈凝视着前方,"啪"地敬了个军礼,光线勾勒出她笔挺的身姿,下巴扬起一个坚定的弧度,目光闪亮,一如战斗中的模样,英姿飒爽。

(话语辅助人物姿态的塑造,一系列动态动作中,强化了母亲果敢飒爽的形象特征。)

"你妈妈太帅了,跟别的妈妈完全不一样!"同学捅捅我。

我怔怔地望着妈妈。她正抱着一捧玫瑰,含笑向我走来。血色的花朵娇艳动人,温柔地映衬着一个铁骨铮铮的军人,一个脉脉含情的母亲。

(以花喻人,母亲正如这绽放的玫瑰的姿态,兼具柔美与锋芒,这正是女军人的姿态。)

"不一样,也一样的。"我轻轻说。

在完成《不一样的生命姿态》的写作时,学生在人物形象的塑造上不能较好地实现对"姿态"的刻画和塑造。为此,我特意挑选了在人物姿态塑造上成功的片段进行对照分析,来说明学生作品与学习对象之间的具体差距与修改方向,如表4-8所示。

表 4-8　　　　　经典文本作为写作修改模型的借鉴示例

优秀模型	对照—不足	借鉴—修改
犁田的老牛或许已经深感疲倦，它低头伫立在那里，<u>后面赤裸着脊背扶犁的老人</u>，对老牛的消极态度似乎不满，我听到他嗓音响亮地对牛说道："做牛耕田，做狗看家，做和尚化缘，做鸡报晓，做女人织布，哪只牛不耕田？这可是自古就有的道理，走呀，走呀。"疲倦的老牛听到老人的吆喝后，仿佛知错般地抬起了头，拉着犁往前走去。 我看到老人的脊背和牛背一样黝黑，<u>两个进入垂暮的生命将那块古板的田地耕得哗哗翻动，犹如水面上掀起的波浪</u>。随后，我听到老人粗哑却令人感动的嗓音，<u>他唱起了旧日的歌谣，先是咿呀啦呀唱出长长的引子，接着出现两句歌词——皇帝招我做女婿，路远迢迢我不去</u>。①	老人"赤裸着脊背""脊背和牛背一样黝黑"的外在形态写出其生活艰苦；"扶犁""嗓音响亮""田地耕得哗哗翻动"的动作，则展现出他积极的生命态度；老人对牛说的话和唱的歌，传达出他对现状的安然接受甚至乐在其中。一段描写，将老人的外貌和他拥抱生活的坚韧品质、乐观态度一并展现出来。	1."姿态"描写，应当能够从外在姿态的描写中体现出内在的精神品质，即真正意义上的"生命姿态"。 2."姿态"描写，可以辅以环境背景的衬托和话语歌声的映衬。 3.姿态既包含着定格下的静态形态描写，也包含镜头移动下的动态行动状写。 4.对于"姿态"的描写，用比喻、象征和拟人的修辞手法更具形象感染力。
车夫听了这老女人的话，却毫不踌躇，仍然搀着伊的臂膊，便<u>一步一步的向前走</u>。我有些诧异，忙看前面，是一所巡警分驻所，大风之后，外面也不见人。这车夫扶着那老女人，便正是向那大门走去。<u>我这时突然感到一种异样的感觉，觉得他满身灰尘的后影，刹时高大了，而且愈走愈大，须仰视才见</u>。②	车夫"一步一步的向前走"的外在姿态，对应着他走向责任、走向人心之善的内在品质；"大风之后，外面也不见人"的环境描写，在作为<u>人物的背景时</u>，似乎暗喻着如今的社会风气之下能以真挚善良的态度对待他人之人已经所剩无几。更由内而外地衬托出人物不平凡的姿态。"满身灰尘的后影"写出其普通甚至低贱的身份，在加入主观感受后，由实入虚——从外在样貌到内在精神品质。	

① 余华．活着．北京：十月文艺出版社，2017：6.
② 鲁迅．呐喊．天津：天津人民出版社，2016：48.

在高中阶段，常见的记叙文语言模型的素材有名家作品、同学范文与自己作品三种，其各有优劣，同学们可根据修改需要有辨别地"拿来"，如表4-9所示。

表4-9　　　　　　　　各模型优劣一览表

模型来源	优点	不足
名家作品	取法于经典 获取修改的"最优解"	参照仿写要求较高
同学范文	见其"贤"思齐 见其"不贤"内自省	写作质量需要甄别
自己作品	匹配写作基础 容易化用迁移	形式内容易趋同

（2）修改借鉴二。

【例文一】

"伤心完还要向前看啊！"他憨笑着，"当泥瓦匠就是想把这块地建得漂亮嘛，出来做工，看着那些我建起来的高楼、大桥，也算圆了梦！最近正巧政府要给山里修什么……脱贫致富路，总算能回报养活我的土地了，这辈子算值得！"凝望着大山深处，他立得直直的，脚似深扎进了土地，坚实有力。

我突然落到地上，心中形成一幅画面：一条路蜿蜿蜒蜒从群山间挤过来，向更难走的地方进发；正中央是他叉开双脚站在路上。他沾着土的背影与两侧崎岖到"猿猱欲度愁攀援"的山同高，左手挂着铁铲，右臂上举，袖口几乎拂过碧空成团的白云——像撑住这片天地的盘古，像永远矗立在这块土地上的大山。

左手握着笔落在画布上那一刻，我发觉自己的笔触如此有力。

——修改文《结实地活在这块土地上》

【例文二】

那小子执黑，我能看到他怎样一气呵成地下完他的六手，像是瀑布般飞泻而下，白子东一招、西一招地被水牵着走。

我毕竟棋艺有限，于是把位置留给了年轻人。独自起身咂摸那十二步的味道。仿佛看见了我那小子一马当先、锐不可当地冲撞那千里金城，抱着即使身死也要在城墙上留下血迹的决心，才摆一个招式就让众人全看出来了。

——好一个亮相。

——考场文《亮相》

（3）记叙文修改的模型参照注意事项。

在记叙文修改的模型参照中，要注意以下几点。

①根据能力基础选择够得着的记叙文模型。

模型选择的关键就是要挑选自己能吃得透的文章。一些名家作品虽让人折服，但修改者因写作基础不够扎实而不善提取，造成"画虎不成反类犬"的情况；一些同学的习作虽给人耳目一新的惊喜，但与修改者的写作风格与思路有较大差异而不便化用，造成"四不像"的局面。究其原因，写作任务情境、记叙文篇幅、讲述腔调风格等因素干扰了模型吸收与借鉴的效果。这些因素是同学们在选择参照模型时需要审慎考量的。

②根据修改任务参考相匹配的记叙文模型。

对记叙文模型的参考可以是语言、内容、结构与技巧等方面的，也可以从开头、结尾、高潮、转折等部分入手。无论如何，参考借鉴要依据修改任务展开，并且带着获得写作支架的目的去参照和学习记叙文模型，才会有积极效果。例如，某位同学在修改记叙文结尾时，希望自己的结尾可以改善说理式结尾的干涩抽象，达成形象而富有意蕴的效果，我便推荐了李修文所写散文《枪挑紫金冠》的结尾部分：

唯有闭上眼睛。闭上眼之后，却又分明看见一个真实的名将花云正在怒发冲冠，正在策马狂奔。我若是他，定要穿越河山，带兵入城，闯进剧院，来到没有畏惧的人中间，一枪挑落他们头顶的紫金冠，再对他们说：这世上，除了声光电，还有三样东西——它们是爱、戒律和怕。①

尽管全文不贴合记叙文的特征，但散文的结尾是可以被记叙文写作模仿学习的。在故事的结尾，作者想象真实的花云一路赶来，用挑落紫金冠的方式教训这些对戏剧艺术缺乏敬畏的人，不但丰富了文章内容，而且在观点态度的表达上化抽象为具体，想象的内容遂变得形象、细致，最后能使读者感受到花云的果敢英武、威风凛凛、怒气冲冲，大大增强了文章的可读性。在行文的腔调和情绪上，语言化平淡为激烈，使作者对缺乏敬畏、胡乱改编者的愤怒之情表达得更加酣畅淋漓，增加了艺术感染力。这样的结尾不仅形象，而且态度鲜明意蕴深刻。我们可以从中提取出关键要素，对其做出内容和形式上的分析，进而完成修改借鉴，见表 4 - 10。

表 4 - 10　　　　　　　　　写作模型借鉴示范

模仿要件	《枪挑紫金冠》结尾	效果
场景元素	代表主题思想一方的角色（戏剧角色） 代表被批判一方的角色（没有畏惧的人） 枪（批判和谴责的态度） 紫金冠（戏剧戒律）	冲突的张力 情感的感染力
场景功能	以形象的画面表达作者（人物）的态度、观点和情感	表达形象生动
场景手法	画面想象，元素象征	想象细致富有寓意
场景语言	短句为主，动词引领	节奏带来激烈情绪

---

① 李修文. 山河袈裟. 长沙：湖南文艺出版社，2017：13.

4. 记叙文修改的适度性

在记叙文的修改实践中，要留意过犹不及、欲改反谬、求工而拙的情况，因为这种情况不多加留意，会浪费大把时间，记叙文反而越改越糟。正如郑板桥在《词钞自序》中所谈："为文须千斟万酌以求一是，再三更改，无伤也。然改而善者十之七，改而谬者亦十之三。乖隔晦拙，反走入荆棘丛中去。"因此，记叙文修改实践活动应处理好以下三组关系，以避免以上情况。

（1）局部与整体。

在记叙文的修改过程中，须警惕不立足于记叙文整体而顾及全篇，只着眼于局部的修改倾向。究其原因，记叙文、散文和小说作品的主旨是由许多情节与细节、段落和字词来体现的。换言之，情节、细节、场景与道具等局部元素为主题和情感服务，整体和局部自然应分个孰轻孰重。记叙文的修改应当用整体的眼光和系统的观点，从主题思想和人物整体形象出发，从大处着手。同时又应以它们为归宿，兼顾局部修改的联动效应和对整体的影响。如此，对局部的优化才能达到最佳的整体效果。例如在《阿Q正传》里："他走近柜台，从腰间伸出手来，满把是银的和铜的，在柜上一扔说，'现钱！打酒来！'"[①]鲁迅把"满把是钱"这一局部细节改为"银的和铜的"，不仅是为了表达的形象和生动，更是为了凸显阿Q腰间有了几文钱之后踌躇满志的精神状态，以刻画主人公为目的。有主有次地处理下来，才能将叙事做得花团锦簇！

（2）内容与形式。

同理，记叙文的修改要把功夫下在内容的优化上，一味在形式与

[①] 鲁迅．呐喊．天津：天津人民出版社，2016：98．

语言上下功夫，最后可能导致以辞害意的情况。实际上，记叙文中的许多问题，虽出现在结构与语言等表面问题上，实际却是思想和内容所致。对思想聚焦的话题审读不准确，导致素材的化用旁逸斜出、缺乏向心力；思想的贫乏陈旧导致描写的空洞无物、艰涩凝滞；思想的杂乱带来情节结构的紊乱，无法形成有效的叙事逻辑；等等。故记叙文的修改应当注重故事的深刻与鲜活，然后再追求形式上的完美与灵活。

（3）自然与雕琢。

记叙文修改，追求改得自然。康德在《判断力批判》中说道："美的艺术，在它同时好像是自然时，它是一种艺术。"这句话启示我们，修改的最终目的不是展示在过程中做过的诸多雕琢，而是达成一种浑然天成的效果。修改的效果受修改的经验积累和写作基础的影响，由于体验的有限性、认识的局限性和表达上的困难，即便一改再改，也可能出现意不称物、文不达意、机械做作、损坏原貌的情况。这个时候，不妨对修改工作做一下"冷处理"，放置一段时间，有灵感后再行修改。

第五讲　高考北京卷记叙类作文题的命题趋势与导向研究

2015年，高考北京卷大作文首次采用"二选一"，记叙文写作单独命题进入高考。2015年至今，记叙文题目一直呈现出新面貌，而其承载的思想性和学科性始终是稳定的。总体说来，命题很好地处理了主导性与主体性的统一，坚持了价值性与文体性的统一，协调了规范性与开放性的关系，探究了基于新课标的考查方式的转变，体现出常中有新的面貌。加强对高考北京卷记叙类作文题的追溯与分析，对一线教师把握命题导向、指导写作教学有着重要意义。

一、强调"此在"

想象、虚构是文学地审美地感悟人生的重要途径。北京卷记叙文题目不乏对学生展望未来价值和运用想象为文的持续倡导。如2015年的"假如我与心中的英雄生活一天"一题，以"假如"二字明示了故事展开的虚构性，要求学生打破时空限制，发挥想象编写故事；2016年的"神奇的书签"，以"神奇"二字明示了道具设计的奇妙性，要求学生突破限制，展示奇妙想象；2017年的"共和国，我为你拍照"，以"2049年"这一时间节点明示了故事发生的时间背景，要求学生怀抱热爱完成展望和期许；2018年的"绿水青山图"，仍然倡导学生发挥想象，用未来图景展示人与自然和谐共处的关系。

以上年份的试题，既体现出北京地区命题启智立德的教育使命，即重视对学生关注未来、心怀梦想、勇于创造的价值引导；也体现出对文学想象力的重视，因为文学作品不像现实世界可以独立于人的意识而存在，它必须依赖作者的意向性想象和读者的想象力补充才能存在并展现自身。关注对想象力的考查，实际是对创作"文学性"的尊重，其对学生形象思维、艺术素养的养成具有重要导向价值。

2019年始，北京卷记叙文题目及写作要求有所调整。在倡导文学想象力的同时，写作要求中还有"思想健康，内容充实"。叙事创作强调思想健康、内容充实，这是对文学想象力激发与培养的强调与匡正。想象不是越大胆越好、越离奇越好。文学想象表现的是内心世界的真，未来眺望立足的是现实世界的真。教学及命题期待学生写出合理、丰富、奇特的故事，而在实际写作中却出现了畸形、空洞、离奇的作品。补充"思想健康，内容充实"，实际是以考引教，督促一线教学在培养文学写作的想象力的同时，关注叙事的合理性。文学理论家刘勰早就以"随物宛转"来强调文学主观创造和客观世界规律的依存关系。从叙事创作来说，人的主观创造必须符合事物内在的"势"，即客观事物内在的规律性。这要求创作者在创作中呈现自己的文学张力思维时，不能因主观愿望而改变客观事物的内在规律性。由此可见，想象的奇特必须要与事物内在的规律相结合。对未来价值的眺望必须基于对于现实存在的体察，才可做出令人信服的未来想象。只有在故事创造中充分尊重客观事物的内在之势，才能恰到好处地表现符合被刻画对象之特点的发展可能，防止想象中的主观随意性。

写作要求的变化亦体现于题目的变化（见表5-1）。比较2019年和2017年高考记叙文题目可以发现，命题均关注中华民族伟大复兴和青年个体主观能动性：2017年要求考生想象"共和国将迎来百年华诞"的2049年，2019年则要求基于当年是中华人民共和国成立七十周年和五四运动一百周年做出判断；2017年引导学生展望国家美好前景以增强个人认同感,2019年则要求关注对国家历史进程的追溯及对当前面貌的体察以增强个人认同感。可以说北京卷命题针对文学创造进行了多向度的探索:不仅有对于美好未来的张力想象,也有扎根于现实情境的主观创造。

表 5 - 1　　近年高考北京卷记叙文题目及写作要求一览

年份	文题	写作要求
2015	假如我与心中的英雄生活一天	自选一位中华英雄,展开想象,叙述你和他(她)在一起的故事,写出英雄人物的风貌和你的情感。
2016	神奇的书签	展开想象;表现爱读书、读好书的主题;有细节,有描写。
2017	共和国,我为你拍照	想象合理,有叙述,有描写;可以写宏大的画面,也可以写小的场景,以小见大。
2018	绿水青山图	立意积极向上,叙事符合逻辑;时间、地点、人物、叙事人称自定;有细节,有描写。
2019	2019 的色彩	思想健康,内容充实,感情真挚,运用记叙、描写和抒情等多种表达方式。
2020	一条信息	思想健康;内容充实,有细节描写;语言流畅,书写清晰。
2021	这,才是成熟的模样	思想健康;内容充实,有细节描写;语言流畅,书写清晰。
2022	在线	思想健康;内容合理、充实,有细节描写;语言流畅,书写清晰。

上述变化与《普通高中课程方案和语文等学科课程标准(2017年版)》的发布亦有关联。语文新课程标准于2018年秋季开始执行,其"评价建议"在2019年高考中即有回应与落实。"评价建议"中提出,命题应以**情境任务**作为试题主要载体,让学生在**个人体验、社会生活和学科认知**等特定情境中完成不同学习任务,以呈现学生语文素养的多样化表现。在"社会生活情境"中,课程标准明确指向"校内外具

体的社会生活，强调学生在具体生活场域中开展的语文实践活动"，在写作板块主要指向写作立意中对当下社会的审视与思考。2019 年之后的记叙文题目，无论是对 2019 年这一特殊年份的价值展现，还是对当下信息交互与线上交互的辩证思考，抑或是对学生个体成长的直面发问，都表现出对当下生活和生命的观照与建设，这也是对语文新课程标准评价要求的重视与落实。

二、强调"我在"

写作活动是言语思维活动，语言既是思维的外壳及其表达途径，也构成了思维的边界。从记叙文体所反映的言语和思维特质来看，记叙文试题应给予考生明晰的写作边界（见表 5-2），以帮助其投入自己熟悉的生活或见闻，把故事写得真诚扎实。纵览 2015—2022 年北京卷记叙文题目，可看出其紧密关联时代宏大主题与个体生命经验。

表 5-2　　近年高考北京卷记叙文题目写作话题及边界

年份	题目	写作话题	写作边界
2015	假如我与心中的英雄生活一天	我的英雄观	时间限制：一天 场景限制：日常生活
2016	神奇的书签	我的读书观	道具限制：书签
2017	共和国，我为你拍照	我的国家认同感	场景限制：照片描写 时间限制：2049 年
2018	绿水青山图	我的自然观	场景限制：绿水青山
2019	2019 的色彩	我的国家认同感 我的青年观	时间限制：2019 年
2020	一条信息	我的信息交互观	道具限制：一条信息
2021	这，才是成熟的模样	我的成长观	描写限制：状貌描写 叙事限制：情节对比
2022	在线	我的虚拟世界观	情境限制：网络云端

一方面，北京卷的作文命题在写作主题上紧扣时代主旋律和教育主命题，体现出庄严与高远；而在写作任务上力求缩小学生写作的边界，体现出明确与集中。2015年要求考生塑造自己心中英雄的日常来表达自己的英雄观，2016年要求考生用小小道具书签去表达自己的读书观，2017年要求考生从为共和国拍照的事件中抒发自己的国家认同感，2018年要求考生串联绿水青山场景展现自己的自然观，2019年要求考生以一种色彩来表达自己的国家认同感与青年观，2020年要求考生以一条信息来表达自己的信息交互观，2021年要求考生直面成长表达对青年成长观的独特认知，2022年要求考生走进与其朝夕相伴的在线生活表达对于虚拟世界观的思考。写作的边界小了，写作的内容集中了，边界的明晰促发学生在这个点上往下钻探，有望在宏大的主题中写出一种"灵魂的深""情感的真"，这是因为情感和思考有了一个根据地。

另一方面，写作任务的边界缩小不是任意为之的，而是始终是从考生的真实生活出发的。无论是与学生息息相关的生活"道具"（一条信息、一枚书签），还是学生所处的"环境"（共和国、绿水青山、在线），抑或是学生耳闻目睹的"时间"（一天、2019年），可以说，激发学生情感和思考的根据地始终都是"我在"的根据地。正因为有"我"可以参与故事的时间、环境、道具等等，写就的故事才具备鲜活的生命力和生动的细节。

以2020年北京卷作文题目"一条信息"为例，题目没有任意扩大信息时代的写作范畴，而是聚焦于与学生个体密切联系的小道具"一条信息"之上，考生通过构思关于这条信息编制、发送、接受甚至误解、篡改、滞后等的故事，寻找小道具自身的特点，不断进行叙事背后的追问：如何借信息之风乘风破浪，如何在信息茧房中保持独立，又如何在信息丛林中学会鉴别，从中学会体察、辨别与反思，学会辨别真伪、保持自主,从而获得对于信息时代信息交互观的认知,有物可依,有法可循。

更深入来讲,从"我"之视角出发去观照时代热点、勘探心灵世界、谱写生命旋律,是一种"有我在"到"我在"的主人翁意识的彰显。从2019年开始,现实生活与真实情境不再是考生讲故事的附庸,而成为故事不可脱离的土壤。高中语文新课程标准要求命题者应通过创设真实情境任务为学生开展言语叙事实践构筑展示空间,让学生直面与其生活息息相关的真实情境,从中表现自己的写作素养。其中,"个人体验情境"指向写作构思中的个人视角、个人感悟、个人创意等。这是对同一道试题富于个性化的自我构建。

以2022年北京卷作文题目"在线"为例,命题为考生提供了社会生活环境,导语"网络时代、疫情期间,很多活动转向'线上',你一定有不少关于'在线'的经历、见闻和感受",就是将考生在网络时代、疫情期间的线上生活与学习作为写作的具体情境,引导考生在特定的生活场域中完成对于"在线"的个性化、辩证性思考。这样的情境对于考生来说更为真实、贴近现实、自然,让考生有事可写、有话可说,可以更好地完成个体与时代、国家的生命价值联结。同时,考生通过回顾自身经历,可再次发现在线生活积极美好的一面,从中获取能量,昂扬向前;可直面其中灰色、不和谐的一面,从中反思纠偏,亦可获取经验,重获信心与活力。无论故事如何成长,其中都有"我在"的主人翁意识流淌,真实情境的背后蕴含着对真实问题的剖析,呼吁着对真实问题的解决,期待着真诚思考的叙事。

三、强调"文质兼在"

提及记叙文,我们愿意将其与感性思维、形象思维关联,强调二者作为文体特征的一致性,故事的肌理、气息、节奏、腔调无一不受到这两种思维的规训。而卡尔维诺在《未来千年文学备忘录》中谈到"缺乏认识能力和相关性的形象表现之弊端"时指出:"然而,这些形象被剥去了内在的必要性,不能够使每一种形象成为一种形式,一种内容,不能受到注意,不能成为某种意义的来源。"① 在卡尔维诺看来,缺乏认识能力的形象缺乏一种确指,很有可能是散乱无序、漫不经心的。反映在学生的作文中,由于认识能力和逻辑思维的丧失,故事写作很容易表现为随意下笔、散乱行文、混杂形象,带来的危害是冲淡了故事的意义,削弱了形象表现的锋芒。由此可见,形象创造需要意义的节制和逻辑的调度。

文以载道,故事理应承载意义,自觉承担使命。故事的使命首先是完成对于一种生命情状的观察、确认,继而对其进行叙述、描写与塑造,最终完成对人性的钻探、时代的拷问、思想的开掘。从文学作品的创作过程来看,作者的主体意识指向外部世界,对材料进行选择、组织、加工和改造,赋予这些材料形式、秩序和意义,使之成为内在统一的系统,并用语言将其固定下来,这其实是一个由"意"到"象"再至"言"的过程。从阅读者的接受机制来看,故事能给人以强烈的审美感受和情感冲击,其根本在于故事所包含的那种"形而上的性质",即故事应该具备解释生命和存在的深层意义,揭示出生存本身所包含的隐蔽价值,这种价值是被包含在形象的语言文字中的。

从创作与阅读的双重角度来看,记叙文的写作素养既包含展现在材料、情节、形象、细节中的形象思维,更蕴含体现在价值追求、情理逻辑、生活常识与主旨胸襟中的逻辑思维。纵观高考北京卷记叙文

---

① 卡尔维诺. 未来千年文学备忘录. 杨德友,译. 沈阳:辽宁教育出版社,1997:41.

题目的命制导向与阅卷标准，我们可以充分感受到形象思维与逻辑思维的双重呼应。

更明显的是，北京在高考记叙文评阅中除了保持对考生叙事能力和语言表达能力的一贯重视，对考生思考认知水平的要求亦在逐年提升。近年真题的写作要求持续明示（见表 5-3）：记叙文呈现应保证内容充实，有细节描写。回应在评阅标准上，有情节有细节是记叙文评分细则中跳不过去的"关口"。情节要有曲折，细节要有看点，形象要丰满，情感要真挚，这四点成为记叙文文学表现力及形象感性思维呈现的重要标准。但同时命题或显或隐地展现出对命题立意的思考挖掘，那典型人物的性格逻辑，那暗藏于题目中的情理逻辑，那基于现实的生活常识，都会对由情节、细节和形象所建构的故事容器带来挑战。如果叙事逻辑性、主旨深刻性、材料可信度、情感真实性受到读者的质疑，故事容器的严密和容量便会被破坏。

表 5-3　　近年高考北京卷记叙文题目写作要求剖析

题目	形象元素	体现形象思维的写作要求	命题中隐含的叙事逻辑要求
假如我与心中的英雄生活一天	一天、英雄	自选一位中华英雄，展开想象，叙述你和他（她）在一起的故事，写出英雄人物的风貌和你的情感。	心中的英雄——相处事件能够表现心中英雄之"神"。
神奇的书签	书签	展开想象；表现爱读书、读好书的主题；有**细节**，有**描写**。	书签——道具推动认知成长。
共和国，我为你拍照	照片	想象合理，有**叙述**，有**描写**；可以写宏大的画面，也可以写小的场景，以小见大。	我为你——场景呈现与国家复兴的契合。

续表

题目	形象元素	体现形象思维的写作要求	命题中隐含的叙事逻辑要求
绿水青山图	图	立意积极向上，叙事符合逻辑；时间、地点、人物、叙事人称自定；**有细节，有描写。**	绿水青山——场景呈现与生态认知的契合。
2019的色彩	色彩	思想健康，**内容充实**，感情真挚，运用**记叙、描写**和抒情等多种表达方式。	的——事件意义与色彩含义的契合。
一条信息	信息	思想健康；**内容充实，有细节描写**；语言流畅，书写清晰。	引发、影响、令、使——小道具推动了认知成长。
这，才是成熟的模样	模样	思想健康；**内容充实，有细节描写**；语言流畅，书写清晰。	才——模样对比引发的认知成长。
在线	在线	思想健康；**内容合理、充实，有细节描写**；语言流畅，书写清晰。	在——人物亲身参与带来的认知。

高考北京卷记叙文体写作单独命题，是颇具创造力且有担当精神的。记叙文与学生的阅读实际、生活实际、创意需求相关，对于这一文体的重视即对于学生真实生活与真实需求的重视，对于想象力和创造力培养的重视，对于培养学生全面而深入地理解生命、认识自我、陶冶情志的重视。那扎根于学生个性化生命体验和时代国家丰厚土壤中的生动故事，正成长得更为真诚、结实且有开掘力。

第六讲　日常生活　惊心动魄

——2015年高考北京卷作文解析

> **【2015年高考北京卷作文题】**
>
> 在中华民族发展的历史长河中,从古至今有无数英雄人物:岳飞、林则徐、邓世昌、赵一曼、张自忠、黄继光、邓稼先……他们为了祖国,为了正义,不畏艰险,不怕牺牲;他们也不乏儿女情长,有普通人一样的对美好生活的眷恋。中华英雄令人钦敬,是一代又一代华夏儿女的榜样。
>
> 请以"假如我与心中的英雄生活一天"为题,写一篇记叙文。
>
> 要求:自选一位中华英雄,展开想象,叙述你和他(她)在一起的故事,写出英雄人物的风貌和你的情感。将题目抄写在答题卡上。

一、审题指导

从命题导向来看,本题意在引导学生确立正确的英雄观,弘扬英雄精神,具有很强的时代色彩与现实意义。从题目表述来看,"与心中的英雄生活一天"的故事应遵守的写作法则有:英雄形象应充分考量英雄的典型性和作者个性解读的平衡,叙事主时间线应在一天内完成,叙事内容应以生活的情节和场景为主。

1. "假如"——叙事手法

"假如"赋予了故事虚构的基础，要求我们要展开想象，编织故事。

假设的前提是什么呢？是"我"与"英雄"本处于不同时空，怎么会一起生活一天呢？因此便要假设我与英雄处于同一时空，成为彼此的陪伴者。或是我到英雄那里去，到英雄生活的场域中成为一个与历史相遇的角色；或是英雄到我这里来，参与到我所生活的场域中成为一个与当下碰撞的角色。

无论如何，想象的灵动要以叙事的合理为依托，方显写作的用心与匠心。如若我到英雄那里去，情节和场景要符合英雄所处时空的历史和生命真实情况，不挑战历史真实；如若英雄到我这里来，英雄与当下时代社会相遇所产生的态度与行动，也应不与英雄的典型特征南辕北辙。

2. "我"——叙述视角

"我"的身份植入要合理与巧妙。

作为叙述视角的"我"要与心中的英雄朝夕相处一整日，那么我的身份构思要合理自然，能够自然参与英雄整日的活动。秘诀在于写作者要做出有效的判断：在英雄所处的境遇中，哪一种角色可以与"我"近距离相处，可以发生互动关联？因此，"我"既是情节发展的"参演"角色，也是审视旁观的"摄像"角色；"我"既可以作为交流陪伴者，也可以作为被影响者。

3. "心中的英雄"——主要形象

要善于从材料导引语中挖掘主题词的限制和提示。

"在中华民族发展的历史长河中，从古至今有无数英雄人物：岳飞、林则徐、邓世昌、赵一曼、张自忠、黄继光、邓稼先……"这一部分提示语给出了古今中华的各行业英雄，提示我们"英雄"应是**真实存在**的**中华**英雄。这里隐含着英雄的合理性标准，他生存的历史背景、他被人熟知的整体风貌、能展现他精神的事件应使得读者信服，使其确认你笔下的英雄是那位真实存在的英雄。

"他们为了祖国，为了正义，不畏艰险，不怕牺牲；他们也不乏儿女情长，有普通人一样的对美好生活的眷恋。"这一句将英雄的特质一并明示：一方面是其典型价值，即为了事业、为了公众或民族、国家利益克服困难，勇于攀登，敢于牺牲；另一方面是作为普通人有着对美好生活眷恋的共通特性。"中华英雄令人钦敬，是一代又一代华夏儿女的榜样。"最后一句提示我们关于"心中"的定义应强调英雄对我们的榜样示范和价值引领作用。

4. "生活一天"——事件选择与剪裁

"生活一天"要求写作者要精心选择和剪裁事件。

英雄一生的日子何其多，随意选择一天即可吗？从事件与人物的关系来看，这一天应是能够帮助"我"实现对英雄精神品质的认知成长的关键一天。当然，普通的一天也有不平凡的光彩，这全在你的笔力调度。如果这一天是当下的一天，也应是英雄与当下生活中的难题相遇的一天，以凸显英雄精神在当下的价值。

一天不能是一时一刻，也不能经年累月，故事的主体时间是一天，要用关键的时间节点来明示。需要注意的是，一天不是要求将一天中的每时每刻都记录下来，写成流水账式的日记，要以凸显英雄价值为中心完成叙事剪裁。同时，应以凸显英雄价值为目的进行对过去故事的回顾，以建构叙事因果与丰满形象。具体评分细则如表 6-1 所示。

表 6-1　　　　　　　　　　　评分细则

等级 标准	一类文	二类文	三类文	四类文
合题	是中华英雄且符合题目中对于英雄概念的界定。 故事主线设置在一天内展开。 讲述的是你和他（她）在一起的故事。	是中华英雄且基本符合题目中对于英雄概念的界定。 故事主体在一天内展开。 基本讲述了你和他（她）的故事。	不符合题目对英雄概念的界定。故事主体在一天之外展开。	文体不合，故事中无英雄。
立意	对英雄人物的价值体认深入。 从英雄那里汲取价值对"我"产生影响。	有英雄观，能表达出对于英雄的价值性的思考。	缺乏对于英雄价值的思考。	
叙事	想象丰富巧妙。 一天发生的事件选择与组织有匠心，叙事巧妙。	想象合理，与历史生活真实和英雄典型特征不违背。 能够在一天中完成"我"对心中英雄的形象展示。	想象不合理。故事无法展示对心中英雄的理解。	
描写	能够通过生动形象的细节刻画血肉丰满的英雄人物。	能够通过具体的细节描写展现英雄人物的光彩。	无细节。	
情感	与英雄人物产生思想、情感上的共鸣，情感真挚。	情感真诚。	情感空洞造作。	

二、主题启发

黑格尔在《美学》第一卷中说："人格的伟大和刚强只有借矛盾的对立和刚强才能衡量出来，心灵从这矛盾中挣扎出来，才使得自己回到统一；环境的冲突相互愈多，愈艰巨，矛盾的破坏力愈大而心灵仍坚持自己的性格，也就愈显示出主体性格的深厚与坚强。"从这段话中，我们可以获取不少本篇写作的提示，最明显的建议在于，同学们要善于抓取英雄人物矛盾冲突的对立面，这一矛盾或是环境，或是内心，或是他者，只要有矛盾冲突，所选择的那一天就会有精神的激荡与洗涤。

对"心中的英雄"的理解是决定故事深刻性的关键。

1. 何为"英雄"？

何为"英雄"？著名的《伯罗奔尼撒战争史》对英雄的完美与卓越做了经典的解释：

> 这些人之所以会赢得这一切，是由于他们的勇敢精神，他们的责任感，他们在行动中有一种强烈的荣誉感；你们也一定会意识到在一项冒险事业中，任何个人的失败都不会使他们觉得城邦使他们丧失勇气，他们反而会尽可能地把他们最光荣的东西奉献出来。他们无一例外地把生命奉献出来，这使他们都获得了永世长青的声誉。

但英雄亦凡人。他们是普通人，也会遭遇人所固有的坎坷，也会存有人性人情的矛盾挣扎，但英雄意志恰恰在此凝聚为崇高，给人以鼓舞之力量。从这个角度说，我们的故事不仅不应回避英雄亦凡人的一面，而且应以真实平凡的一面去凸显惊心动魄的一面。而英雄恰恰以其两面唤起我们自己灵魂深处的相似与不足，进而获得一种崇高而庄重的感情，激发我们从对英雄的个人悲歌的感叹化为对人生、对整个人类的思索。

2. 为何要书写"心中的英雄"？

"我与心中的英雄"关键在"我"。"我"既是一个独立的个体，也是群体中的一员，更是时代的微小缩影。如果个体有个体的谜题与彷徨，那么个体就必然呼唤自我的"灯塔"去拨开云雾，照亮前路；如果一个群体有一个群体的困境与挣扎，那么一个群体也必然呼唤这个群体的"掌舵人"去摆渡人们走向彼岸；如果一个时代有一个时代的矛盾和苦难，那么一个时代就必然有一个时代的"领路者"去披荆斩棘，开辟前路。选择并书写自己心中的英雄，不仅是不对学习英雄和敬仰英雄设限，呼唤并丰富英雄的群像；更是让英雄照进生命，走进当下，生成实在而具体的意义。

更重要的是，让英雄在日常生活中出场并赋予其生动面貌，使其成为活生生的具有世俗化秉性的人物。正是把他们的英雄品格与人的七情六欲结合在一起，才突出了这些英雄的真实性。我们不能也不会因为他们没有拥有全部的真善美而改变自己敬慕的心情，相反正因为他们具有人性的种种弱点而更可亲可敬。从这个角度而言，真实而饱满的英雄更易给普通人敬仰与学习的可能。

英雄总会将其自信、夺目的高光时刻留给大众，但当大众目睹的是面临压力、恐惧、伤病以及孤独的低谷期的英雄时，大众一定不会平静。林松果《东京不见叶诗文》的人物报道就是在这样的时刻，刻画着这样的英雄的，作者通过叙述叶诗文这位英雄错失重要的机会，来启迪读者：如何面对从高空到低谷的滑落？正如叶诗文所说"我的人生才刚刚开始"，或许英雄赠予我们的财富就是即便是在低谷，他们也同样可敬。

这个故事还有续集：在2024年的夏天，叶诗文出现在了巴黎奥运会的赛场上，她的人生才刚刚开始。从"我要去那高处"到"那高处我去过"，再到"我要再度去那高处"，她用了12年。而这次，林松果在《巴黎又见叶诗文》中解释这一奥义，如史铁生在《我的梦想》中所说的：

他知道奥林匹斯山上的神火为何而燃烧，那不是为了一个人把另一个人战败，而是为了有机会向诸神炫耀人类的不屈，命定的局限尽可永在，不屈的挑战却不可须臾或缺。①

英雄是因为书写者的心意和情谊才成了英雄：

12年后，奥运会又一次回到欧洲（叶诗文成名在伦敦奥运会），28岁的叶诗文也再一次重返奥运。这一次，她独自上场，走进巴黎的拉德芳斯体育馆，站上这座欧洲最大体育馆的出发台，等待那声久违的出发指令，然后纵身跃入水中。

3. 为何要写共同"生活一天"的英雄？

书写生命长河里的一天中的英雄，就是将英雄拉回一种日常意义中，本质上就是在寻找理想生命的真实呈现。尽管我们对英雄的理解与想象不尽相同，但每个人都渴望成为英雄，都期冀在有限的生命中营造最具有生机的灵魂图景，使自己的人生踏入崇高的殿堂。在这个意义上，书写与心中的英雄生活一天，就是寻找一种拯救具体情境中自己或更广泛群体生活困境的力量和方式，寻找一种与自我相关的生命的重量和人格的高度。

书写与"我"共同生活一天的英雄，实际就是通过一个寻常但又特殊的日子，去展现常人的世俗性与超人的独特性相统一的丰厚形象。在叙事上，就是既要通过普通一天的寻常时刻写出他们身上所具有的普遍且普通的生命情状，又要通过这一天中特殊的那个时刻所发生的事件突出他们精神内核的伟大性。更期待考生将英雄的这两种面貌形成叙事上的铺垫、抑扬、对比等关系，甚至让考生心中的人物在一天的

---

① 史铁生. 我的梦想. 北京：中国青年出版社，2013：163.

经历中认识到自己的弱点，同时用更大的优点来弥补它、改变它，写出成长和突变中的英雄人物，使人物性格从扁平走向圆形。

在鲁迅的小说《奔月》中，作者没有将时间节点放置在后羿射日这一天，而是着力去写他处于落魄境地的家庭日常中的一天，我们的英雄就像他的牲口一样，"垂着头，一步一顿"地走进了我们的视野，这已经是雾霭重重的晚饭时刻。

后羿外出狩猎的收获很不理想，他身上的英雄主义、浪漫主义神光在柴米油盐的冲击下慢慢褪去了；而我们美好的嫦娥，面对"乌老鸦的炸酱面"，不再是温柔美丽的神女，变成极其自私又刻薄的小市民。但他们不相爱吗？后羿每天早出晚归的动力是嫦娥。

就是这样再普通不过的日常生活，让他们的形象和感情走向了溃败。从这个角度看，普通的一天又不普通，是英雄末路的一天，是英雄败于世俗的一天，是自身战斗精神平庸化的一天。这当然是鲁迅认真择取后的结果。小说最后，嫦娥偷服了仙药，飞上月宫，这一主动积极的选择反而激发了后羿的英雄气概。

> 他一手拈弓，一手捏着三枝箭，都搭上去，拉了一个满弓，正对着月亮。身子是岩石一般挺立着，眼光直射，闪闪如岩下电，须发开张飘动，像黑色火，这一瞬息，使人仿佛想见他当年射日的雄姿。
>
> 飕的一声，——只一声，已经连发了三枝箭，刚发便搭，一搭又发，眼睛不及看清那手法，耳朵也不及分别那声音。本来对面是虽然受了三枝箭，应该都聚在一处的，因为箭箭相衔，不差丝发。但他为必中起见，这时却将手微微一动，使箭到时分成三点，有三个伤。
>
> 使女们发一声喊，大家都看见月亮只一抖，以为要掉下来

了，——但却还是安然地悬着，发出和悦的更大的光辉，似乎毫无伤损。

"呔!"羿仰天大喝一声，看了片刻；然而月亮不理他。他前进三步，月亮便退了三步；他退三步，月亮却又照数前进了。

他们都默着，各人看各人的脸。

羿懒懒地将射日弓靠在堂门上，走进屋里去。使女们也一齐跟着他。

"唉，"羿坐下，叹一口气，"那么，你们的太太就永远一个人快乐了。她竟忍心撇了我独自飞升？莫非看得我老起来了？但她上月还说：并不算老，若以老人自居，是思想的堕落。"

"这一定不是的。"女乙说，"有人说老爷还是一个战士。"

"有时看去简直好像艺术家。"女辛说。

"放屁！——不过乌老鸦的炸酱面确也不好吃，难怪她忍不住……。"

"那豹皮褥子脱毛的地方，我去剪一点靠墙的脚上的皮来补一补罢，怪不好看的。"女辛就往房里走。

"且慢，"羿说着，想了一想，"那倒不忙。我实在饿极了，还是赶快去做一盘辣子鸡，烙五斤饼来，给我吃了好睡觉。明天再去找那道士要一服仙药，吃了追上去罢。女庚，你去吩咐王升，叫他量四升白豆喂马！"①

看，后羿还是要步嫦娥后尘去了。英雄落入凡尘怎么办？要解决填饱肚子的问题，还要解决恋人远离的问题，战士与恋人、理想与现实、权利与责任的种种矛盾就在这自嘲而又苦涩的最后一段话中交代了出来。

---

① 鲁迅.奔月//鲁迅全集：第二卷.北京：人民文学出版社，2005：380-381.

三、范文解读

【例文一】

假如我与心中的英雄生活一天

我很荣幸能和他度过一天，和这个平凡又普通的农民，和这个真正伟大的英雄。

进入了秋天，又进入了收获的季节。我伸头探进简陋的实验室，果然没人。这个时候，袁隆平教授肯定在田里。我带上一壶清凉的井水，走在小道上。炎热席卷了麦田，仍不肯放过秋天。

我站在田边，远远地望见金灿灿的麦田里站着十几个稻草人，袁教授在一片金黄中缓慢移动。我放下水壶，看着那个小黑点隐没在土地里。我竟不敢上前，这里仿佛是专属于他的圣土，心里不禁有一丝愧疚。即使做一天他的学生，袁教授也只让我在实验室好好待着，他瘦弱的身形，干黄的皮肤，看起来就是一个地地道道的庄稼汉。可在我心里又觉得，他本就该是这样。

我就这样蹲坐在田垄边，说是一天，但当日头落下的时候，恍若未觉。整片土地都蒸腾着热气，我站起来寻找袁教授，看着这个觉得像他，那边那个也像，忽然发现原来他给稻草人披上了自己的衣服。我望着这片土地，感觉一束光从舌尖窜到心口，涩涩的，让我说不出话来。我大喊一声袁教授的名字，看着他从土地里缓缓走出来，戴着个草帽，像父亲一样的形象，却顶着英雄的光环。

他大口大口喝着井水，这几十年的艰难仿佛也被一同咽下了肚。可我知道。唯有洒落田间的汗水湿透了土地，滋润了人们的心。

我跟在他身后，似乎他永远留给我的都是一个深沉的背影。他唤我"小张"，并没有给我讲些科学道理，像个父亲一般关心我的生活，讲起干农活时眉飞色舞。我感受到了一个普通农民对粮食最真挚的热爱,一个英雄对人民最深切的关怀。

路过田边的稻草人,我深深地对他鞠躬。这是我的父亲,这是最平凡的英雄,这是我人生中最贴近黄土地的一天。

农民这个词,在我心中是英雄一般的存在。而袁隆平教授,是他们中最普通的一员,却也是最伟大的一员。他用父亲的身份哺育人民,用科学家的无私树立起英雄的丰碑。我很荣幸,一生中有这么一天,认识这位农民,认识这名父亲。

点评:本文重点关注英雄形象的匠心设计。文中反复出现的是朴实"如父亲"一样的袁隆平:他戴个草帽,像父亲一样;他给稻草人穿上自己的衣服,像个真正的农民一样爱着自己的土地。在作者笔下,一个高深的科学家被还原成了一位朴实的农民。恰恰是农民的精神面貌,养活着农民这个群体,不可不说其巧妙。

【例文二】

假如我与心中的英雄生活一天

"嘿!醒醒,醒醒,吃饭啦!"

我费力地睁开双眼,周围却不是我的房间了。"莫非穿越了?"我置身于陌生的环境。

"嘿,别发呆了,再晚点儿又要吃不上饭了。老子还要把身体吃得壮壮的,回村讨个漂亮女娃成亲呢。嘿嘿……"

"呃……"我费力地转过头看说话的人,一下子呆住了,"邱少云?!"

我惊讶地叫出他的名字。

"干啥子!"

"没……没事。"我惊喜中又带着失望回答他。邱少云曾是我童年的偶像,他忍受烈焰焚烧,牺牲自己,保全了集体的胜利。

可问题是，眼前这个又黑又瘦还略带些粗糙气质的家伙怎么可能是我的偶像啊！除了脸以外，我找不到任何一点他与课本上那个邱少云的相似之处。"没事就快点！"与他身体相反的是他声音的粗犷。

"好……好的。"说罢，我下了床。他也跳下了床。

"这……这是我们的饭?!"我看着一锅青菜炖青草失声叫道。

"嗯……"邱少云挖了挖鼻孔说道，"想骂就骂吧，可别让班长听见。"

对于肉食者的我来说，这饭实在难吃，于是我把这饭让给了他——为了他强壮身体的梦想。

我惊奇地发现，他居然以他的巨胃吃了他自身体积二分之一的食物。接着，我们就开始了艰苦的训练。不得不说，这位我心中的英雄还是蛮不错的，常规性的练习结束之后，他居然发现了一个班长看不见的死角，拉着我聊起天来。

"你说，以后在咱娃儿眼里，咱是个啥子样儿哦？"

"什么时候了，你还想这个？"

"咋不想，不想这个当兵做啥子哟？打仗，为的就是让大家安安心心地成家生娃，我也要生……"

"好是好，但这样的生活……"我望着蓝蓝的天，心中默默为某件事担心。

下午到了，菜里多了肉，我却高兴不起来，因为这代表了某个信息。

果然，班长告诉我们，今晚准备进攻。

我悄悄地拉住邱少云说："少云啊，你要记住，大我小我都是我，你还有老婆要娶呢！"

他又挖了挖鼻孔，也不知道他听没听进去。

晚上。

我们静静地趴在干草下面，等待着出击。我精力相当充沛，少云把下午的肉都给了我。他说他吃不了——这个家伙骗人时都不忘把口水擦净。

"砰！"我知道是燃烧弹，在附近炸了，不，是在我旁边邱少云的位置炸了。

火舌肆虐，我甚至听到他嘴角咬出血的声音。

"我早就说过……"我低声冲他喊道。

"我不知道你是谁，但我知道我是谁！"他发出沉闷的低吼。这吼声让我收起了想拉他过来的手，同时收起的，还有对他的轻视。

就像一块燃烧的木炭，他变成了灰。我眼睁睁地看着。

他死了，我们胜利了，我愤怒得只想杀光眼前所有的敌人。

那个盼着讨老婆生娃的小个子，此刻变成了一捧圣洁的灰。

下雨了，越下越大。我醒了，在自己的房间里。

桌上的课本还打开着，上面有他的画像和他的名字。

他，又成了我的偶像。只是这一次，我感觉他就在我身旁。

点评：本文重点关注"一天"的叙事之功。作者没有直接进入邱少云在战场上英勇表现的时刻叙写，而是在战场上的英雄时刻之前添加了战斗前的日常生活时段。这既让人物形象因反差而鲜明饱满，又在情节的张力与突转间表现了自己对邱少云这一英雄的合理构想。英雄不是驾着五彩祥云来的神仙，而是双脚踏在泥土和荆棘中的平凡人；英雄的理想不是星空之上的，可以是讨老婆生娃的实际愿望。这样的思考离不开对"一天"的事件的精心组织。

第七讲　笔架有幸沾窗雨，书签也亦映隙曛

——2016年高考北京卷作文解析

【2016年高考北京卷作文题】

书签，与书相伴，形式多样。设想你有这样一枚神奇的书签：它能与你交流，还能助你实现读书的愿望……你与它之间会发生什么故事呢？

请展开想象，以"**神奇的书签**"为题，写一篇记叙文。

要求：表现爱读书、读好书的主题；有细节，有描写。

一、审题指导

当神奇的主角不再是人而是一枚书签时，写作者就应以观察者、思考者、使用者、推广者的身份，从书签的视角和立场来构思故事，以思考如何更好地展现书籍的命运。从构思到写作的旅程如此奇特：我们观察一枚书签过去（已然）、现在（正在）的状况，想象一枚书签曾经的故事或未来的命运，挖掘一枚书签神奇的功能与价值。

由此思考如下问题：书籍应该被如何对待？书籍有没有更大的价值和应用空间？阅读应以何种健康积极的方式进行方能有助于滋养心灵？通过思考这些问题，我们会发现书签的神奇功能：诞生于经典书籍对生存现状、时代精神风貌的"彷徨"与"呐喊"。

考生要以笔写下生动而有价值的故事，为窗外大千世界中的书籍命运代言，借小小的书签反映时代精神的"光与影"，此所谓"笔架有幸沾窗雨，书签也亦映隙曛"。

1. 何为"书签"？

在生活中，"书签"是贴在线装书书皮上的写着或印着书名的纸或绢，也指为标记阅读到何处而夹在书里的薄片。其特征在于小巧、轻便与多样，其功能在于与书相伴、方便读书。在题目中，写作对象"书签"还拥有神奇的功能，赋予写作者想象空间，表达命题人的期待。

毋庸置疑，无论你的书签有何神奇之处，书签都应是故事不可或缺的主角，必须要在主要情节发展和主旨凸显中起作用。同时，书签虽然是名义上的主角，但真正要表现的是读书的故事，也就是说书签不可以喧宾夺主，故作神奇，脱离方便读书的功能。

2. 何来"神奇"？

学习任务：请同学们围绕"神奇"二字思考讨论如下问题。

神奇之一：书签本无生命、无意识，如何实现与你交流？

神奇之二：书签助读作用人人皆知，神奇功能又在何处？

神奇之三：材料中的省略号有何种玄机，蕴藏何种神奇？

题目对于神奇的解释是"它能与你交流，还能助你实现读书的愿望"。前一点指向书签神奇之功能，助力故事的情节构思；后一点指向书签神奇之价值，同时暗示读书的意愿和基础。要注意"助"解为"促使"更妥当，这是因为神奇的功能带来的可以是帮助，还可以是阻碍，二者均可促使使用者改变，达成读书的愿望。

书签形式多样，有何奇特，奇特在何处？ 书签本是死物，命题说要让其活起来，并与人展开交流，本就是奇特的，书签由此有了情感，有了自己的思考，有了态度与价值观念，从而与读者交流。因此我们的主人公应在故事中借语言、心理甚至动作表达自己的情感、态度、观点。

书签与人交流的主要方式是阅读，其助读形式与作用人人皆知，何来神奇？ 神奇的反义词是寻常、平常、普通，这就需要我们写出书签被使用、书籍被阅读过程中的"例外"状况、"非常态"状况、"不应该"状况，由此激发读者的"非常态"的阅读感受，触发对书籍阅读、使用的深入思考。所谓"故情之所美者，则谓为神妙奇特"。

二、主题启发

对主题"爱读书、读好书"的深入理解是让书签的故事有深度的关键。每个认真生活的人，每个对意义和价值有所思考的人，他们的精神成长与人格塑造都离不开阅读；而一个在坚守中开拓、在回望中前行的民族，它的兴盛，则有赖于无数澄澈、睿智的个体，有赖于这些个体借助阅读而养成的饱满、健硕的精神与气质。因而，国家民族之兴盛，离不开个体精神之完善；而个体精神之完善，又离不开对古往今来的文化精髓的充分汲取。由此看来，我们今天郑重其事地倡导阅读，借书签之神奇去思考，特具正本清源以寄之长远的意义。

我们由此题再次聚焦阅读，关注点早已不应局限于阅读渠道之宽窄、体量之多寡。信息化时代早已将人类的阅读从内容和形式等诸多方面改写，易变之巨，令人目不暇接，甚至到了令人目盲耳聋的程度，由此出现的纷繁复杂的现状应是故事聚焦之处。

思考

请围绕"读书"主题，联系你的阅读经历和身边的现象，思考并归纳当下阅读之"怪"现状（见图 7-1）。

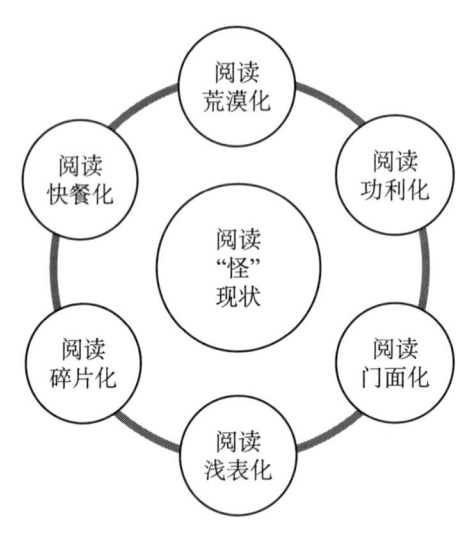

图 7-1 当下阅读之"怪"现状

（中心：阅读"怪"现状；周围：阅读荒漠化、阅读功利化、阅读门面化、阅读浅表化、阅读碎片化、阅读快餐化）

（1）阅读荒漠化、浅表化。

当下社会的浮躁心态与快节奏，对于立竿见影的物质效果追求，欠发达地区公共图书资源的短缺，带来了"阅读荒漠化"。与之相关，电子世界提供的声色光影，比抽象的书籍直白得多。而当下很多书籍逐渐为"趣味"而来，舍思想文化传播而去。阅读的旅程不需要人们耗费心思便可获取结果，那种享受"眼球运动""拇指运动"所带来的快乐的浅表阅读应运而生，随之而来的是人们不再习惯于追求让思想和情感在线性纵深的文字阅读中碰撞、沉淀。

（2）阅读碎片化、快餐化。

信息时代带来的海量信息，现代工业引发的机械环境的暴力，时间被切割为不完整的碎片，让文本篇幅短小、阅读时空随意的"碎片化阅读"成为现代阅读的主要方式。与此同时，即时化、压缩式、被动性的快餐式阅读也被摆上了"餐桌"，微信阅读、经典缩略本、一分钟快阅等方式，因沉浸式阅读比例小、一次性阅读概率高，填充了我们的闲暇阅读时间，读者从而陷入信息迷失、阅读低效、时间消磨的阅读怪圈。

（3）阅读功利化、门面化。

阅读本应该是一件自然而然的事情，而在唯实唯利的思潮影响下，读书目的向"应试化"与"门面化"靠拢，功利化阅读倾向甚嚣尘上，拒斥"小说"读物、选取"说教"书籍宣誓并争取站位的"柯林斯"们，刻意选择艰深乏味的书籍作为自我彰显工具的"玛丽"们，通过装腔作势的阅读来吸引他者的"宾利小姐"们……在功利化阅读的浸染下，经典书籍那本应带来智慧指引与灵魂抚慰的功效与人们渐行渐远。

读书之怪现状带给我们一份共同的困惑：我们究竟应该读什么？怎么读？这是故事进行必须要想明白、写清楚的关键之处，是书签神奇要着力回应的地方。这两问看似是专属于现代人的"疑难杂症"，但古人早已为我们预备下了答案。朱熹有言："大抵今人读书，务广而不求精。是以刻苦者迫切而无从容之乐，平易者泛滥而无精约之功。两者之病虽殊，然其所以受病之源，则一而已。"

凡读书之人，若少了从容之乐、精约之功，说到底还是失之"泛滥"，不知求精求深。在今天的语境下，于林林总总之中去繁取精，由浅入深，得其始要而又能见其枝叶，则非阅读经典不可。同时，现代教育的普及与发展，新兴技术带来的阅读渠道与方式的拓展与革新，也为更多的当代中国人接近经典铺就了更为宽广的道路。因此，只要眼光端正、取法得当，经典阅读大可以随着时代的日新月异而发扬光大，而不至于沦为所谓的鸡肋。

三、范文解读

【例文一】

神奇的书签

人大附中2018届毕业生　赵溧

我十六岁生日那天，我的朋友甲拎着一个大黑袋子来到我面前，一脸神秘地对我说这是送我的生日礼物。

拆开袋子后呈现在我眼前的，是许多由纸叠成的被称为"书"的东西。那是我第一次亲手摸到真正的纸质书。在高度电子化和人工智能化的22世纪，我只在21世纪的电影里看到过它们。

他见我一脸茫然，得意地说："你没见过吧，这些都是上个世纪的书。用手翻过一页页纸张比点击冰冷的屏幕有趣多了。"他又拿出一张透明卡片，说："这个也送给你，是我特意买的，它叫书签，看到哪一页就把它夹在哪一页，据说可以帮助从未读过纸质书的人阅读。"

对他表示感谢后，我回到家，立刻开始研究这一大包书和那个书签。我拿起这张被称为"书签"的透明卡片，举到眼前端详。这个透明卡片几乎没有重量，却又拥有着坚硬的质地，其中一角上有一家科技公司的商标，说明了它是一块人工智能的屏幕。与我另一只手上笨重的纸书相比，这书签是个典型的22世纪产品。

（书签之神奇：巧设时代背景，让主人公不知书签为何物的认知基础变得合理。）

当我把书签贴到那本书的封面上时，神奇的事发生了。书签的边框立刻亮起了蓝光，中间显示出两行文字：

《瓦尔登湖》［美］亨利·戴维·梭罗

1854年著 2012年印刷

这时我才注意到书封面上的那几个奇怪的英文单词，发现它们就是一两百年前使用的英语。科技与社会飞速发展使得语言发生了翻天覆地的变化，即使在如今的22世纪人类的脑中已存储了许多门语言，阅读古英语、古汉语，我们还是要依靠人工智能。我把书签贴近不认识的单词，它就显示出了单词以及整句的翻译。在这个"神奇的书签"的帮助下，我读完了这本书。"对自然与宁静的向往"，二百年前的人的这种想法，有点令人费解。

（书签之神奇：先谈书签助力我的阅读，符合主人公的认知基础，促发主人公继续使用。）

"神奇的书签"在我之后的阅读中，展现出它强大的功能。它不仅能翻译古外语，还能给我解释一些陌生的概念，比如"冰山一角"这个比喻，或者"钞票"这个早就消亡的东西。它似乎能与我的内心产生感应，读书时我脑中一旦出现疑问，"神奇的书签"上就立即有所显示。但我发现，有时它显得"过于热情"了。在我读欧·亨利的《麦琪的礼物》时，刚刚读完开头，它就显示出"德拉卖掉了长发换钱为吉姆买了表链，而吉姆卖掉了怀表为德拉买了把精美的梳子，小说赞美了旧社会里生活条件艰苦的中下层人民纯真美好的爱情"。

我很不满，朝它吼道："你告诉我这么多，我看书还有什么意思！"它果真会感应，显示了"帮助你是我应该做的"。我抬起头，望着天花板，无奈地叹气，这张神奇的书签虽然是当代科技的产物，但它能使我充分地感受读纸书的好，同时也是它，正在使我丧失这份乐趣。

真是两难的境地。

（书签之神奇：在谈书签阻碍我阅读、让我丧失阅读的乐趣的过程中，显现出故事的主题：科技赋能阅读的利与弊。）

低下头看了看未读的书，只剩为数不多的几本。我决定暂且不放弃神奇的书签，借助它看完余下的书。《发达资本主义时代的抒情诗人》是最后一本书。

"本雅明注视着这个嘈杂的商品物质世界，一起对急剧变化的社会现实发出'震惊'的慨叹。"

这是神奇的书签上显示的简介。看到它不是小说或故事，不用担心被"剧透"，我松了一口气。但神奇的书签之后的表现似乎并不正常。读到前言中"现代城市与科技发展使人与人之间变得越来越冷漠"时，书签一反常态，没有为我解释"发展"，却显示出了这样两句话："科技发展是人类社会中必然发生的，就像人类需要人工智能一样。"

文字以粗体显示，平常的蓝光也变成了紫黑色，似乎有愤怒的意思。我不理睬它，继续翻看下去。书签竟开始强烈地震动，发出报警声，"这些观点是错误的，请立刻放下这本书"几个大字闪烁在书签上。我很烦躁，把它扔到了一边，它却没有停止吵闹。我只好再拿起它，想要把它关闭。令我震惊的是，它开始迅速变热、发烫，我急忙松手，它掉落在书上，书的纸张开始被烫得冒黑烟。我一把抓起书，冲向水管并打开水龙头，让水柱瞬间熄灭了一切。

（书签之神奇：书籍的内容与书签的功能产生悖论，促发书签的反驳，神奇在这一刻被诠释成荒谬。同时也借助书籍之口，促发了主人公与读者的反思。）

关掉水龙头，趴在池子边，我急促地喘着气，回想几秒前发生的事情，不敢相信，也心有余悸。定下神后，我回到房间，书签也已恢复了平静。我决定再也不碰那个神奇的书签了。

几天后，那本书晒干了。封面上被烫掉一大块，"抒情诗人"消失了，只剩了"发达资本主义时代"几个字。所幸其余部分没有受到太大损坏。

我继续阅读，摆脱神奇的书签。

"煤气灯亮起来了。司灯人穿过拱门街挤满建筑物的通道和夜游症的人群，把幽暗隐晦的街灯点亮。玻璃顶、大理石地面的通道，豪华的商品陈列、赌场、玻璃橱窗……人群的面孔幽灵般显现，他们焦灼、茫然、彼此雷同，拥挤得连梦幻都没有了间隙。"

离开了神奇的书签，这段话我无论如何也看不明白了。

（书签之毁灭：书签虽然损坏了，但却凸显出作者鲜明的态度。在丰盈人类精神世界的阅读中，科技可以成为助力，但绝不能替代读者。）

【例文二】

神奇的书签

人大附中 2018 届毕业生　刘宇轩

它现在就在我的书桌上。

它的外表很是素雅。三寸见方，略带纹理，表面没有任何的花纹与图饰。倘若你如此便觉得它是一枚普通的书签，那，便大错特错了。

（书签之普通：制造悬念，与下文的神奇之处形成对比，凸显出书签功能之神奇，观看书签如同在阅读人类。）

它是有生命的。

（神奇之一：赋予无生命之物以生命。）

要说到我是如何得到它的，这还得从上周说起。自我介绍一下，我是一名普通的中学生。让大家见笑了，平日没什么特殊的爱好，只有在闲暇的时候看看书。书也不是什么大部头的著作，看些武侠玄幻之类的打发时间，也便是如此了。这不是，上周刚一放学，我便涌入校门口那不大不小的书店，挑了一本新书，在公交车上津津有味地阅读了起来。

甫一打开，一张纸条就掉在地上，引起了我的注意。它一从书中翻滚到地上，便自己蜷缩起来，苍白的表面写满虚弱。捡起它的瞬间，脑海中忽有些许微光拂过——仿佛它在对我诉说什么。我赶忙将它夹进书中。"也许是这几天没睡好吧。"我自言自语道。

（神奇之二：爱读书的灵魂才会与有生命的书签相遇汇合。）

回到家中，当我又一次打开那本小说时，它又主动跳了出来——而且它居然主动向我开口了。

书签竟是有生命的吗？

"我是书签，"只见它缓缓地张开，"一枚普通的书签。正如你所看到的一样，我们书签存在于这世上的唯一方法，便是依靠书的滋养。如你所见，我现在很虚弱了。这样下去，你大概很快便见不到我了。"听罢，我饶有兴味地搬来了一本百科全书，放在了它身旁，它过了一会儿才慢慢地挺直腰身，对我叹道："唉，如今生活是一代不如一代了。"

（神奇之三：书签不仅有生命，还有生命的生荣病休的状态。作者以此想隐喻什么呢？）

"何以见得呢？"我稍有不解。"现在人们流行看的书啊，大多已经是空泛无物的快餐文学喽。喏，就像你这本，"它轻轻扭了个身子，对着我眼前摊开的这本《修真奇谈》说道，"我们决定不了自己的出身，倘若我们降生的书中没有新的知识，我们的存在感就会愈发趋近虚无，活得可就艰难喽。唉，多么怀念我以前的祖先啊。"

它转了一圈，仿佛望向远方。

"从前我们的祖先给我们讲的与那些文人君子结伴的生活，或结伴同游，或流觞曲水，或睹万物之沉浮，或叹宇宙之无穷，真是令我向往啊。可惜我所生的时代，人们仿佛不愿与我们为伴，只投身于那方寸之间光亮的一隅……"见我听得颇有兴致，它转了回来，仿佛带了些许希冀："你若是不愿我消失，就去听我的买些书回来吧，也许生活还能多点趣味。"

或许因为它的故事颇为有趣，或是因为我实在不忍看它这样无助，抑或太久没有认真读完一部好书了，总之我还记得，当我费了好大力气跑遍书城，搬回来一大摞它所言的"经典"时，它从桌上一跃而起时惊喜的神情。

我翻开陶潜富有田园气息的诗集，看到田园风光与隐逸之趣，看到一个诗人洒脱超然的清雅胸怀；我翻开饱含着湘西人民生活的淳朴与美好的《边城》，充满着湿润乡土气息的人情冷暖与无瑕纯粹的生活扑面而来，令我连连陶醉。书签每每会兴奋地跳起来，或抒有感而发之所思，或扭动着身子，展示着获得知识的快乐。

（神奇之四：书签不仅有生命，还有漫长的生命历程。因此得以为主人公打开今昔对比的读书世界，得以向读者展示出读书与人类相伴的美好图景。）

日子一天天过去，书签那苍白的表面，竟渐渐泛起了光彩。我们仿佛有了默契一般，徜徉于历史之间，看到风花雪月之外的国家命运，看到仁人志士在民族危难之时的字字真言，走过这悠久文明数千年来所历经的苦难，抒发着对人性变化多端的慨叹。慢慢地，慢慢地，读书成了我的习惯，我们成了无话不说的朋友，漫谈古今，畅游书海间。

终于有一天，书签全然褪去了曾经的倦容，闪烁着斑斓的辉光，飘向了窗口。

它说聚散终有时，知识充盈了身躯，作为它们一族的生活规律，它便要离我而去，在一本新书中重生，与一位新的读者相遇，开启一段新的旅程。

它化作金色的尘，飘向空中，亦飘落下来，点染了眼前的书页。那是吴承恩的《西游记》，上书有云："一叶浮萍归大海，人生何处不相逢。"

　　（神奇之五：反弹琵琶，书签之神奇不在于助力你我读书，而在于你我读书助力了书签的生命延续，而关于安放书籍命运的必要性在这一刻向读者传达出来。）

第八讲 "共和国，我为你拍照"

——2017年高考北京卷作文解析

【2017年高考北京卷作文题】

2049年，我们的共和国将迎来百年华诞。届时假如请你拍摄一幅或几幅照片来显现中华民族伟大复兴的辉煌成就，你将选择怎样的画面？

请展开想象，以"共和国，我为你拍照"为题，写一篇记叙文。

要求：想象合理，有叙述，有描写；可以写宏大的画面，也可以写小的场景，以小见大。

一、审题指导

2017年高考北京卷记叙文题，勾连了祖国的当下和未来，要求学生展开想象，通过场景刻画与穿引来展现中华民族伟大复兴的辉煌成就。讲好自己的中国故事，须重视导引语对写作的限制。

材料导引语对故事讲述起着提示与限制的作用。处理好材料导引语对故事讲述的限制，是故事切题的关键。

导引语第一句限制了叙事客体"共和国"的时间属性。"2049年，我们的共和国将迎来百年华诞"，要求我们拍摄的对象应为2049年的共和国，这里隐含着考生发挥想象的着力点，要对2049年迎来百年华诞的共和国进行展望。

导引语第二句首先提示了场景叙事的数目及类型。学生可以用一幅照片来展现，如同北宋画家张择端用全景画卷绘制北宋东京的繁荣盛况；也可以用几幅照片从不同角度来展现，比如万国华创作团队100位普通个体人物剪影，从不同侧面来描绘幸福美好的都市生活。值得注意的是，命题选择"几幅"而不是"多幅"的限定词，暗示着考生场景的选择不是越多越好，应注意控制场景的数量，有针对性地选择场景内容，争取以有限的场景来完成最独到且丰富的展望。

第二句还对故事的主题予以限制，即无论考生用何种方式、何种内容来穿引成篇，故事均应对中华民族伟大复兴的辉煌成就予以展现。当然，考生可以对"辉煌成就"表达自己的独到理解，这可以是光辉灿烂的国家发展成就展示，也可以是杰出人物惊心动魄的瞬间，更可以是普通人幸福美好的日常生活缩影。

总之，文题在导引语的补充限制下，实际拓展为"2049年的共和国，我要为你那伟大复兴的辉煌成就来拍一幅或几幅照片"。

二、主题启发

小照片如何展现大成就？

题目暗示要把共和国的变化蕴藏在未来生活的侧影之中，以达到滴水藏海之效。这就要求我们首先要在"我"和"共和国"这两个关键词上下功夫，以帮助我们更好地在选材上大中取小，在主旨上小中见大，在描写上细节显认识。

1. "共和国，我为你拍照"之"我"

要展现出"中华民族伟大复兴的辉煌成就"，首要在"我"，"我"要有自己的真知灼见、胸襟情怀。我们对中华民族伟大复兴辉煌成就的畅想，实际来自对中华民族发展重任、人类迫切需求的体认。

如果你是一个关注地区争端、崇尚和平友好的个体，那么你会期待未来应呈现出自觉自爱、和谐友好的美好图景；如果你苦于当下人类遭受的饥饿、疾病、衰老等生存困境，那么你会畅想未来应是技术高度发达、生命被更好地照拂的世界；如果你苦于当下信仰缺失、文化失落，那么你会憧憬中华文化浸润日常、泽被友邦的图景；如果你忧虑人与万物、人与自然的紧张关系，那么你想象的故事里应有山明水秀、万物竞自由的美好画卷；如果你是一个目观宇宙、思接千里的宇宙人，那么你一定会积极畅想未来祖国实现嫦娥奔月、星际移民的航天图景……

总而言之，你的不同身份与当下观察，决定着你对未来畅想的关注点，也决定着你故事立意的新意与高度。进一步说，你展开想象的旅程，首先开始于一个思维过程，那就是依据现实进行分析、推理而后依据事物发展的规律进行合理畅想的过程。

2. "共和国，我为你拍照"之"共和国"

要展现出"中华民族伟大复兴的辉煌成就"，就要落实你对中华民族伟大复兴的理解和表现。在《论语·先进》中，孔子与几位弟子一同言"志"，他们的理想各不相同，这体现着个体的理解和价值的差异；而对中华民族伟大复兴的畅想，不只反映一个人、一群人的答案，应代表中华民族的整体利益，应承载中华儿女的共同期盼。这就需要我们对这个主题有积累、有思考。我们须从当下找答案。

实现中华民族伟大复兴，是近代以来中国人民最伟大的梦想，我们称之为"中国梦"，基本内涵是实现**国家富强、民族振**

兴、人民幸福。①

　　我们的人民是伟大的人民。在漫长的历史进程中，中国人民依靠自己的勤劳、勇敢、智慧，开创了各民族和睦共处的美好家园，培育了历久弥新的优秀文化。我们的人民热爱生活，期盼有更好的教育、更稳定的工作、更满意的收入、更可靠的社会保障、更高水平的医疗卫生服务、更舒适的居住条件、更优美的环境，期盼孩子们能成长得更好、工作得更好、生活得更好。**人民对美好生活的向往，就是我们的奋斗目标。**②

　　在新的历史时期，中国梦的本质是国家富强、民族振兴、人民幸福。我们的奋斗目标是，到2020年国内生产总值和城乡居民人均收入在2010年基础上翻一番，全面建成小康社会；到本世纪中叶，**建成富强民主文明和谐的社会主义现代化国家**，实现中华民族伟大复兴的中国梦。③

　　中国人民爱好和平。我们将高举和平、发展、合作、共赢的旗帜，始终不渝走和平发展道路，始终不渝奉行互利共赢的开放战略，致力于同世界各国发展友好合作，履行应尽的国际责任和义务，**继续同各国人民一道推进人类和平与发展的崇高事业。**④

　　我们可以清晰地理解，中华民族伟大复兴是承接着中华民族历史上创造的辉煌而来的再度繁荣；中华民族伟大复兴是国家的、民族的，也是每一个中国人的；中华民族伟大复兴是经济、政治、文化等

---

　　① 习近平. 顺应时代前进潮流 促进世界和平发展：在莫斯科国际关系学院的演讲. 人民日报, 2013-03-24.
　　② 习近平. 习近平谈治国理政. 北京：外文出版社，2014：4.
　　③ 习近平. 习近平谈治国理政. 北京：外文出版社，2014：56.
　　④ 习近平. 在第十二届全国人民代表大会第一次会议上的讲话. 人民日报, 2013-03-18.

全方位的复兴；中华民族伟大复兴是与世界人民和平、发展、合作、共赢的。以上的解读可以帮助我们更准确、灵活、全面地选择想要呈现的角度，并得到读者的认可。

三、素材拓展

2023年9月20日，第33届中国新闻奖评选结果公示。围绕中华民族伟大复兴，我们从入选的摄影作品中选择有代表性的作品共同欣赏，以从中获得启发。这些摄影作品可以通过网络搜索查看。

（1）关注对民族记忆的保存：《中国国家版本馆：让文化典籍"藏之名山、传之后世"》（人民网，组照）。

【初评评语】在首都建设"中国国家版本馆"是以习近平同志为核心的党中央的一项重大决定。它对于集中保存、维护、展示中华民族的文化典籍和悠久的人文成就、提升文化自信具有不可替代的重要作用。在三年建设期间，因为工程重要，中央采取了保密措施，代号"二二工程"。落成后，它和人民大会堂、中国历史博物馆、中国共产党历史展览馆等建筑联为一体，成为新中国国家政治、人文、历史的重要地标。难能可贵的是人民网记者陈斌利用被借调工地工作的便利，为历史留下了一批十分珍贵且不可复制的瞬间影像。

（2）关注旧与新的碰撞与发展：《奥运版"复兴号"智能动车组在京张高铁上线》（中国新闻社）。

【初评评语】一列奥运版复兴号列车从北京居庸关长城旁驶过，火车与背景远山上的长城遥相辉映，古朴与现代、粗犷与精细形成鲜明的对比，给人以强烈的视觉冲击力。如今，京张高速铁路、"复兴号"新一代标准动车组作为2022年北京冬奥会的重要交通保障设施，已经成为一张展现我国综合国力的世界名片，画面群山中蜿蜒曲折的长城则更是象征着中华民族的伟大力量。

(3) 关注生命的呵护与陪伴：《云南抗疫守边人》(《都市时报》，组照)。

【初评评语】作品聚焦云南西双版纳磨憨（中老）口岸、红河河口（中越）口岸边境一线的抗疫守边人，以纪实拍摄方式记录下浓雾中巡防的警察、口岸查验的海关关员、过境代驾司机、为入境货车消毒的防疫人员以及驻守观察站点的边管人员的身影，图片拍摄注重角度、背景选择，人物表情抓拍生动。通过影像可以感受到他们是平凡的，更是伟大的。从群众和孩童的笑脸中更可以感受到他们向党和人民提交了一份合格的答卷，那就是坚决扛起疫情"外防输入、内防扩散"的政治责任，以"镇守边关、视死如归"的决心意志守好国门，坚决维护边境安全稳定，让党中央放心，让习近平总书记放心，让人民满意。

(4) 关注边远地区共同幸福：《戈壁滩上长出了光伏牧场》(《中国日报》，组照)。

【初评评语】十几年来，随着"世界光伏大国"中国的光伏产业不断发展，如何避免因大风沙石损坏光伏板、杂草无序生长遮挡光伏板以及冬天里发生的火灾隐患等问题，成为光伏行业的重大难题，尤其是在西部地区千万千瓦级太阳能发电基地上则尤为突出。《中国日报》记者匡林华这组摄影报道给出了既生动又亮眼的答案。即"种草固沙＋牧民放羊"。此法，既可提供清洁能源，又能吸引牧民回归，还能改善戈壁生态，实为一举三得！

(5) 关注中国速度与力量：《常泰长江大桥：世界最大跨度斜拉桥》(《淮安日报》，组照)。

【初评评语】记者用无人机拍摄了建设中的常泰长江大桥。常泰长江大桥位于泰州长江大桥与江阴长江大桥之间，连接江苏的常州和泰州，建成后将刷新"六个世界之最"，实现"四个世界首创"。图片光影别致独特、构图简洁巧妙，长焦镜头的使用压缩了画面，虚实结合，烘托和渲染了建设中的斜拉桥和大吊车的雄伟、壮丽，展现了这座"世界之最"的建设场景和风采，具有视觉震撼力。

（6）关注乡村振兴与幸福：《图片故事 | "村BA"里的乡土中国》（贵州广播电视台客户端，组照）。

【初评评语】看台上的村民排排坐，人挤人，热情似火；赛场上球员也奋力拼搏，挥洒汗水。有多少声呐喊，就有多少个和篮球相关的梦想；有多少人围观，就有多少人对乡土的眷念。夜幕降临，看台上的观众不减反增，挤得密密麻麻。农村生活从最初日出而作、日落而息，到闲暇时间读书看报，再到如今的"村BA"篮球赛，村民们乐在其中，这就是乡村生活最美好的样子。对美好生活的向往，就是一个社会不断向前发展的动力，"村BA"这样的赛事，既是乡村烟火，也是文明图景。历史照亮未来，征程未有穷期。这场篮球赛不仅是贵州乡村新气象的缩影，也是我国社会主义新农村建设的一个缩影。

（7）关注无人区的探索：《全球首次打开十万亿电子伏波段的伽马射线暴观测窗口》（《四川日报》，组照）。

【初评评语】该组新闻摄影报道记录了国家重大科技基础设施高海拔宇宙线观测站（LHAASO，拉索）探测到迄今最亮的伽马射线暴，并打破多项伽马射线暴观测纪录的重大科技新闻。摄影记者克服了高海拔恶劣天气以及低照度等拍摄困难，采用了低速慢门、星空拍摄等技法，用浩瀚的星辰、漫天的飞雪为影像记录营造出令人充满想象的现场氛围，也表现了拍摄者较强的综合技能。飞舞的雪花在车灯的照射下，在空中拉起了根根亮线。摄影师说，它们看起来真美，就像宇宙线来到拉索的轨迹。我们将时刻准备好，迎接更多、更远的"宇宙信使"。

四、范文解读

【例文】

共和国，我为你拍照

人大附中 2017 届毕业生

夜凉如水，夜空中繁星点点。

我不断调试着耳麦，额头似已渗出细汗……我深吸一口气，动情地说："北京，北京，这里是'神州航空站'。现在是 2049 年 10 月 1 日零点整，我们迎来了伟大祖国的百年华诞！我在太空为祖国拍照，恭祝中华人民共和国繁荣昌盛！我现在能看到整个东半球灯火通明，如同漫山遍野的星星之火。这是因为中国的'一带一路'倡议使整个世界的电网连成了一体，让许多国家告别了用电紧张的时代，也几乎让整个东半球大陆成为'光明大陆'！我们大中国成功谱写了建设丝绸之路经济带和 21 世纪海上丝绸之路的新篇章，实现了中华巨龙再度腾飞九天的梦！最后，我将拍下这流光溢彩的画面，让每个中国同胞都能亲眼见证这东方传奇！"说完这番话，我平息了一下激动的心情，然后摘下耳麦。不过，我的心情还是久久难以平静，激动、喜悦，难以言表。

随后，我乘坐中国自主研发的宇宙飞船，马不停蹄地向天安门赶去。"要快些了，不然家人又该不高兴了！"想着父母的惦念，我的嘴角不住地上扬……

是日，碧空如洗，阳光明媚，观众席上人头攒动，每个人的脸上都洋溢着喜悦，不断挥舞着迷你国旗。我穿过重重的"铜墙铁壁"，终于与父亲会合了。他正焦急地四处张望，终于，在看到我的那一刻舒了一口气，不过立刻又假装生气，数落了我一顿。我把头点得像小鸡啄米一般，心中涌现出一股暖意。除了那一头白发，父亲还是一如往昔呢!

　　阅兵开始,父亲颤巍巍地端起了相机。不知是激动,还是镜头太重,今天父亲的手格外抖。待父亲选好角度,我轻轻地握住父亲粗糙的手,帮他稳住相机。我们父子相视一笑,一起轻轻按下了快门,瞬间父亲又像个小孩子一般叫嚷起来:"你看,你看!这张照片……"

　　我眯起眼睛,透过相机,我看见:在蔚蓝的苍穹中,女儿所在的战斗机编队与从世界各地飞抵的无人机上演着空中舞蹈,五彩斑斓的尾线在天空中交织成汉字"百年华诞";地面上,观礼的人民身着华丽的服装,在天安门前鼓掌欢呼,每个人都笑靥如花。远方,从3D投影技术绘成的巨大牡丹中走出了毛主席、周总理……他们神采奕奕,微笑着向群众挥手致意。我将两张打印出来的照片小心翼翼地放入"祖传"的相框中,它们和那些发黄褪色的老照片一起诉说着光阴的故事,它们凝结着三代人对共和国的记忆和情愫。

　　共和国,我为你拍照,愿你繁荣富强,"芳颜"永驻!

　　点评:关注故事在场景的选择和刻画上的匠心。

第九讲　绿水青山中的现实与诗意

——2018年高考北京卷作文解析

【2018年高考北京卷作文题】
生态文明建设关乎中华民族的永续发展，优美生态环境是每一个中国人的期盼。

请你展开想象，以"绿水青山图"为题，写一篇记叙文，形象生动地展现出人与自然和谐相处的美好图景。

要求：立意积极向上，叙事符合逻辑；时间、地点、人物、叙事人称自定；有细节，有描写。

一、审题指导

对题目"绿水青山图"的准确理解是故事合题合体的关键。

考题沿袭了以往年份记叙文命题的基本结构。第一段为提示语，"生态文明建设关乎中华民族的永续发展，优美生态环境是每一个中国人的期盼"主要回应了"在什么背景下提出该题""我们的写作指向什么"。"绿水青山图"是基于生态文明建设背景提出的，指出中华民族永续发展是中国人期盼的价值呈现。第二段向我们交代了文体、文题和文旨：文题是"绿水青山图"，题目不可更改；文体是记叙文，文体要鲜明；要展现人与自然和谐相处这一规定性主旨。第三段给出了记叙文的写作要求，既包含开放性的写作提示"时间、地点、人物、叙事人称自定"，又给出了限定性的写作要求"立意积极向上，叙事符合逻辑""有细节，有描写"。

1. "绿水青山图"对切题的要求

思考任务：请判断各组题目是否可以替换。
①绿水青山图 vs. 碧海蓝天图
②绿水青山图 vs. 绿水青山记
③绿水青山图 vs. 黑水黄沙图

"绿水青山"这一名词运用了借代的手法，是以局部代整体，以特点代对象。以"绿"与"青"代指**自然的生机、健康、美好**，以"绿水青山"这两个元素展现**人与自然和谐共生的关系**。因此，文章**既可以包含对具体的"绿水青山"元素**的优美生态环境的状写，比如塞罕坝风光等；**也可以不包含"绿水青山"但仍然是对人与自然和谐共生的优美图景的状写**，例如三沙群岛水下珊瑚礁、可可西里藏羚羊等。生态文明不仅包含陆地文明，也包含海洋文明、天空文明等，所以"碧海蓝天"也是"绿水青山"。

"绿水青山图"不是"绿水青山记"。"图"和"记"均是记叙文的要素："图"强调空间面，"记"强调时间面。当然绿水青山图首先是绿水青山记，因为只有叙事的空间横截面的状写却没有叙事，故事就缺乏了叙事的流动。但绿水青山图不等同于绿水青山记，而要以空间面串联起时间线，在时间线中展开空间面，在故事的记录中打开那一幅幅关于绿水青山的图画。从技法来看，要求我们通过场景来进行叙事，景要成为文章的基石，故事的发展要以图景的变化发展作为支撑，主旨的表达要蕴含在图景的描绘中。

尽管"绿水青山图"和"黑水黄沙图"所反映的自然状态、人与自然的关系是迥异的，但在图像的功能和意义层面，"黑水黄沙图"所反映的过往的错误、现在的困局和对未来的担忧，与"绿水青山图"是一致的。从叙事技法来说，**用"黑水黄沙图"去衬托、对比"绿水青山图"更能凸显主旨，表达意义**。但故事应围绕人与自然和谐相处的美好图景展开，这隐含着"黑水黄沙图"在故事中应处于次要和辅助位置。

2. "绿水青山图"对文体的要求

首先，如何构思与描绘有叙事功能的图景？从图像类型来看，"图"既可以是**艺术的绘画**，比如美院学生仿照王希孟的《千里江山图》画出了《绿水青山图》；也可以是**生活的场景**，比如展现几十年后雄安新区人与自然和谐共处的美好画卷。**从图景的叙事角色来看**，"图"既可以是**一种被观察、被欣赏的对象**，以体现主人公对于"人与自然和谐相处"这一主题的认知生成；也可以是**一种被保护、被建设的对象**，以体现主人公对自然保护、珍爱的积极存续的态度。当然后一种叙事角色更显格局，它证明角色不仅认可了祖国生态文明建设蓝图的设计，还表现出一种积极参与祖国生态文明建设的担当意识。

其次，如何有效、有序、生动地展现人与自然和谐相处的图景？图景应该包含的必要元素有：人、自然、人与自然的关系（缺一不可）。很多同学把情节的主角放在了人与人的交流上，这样容易导致偏题。图景要呈现的主题是人与自然的关系。如果笔力重心放在人与人的交流上，则无法顺利展现和谐相处的关系。简而言之，人和自然是叙事中不可或缺的"主角"，图景应回答人如何对待自然，自然如何对待人。

最后，一幅图还是多幅图景？任何"绿水青山图"，都不是一朝一夕可以完成的，需要每一个中国人持续地关注、参与、行动。那么关于"绿水青山图"的故事，如果只是简单在开头或结尾描写一幅图景，是不太合乎题旨也不太合乎现实状况的。但多幅图景的呈现不是对相同叙事内蕴的图景的多重复制，后者会变成一个拼盘式的罗列。图景之间应体现出一种变化与不同，以体现同学们对于"人与自然和谐相处"的不同面貌的观察记录，对于"人与自然和谐相处"的因果思辨。

二、主题启发

对主题"人与自然和谐相处"的深入理解是决定故事思想深度的关键。

在写作中，无论是记叙的事件，还是描写的图景，都应紧紧围绕"人与自然和谐相处"展开。当然，过往的错误、当下的冲突困惑、对未来的担忧都可入文。请先做如下思考：

思考任务：请同学们来思考如下问题。

首先，什么是人与自然的和谐？

其次，什么是和谐相处？

最后，为什么要和谐相处？

1. 什么是人与自然的和谐？

和谐的对立面是失和。从人与自然的关系溯源来看，这种失和状态有两种表现。一种是原始采集文明、渔猎文明、游牧文明、农业文明时代人对自然的屈从、臣服，另一种是工业革命时代人对自然的一味征服、改造。两种均体现出生态野蛮状态。与之相对，和谐强调的是一种平等基础上的平衡共生状态。

和谐可以是静态的融洽共生，也可以是动态的为某种和谐做出的努力，还可以是个愿景，以体现可持续发展。以图景想象性呈现和谐，命题者其实是希望同学们能够**借助想象来表现祖国未来生态文明建设成果的绿水青山图**。从这个出发点来看，故事中对自然的选择，可以是曾遭受破坏但如今恢复美好的图景，也可以是本身恶劣但未来可期的图景。**自然的美好、健康与生机更应该是经过人的生活、参与和保护之后的良性结果**，而不太倾向于人未曾涉猎才保有其美好特质的自然。与其说是想象，不如说是对未来生活的憧憬与蓝图构想。

2. 什么是和谐相处？

用庄子的话来说就是"天地与我并生，而万物与我为一"。这首先应该是一种双向关系，也就是体现为人与自然的一种良性互动。这种关系不应停滞于人类对自然一味地奉献与服从，更不应停滞于人类对自然一味地索取与破坏。海德格尔说："人不是自然和大地的主宰者，只是它们的维护者。人应该和动植物平等相处。"由此可见，这种和谐关系应该是人类感激、珍爱、维护、创造这片自然；自然也相应地回之以滋养、呵护，以绿水青山、碧海蓝天的美好回馈人类。这就是人与自然和谐共生的关系。

当然，人与自然和谐共生更应将人的主体性、能动性与尊重自然、顺应自然、呵护自然的自然之道有机结合，养自然和人类的万物之生。这样看来，这种双向关系更具体为一种相互依存、双向增益的关系，以人之能动护自然之稳定、完整、多样和延续，以自然之博大馈赠人以生命、精神、智慧与情怀，由此展现的应是一个青山不老、绿水长流、空气清新、使人诗意般栖居的世界。

3. 为什么要和谐相处？

这也是故事要回应的地方。马克思指出，自然生态系统是人类获得利益的天然的"武器仓库"和"衣食仓库"，是人类获得利益的根本源泉和世世代代永续发展的自然基础。没有自然利益，人类利益就会出现釜底抽薪、难以为继的巨大风险。**党的十九大报告指出**，人与自然是生命共同体，人类必须尊重自然、顺应自然、保护自然。人类只有遵循自然规律，与自然和谐共处，才能有效防止在开发利用自然上走弯路，否则必将伤及人类自身。人类能否与自然和谐共处关乎每个人的切身利益，绝不能只为了经济的发展而破坏生态环境。当然题目中也明确指出了"生态文明建设关乎中华民族的永续发展，优美生态环境是每一个中国人的期盼"这一意义，故事更指向对于中华民族永续发展和中国人期盼的价值呈现。

当然我们不必把生态文明落到与经济文明的互促上。因为自然对于人类更重要的意义在于精神意义和审美意义。自然绝不只有实用价值，人也不应只从功利的角度去看待自然。自然不仅仅是开采的对象和物质财富来源，更应该是充满灵性的生命，给予人的更应有一种自然性的回归价值。而这一价值对于人类有着更根本的意义。人更应以一种非功利的、审美的态度去对待自然，与自然和谐共处。这一认识决定了同学们讲述故事的落脚点在哪里，也决定了对于"和谐相处"的"处"的思考格局之不同。

三、素材拓展

素材链接一：未来科学家保护自然的未来。

吕植创立的山水自然保护中心在学生保护科学大会（SCCS）上设立"未来科学家"计划——征集中学生环境保护方案。吕植的老师夏勒拿出自己设立的山水自然学堂奖学金支持，吕植的学生们则将作为这些"未来科学家"的指导老师，将自然保护的种子传播下去。

素材链接二：贾玛拉野生动物旅馆。

在澳大利亚堪培拉国家动物园及水族馆，有一家贾玛拉野生动物旅馆。在这里，客人可以在享受豪华舒适的住宿条件的同时与动物亲密接触，不仅可以与熊共浴，和狮子共进晚餐，还能从卧室阳台上给长颈鹿等动物喂食。这家旅馆分布在动物园的三个地方，共有 18 个客房，包括长颈鹿树屋、丛林别墅等，为客人提供与各种野生动物亲密接触的体验。长颈鹿树屋建在长颈鹿围栏附近，而丛林别墅中的豪华私人套房与狮子、猎豹、棕熊区比邻。有一个客房中甚至有自己的小码头，与鲨鱼池相连，住在这个房间中的人能够在卧室中拍鲨鱼的头。

旅馆老板理查德·廷戴尔说："无论客人去哪里，都能近距离接触动物。"他表示，与动物互动的创意旨在提高游客保护世界濒危物种的意识。廷戴尔说："这家旅馆非常棒。对动物来说，它们可以获得更多空间；对游客来说，他们可以看到更多东西；对地方来说，当地可以获得更多收益。"

素材链接三："龟去来记"挽救洄游繁殖的绿海龟。

"天灾"与"人祸"险象环生的大海中，很多新生的海龟在到达大海之前，就会成为沙蟹和其他天敌的盘中餐。在台湾澎湖列岛的海龟救助中心，以及广东、福建、海南等地的海龟救助机构，送治的海龟中常有被螺旋桨削去前肢或后肢而致残的个体。漂浮在近海的塑料垃圾则容易被好奇的海龟吞食，造成它们生病或窒息。要保护海龟，除了要保证它们繁殖的沙滩免受人类干扰，更要保证它们在完成洄游的途中免遭各种渔网渔船和垃圾的危害。

"刷脸识别"。一个由四位年轻人——冯加伶、苏淮、陈芃谕和何芷蔚发起的民间科学组织，主要的工作是向公众普及海龟知识、进行水下调查收集科学数据，以及对小琉球（琉球屿）海域的绿海龟进行个体识别。每只绿海龟的面部鳞片排列方式都是独一无二的，这相当于它们的"指纹"，通过拍摄面部的"证件照"，再把图像信息录入数据库，就可以比对面部鳞片特征来进行绿海龟个体识别，这是标准的"刷脸认证"。

"小岛停琉"书店。"海龟点点名"的团队在这里向游客和公众科普与海龟相关的知识。每个季度他们都会在小琉球海域进行一次水下调查，拍摄遇到的海龟，为它们建立档案，并统计它们的数量。

放归活动。 整个海滩已经被熙熙攘攘的人挤满，沙滩边缘有一座能容纳 250 人的海滨小剧场，已座无虚席，有很多父母带着自己的孩子。15 位幼稚园的孩子穿着自己父母缝制的海龟表演服走上舞台，为观众献上了一段表现海龟生活和习性的歌舞。这场活动并不只是为了保护海龟，更重要的是将人们的心与这些海洋生物联系在一起，只有这样，人们才会明白保护它们的重要性。

四、范文解读

【例文一】

绿水青山图

人大附中 2021 届毕业生　张馨元

汽车颠簸着驶进青山村，卷起一阵烟尘。

记者小刘对着手里的山水画看得入迷，画里草木青葱，江水碧绿，墨峰连绵。近处峦石翠色欲滴，青蓝从远山峰顶倾泻而下，颇有些《千里江山图》的韵味。画上的青绿看不出晕染涂抹的痕迹，倒像是山水自然生成的色彩。

（绿水青山图一：绘画中的"绿水青山"。）

原来青山村盛产蓝铜矿和孔雀石，它们经加工淬炼成为石青和石绿。这两种颜料细腻纯净、不易褪色，是山水丹青图颜料的首选。相传北宋画家王希孟寻遍天下山水，才在青山村，为他的《千里江山图》添上这一抹不朽的青绿。

"剩下这一半山里，肯定还有不少矿石，过两年一开采，收益再翻倍！"坐在小刘身边的青山村村主任指向采矿场。那里只剩半座山，陡峭的断面上留着爆破的伤痕，尚在的一半山上稀疏地长着一片几乎倒伏的乔木。

土路烟尘飞扬，一群艺术工作者装束的行人匆匆而过。"你看！每年都有成千上万的人来到青山村，就为了一睹《千里江山图》上真正的青绿色。"村主任自豪地说罢又换上一副讨好的神色，"小刘啊，你是大电视台的记者，可得给我们青山村好好宣传一下……"

小刘默然，他注意到人们干涩泛红的眼睛和满脸的苦涩难耐。只是村主任眼里，或许只有他们鼓囊的钱包。

次日清晨，小刘抱着笔记本独自坐在采矿场旁，开始起草报道。开采的轰鸣，震走了最后一只残翅的水鸟，酷似山水画中的红日升起时，陡崖边的几棵树和藏着石青石绿的山石一同陨落，碎成一片松散的沙石，散进墨池般的湖里，不见了踪迹。

他又去了河畔的加工厂，那里炉架高筑，黑烟弥漫，所有人都直勾勾地盯着炉里化成滚烫液体的矿石。有人告诉他，提炼石青石绿的每一道复杂漫长的工序，都是为了让颜料尽可能还原出草木山水的本色。那人挥着手中的树叶标本："这个颜色就是终极目标。"

（绿树青山图二：现实中消失了的"绿水青山"，与前一幅图画形成对比和因果关系，引发主人公反思。）

那天夜里小刘辗转难眠，对着笔记本想了良久，只打下一行字："致青山村村主任：今日看到这里出色的矿石染料生产过程，非常欣赏与钦佩。只是开采矿石时倒下的绿树，废水染浊的水塘，不正是您一直苦苦追寻的'自然之色'吗？"

小刘终究没有写下那篇报道。离开了青山村的那个夜晚，一晃就成了7年前，小刘成了老刘。某天，在故宫的展馆里，当他拨开拥挤的人群，伸长脖子看清《千里江山图》宛如现实的山水美景后，没来由地想起青山村。

（绿水青山图三：古人的绿水青山图，推动主人公回归。）

这次老刘是走水路进村的，木船的窗棂把两岸景色定格成一幅幅清秀的山水图。图画里，木桨波动清波，笑声惊起水鸟，孩童爬上山石嬉闹，游客倚着绿树寒暄。老刘痴痴地看着眼前的画面，觉得这远比《千里江山图》动人。

（绿水青山图四：现实中的绿水青山的归来。）

他打开七年前未完成的报道，敲下一行字："每年，都有成千上万的人来到青山村，只为一睹《千里江山图》背后真正的绿水青山……"

"大自然才是不朽的画作。"文章的结尾如是写道。

点评：关注作者借助**场景虚实**、**场景对比**和**场景穿引**来表现主旨的匠心。

【例文二】

绿水青山图

人大附中 2022 届毕业生　尚霄洋

工程正到了关键时刻，当艳霞披着星光赶到家时，儿子睡眼惺忪地喊道："妈妈！你怎么又是这么晚才回家啊！"

"妈妈最近在努力建一座公园呀，建好了，你就能到那里和大自然里的朋友们一起玩了。"艳霞一边说着一边愧疚地摸着儿子的头。

"和大自然有什么好玩的？而且干吗得到那里去？在 VR 上不就能随时看到吗？"

（开篇：抛出疑问。当代虚拟科技的发展，是否意味着科技可以替代现实中的绿水青山？）

艳霞一时未答话，她看着 6 岁儿子鼻梁上架着的厚重的眼镜想到，要让儿子爱上自己小时所沐浴的那绿水青山，她还需要再努力些。

是的，谁不爱那绿水青山呢？艳霞想起小时候帮父亲插秧的那个下午，那个春日午后，金山寺旁的稻田里，站着一俯一仰忙着插秧的人们。小艳霞起身拭汗，目之所及是翠绿的玉泉山——古塔巍峨，微风清凉，鸟儿展翅，嘉木葱茏。父亲指着西边那绵延而清晰的青山说："'十里青山行画里，双飞百鸟似江南'就是古人吟咏咱们海淀呢。"

（接续：人在绿水青山中耕耘，青山绿水自然地滋养着人的诗意。）

时光奔驰，村子拆迁腾退，村民们告别城中村，搬家住进了现代化的楼房小区。而艳霞毕业后进入环保局工作，参与了西郊地区建设工程。数年后，西郊地区确实建起几片生态涵养区，可它们却像是被切断了一切同外界联系的孤零零的绿洲。在北京城中蜿蜒而过的永定河泥泞脏污，而那本是翠绿屏障的西山之上，终日雾霾盘踞。父亲那被风雨雪雾摩挲了数十年的脸颊上，再无太多高兴的神色。

"咱们都像是被从地里连根拔起的秧苗喽。"

面对此景，艳霞默然。她听着父亲苍老声音里的沉痛，反思起数年来的工作。

（转折：科技将人与自然切断，促发人物反思自己的工作。）

是啊，她和她的同事们看似总在欣赏自然、爱护自然，却很少真正考虑如何让文化与自然共生、科技与自然共融，让自然在这座新生的古城里真正安放。自己投身建设数年的"绿色城市"，难道仅仅是把人与自然割裂开，给"绿色"单辟一处存在之所，供人们远望欣赏的吗？

2013年，艳霞等到了"三山五园"工程，她第一时间报名参与，成为项目的首批工作人员。8年时间犹如一场抗战，与艳霞一样的年轻妈妈们在紧张的工作之余互相照看孩子；刚毕业的小李几乎将公园当成家、办公室；同时小刘的爱人免费为公园研发了一套智能互动系统；快退休的老张像是在工作中焕发了第二春，他最爱挂在嘴边的是那句"这才是'天地与我并存，万物与我为一'哟"……

2022年春天，艳霞看着数据中心的卫星图，北京五环内最大一抹绿在西北角，香山、玉泉山、圆明园、颐和园掩映其中，向西融入群山绵延的苍翠里；而这片苍翠里，健身、携家庭游玩的人们络绎不绝。她知道，那幅绿水青山图回来了！

（高潮：理念的转变引发了自然的蜕变，人与自然又融为一体了。）

"妈妈？"儿子清脆稚嫩的声音将艳霞的思绪拉回现实。

"正好明天是周末，妈妈带你去妈妈工作的地方看看吧。"

清晨，艳霞催醒睡梦中的儿子，骑车载他来到正在建设的前沿科技应用公园。公园里草木葱茏，清晨的露珠泛着甘甜的气息，一条步道蜿蜒至草木深处。

儿子的眼睛亮晶晶的，一下车便奔进那片绿色中。艳霞深呼一口气，也走进了那片绿色。正是"十里青山行入画"！

（结尾：像父亲一样，引领着幼童在自然中扎根，寻找生命的诗意。）

点评：关注作品在**主题与当下**、**人物与场景**、**传统与未来**上的关联处理。

第十讲　2019 的色彩

——2019 年高考北京卷作文解析

【2019 年高考北京卷作文题】

色彩，指颜色；不同的色彩常被赋予不同的意义。2019 年，我们隆重纪念五四运动 100 周年，欢庆共和国 70 华诞。作为在这个特殊年份参加高考的学生，你会赋予 2019 年哪一种色彩，来形象地表达你的感受和认识？

请以"2019 的色彩"为题，写一篇记叙文。

要求：思想健康，内容充实，感情真挚，运用记叙、描写和抒情等多种表达方式。

一、审题指导

康定斯基在其名作《艺术中的精神》里说："颜色是直接对心灵产生影响的一种方式，色彩是琴键，眼睛是音槌，心灵是绷满弦的琴。"[1] 从这个角度来看，"2019 的色彩"一题将时间与空间相关联，将理性认识与感官感受相结合，有着别样的演绎力。

考生写就文章的过程，正如用双手有目的地敲击钢琴键盘以引起

---

[1] 康定斯基. 艺术中的精神. 李政文, 编译. 昆明：云南人民出版社，1999：5.

灵魂颤动的过程。如何在 2019 的叙事中演绎别样的色彩？切题与否事关作文的成败，这是老生常谈，在 2019 年又有重提的紧迫性。切题有两个目标指向：一是提示材料，二是写作要求。只有建立在这种理解的基础上，高考作文才能做到完整意义上的切题。

从题目来看，这是一个偏正短语，中心话题为"色彩"，"2019"为"色彩"的限制语。一言以蔽之，考生需要借助一种颜色表达契合 2019 年特殊意义的观察与思考。审题中要注意三个关键。

1. 命题人所言的"色彩"为何？

从提示语的第一句我们可以得出：色彩应是一种蕴含意义的颜色。在处理这个中心语时应注意：

首先，要化大为小。选定一种色彩，要准确具体地赋予其意义。如果行文不谈具体何种色彩，直接走到意义词语上，势必会带来偏题的故事。如果将色彩选定为彩色、青蓝色、红橙色等等这样的组合色，并不能算作一种颜色，这也算偏题。

其次，要化虚为实。在构思立意阶段，要赋予这种色彩以意义，色彩意义应该符合常理常情，能够自洽。色彩本身属性带给人的单纯心理反应，是由色彩的固有属性决定的，这种直接的情感映射关系，是人类在整个进化中所积累的生存经验的一种具体表现。

有的考生将 2019 的色彩选定为红色以示冷静，这并不符合经验积累和情感对应逻辑，也就无法赢得读者的接受和认同。在康定斯基看来，一些常见的色彩所包含的意义是固定而丰富的。比如：红色光波长最长，最容易引起人的注意、兴奋、激动、紧张，同时给视觉以迫近感和扩张感，被称为前进色。红色还给人留下艳丽、芬芳、青春、富有生命力、饱满、成熟、富有营养的印象。红色又是欢乐、喜庆的象征。由于它的注目性和美感，它在标志、旗帜、宣传等用色中占据首位。红色也象征着危险，所以大部分代表警示的标志（红绿灯、静止停车）和按钮（消防按钮）采用了红色。

选定的颜色从读者直接性和间接性的心理反应来看，应为积极色，也就是暖色调和亮色调为佳。这是由题目中的五四运动 100 周年和欢庆共和国 70 华诞的背景信息决定的。如果考生选用灰色、黑色、土黄色等等包含较多暗色调和冷色调的颜色时，应着力挖掘这类色彩的积极意义，这也是一种构思中的自洽。

在行文阶段，这种意义在行文中最好由代表这种颜色意义的事物承载，然后在事件中落实，这才叫融合意义的形象呈现。

2. 2019 年特殊在哪里？

它指向色彩的意义得到彰显的路径。

首先，其要求故事主要以 2019 年为时间节点呈现。即使有过去事件的记叙，也应是为 2019 年的故事服务的。详写 2019 年，略写过去事件。否则从叙事逻辑来看，用过去的事件来代表 2019 年显然是不合逻辑的。

其次，2019 年特殊在哪里？要与新中国成立 70 周年、五四运动 100 周年相关联。换言之，2019 的色彩应该是基于新中国成立 70 周年和五四运动 100 周年基础之上的判断。题干中的五四运动 100 周年要求叙事关注青年对于国家的意义以及以爱国、进步、民主、科学为内涵的五四精神，新中国成立 70 周年要求关注国家历程的追溯以增强个人的认同感。明确地说，2019 的色彩应该是能代表爱国和青年精神的颜色。

最后，要有具体的事件做依托，这要求对 2019 年的重大事件有密切关注。由于事件价值需要用故事来承载，这要求我们在备考中对事件的关注不能仅限于了解，更应有深入的认识和思考。记叙文讲究构思，"构"指向故事的选材设计，"思"指向主题的思考认知。没有深入思考的故事是浅显的，无法触动读者。没有巧妙故事呈现的思考是无趣的，无法引起读者的持续兴趣。我们可以列举一些与新中国成立70周年、五四运动100周年呈现的意义相关联的事件：

（1）辉煌70周年。与新中国成立70周年有关的各种庆祝活动，比如：国庆阅兵、国庆献礼等。

（2）五四运动100周年。与五四运动相关的各种纪念活动。

（3）大国外交新征程。第二届"一带一路"国际合作高峰论坛，第二届中国国际进口博览会。

（4）科技新突破。5G商用呼之欲出，华为勇创"鸿蒙"系统，"天鲲号"顺利返航。

（5）太空新探索。"嫦娥四号"月球探测器在月球着陆，"中星2D"卫星成功发射。

（6）绿色生活美丽家园建设。2019北京世界园艺博览会，上海实施垃圾分类。

（7）交通领域新发展。北京大兴国际机场启用。

（8）"一国两制"谱写华章。澳门回归20周年。

（9）英雄辈出。排雷英雄杜富国、四川凉山救火英雄、邮递员其美多吉等等。

3. 高考考生的角色与立场为何？

提示语指出作为参加高考的"你"的感受和认识，尽管这个"你"在记叙文中可以虚构为其他人，但是它依然可以体现一个十七八岁的学生的认识。真实素材要求体现考生视角，虚构素材要求反映考生视角。当然你可以高明地处理这个问题，用一个十七八岁孩子的视角去记录更有代表性的人物的故事。但故事的主人公并不是随意为之的，如果主人公设定为低于考生年龄的幼儿、少年，势必在故事的思考深度上无法达成。

表达一种感受和认识，需要角度。作者从什么角度出发思考问题，就会关注到问题的什么层面。如果小说的主角是观察者和接受者，那么 2019 的色彩叙事更多停留在接受层面；如果小说的主角是参与者和推动者，那么他就作为 2019 的色彩生成的一个因素存在，无疑更有说服力。

约翰内斯·伊顿曾说："色彩向我们展示了世界的精神和活生生的灵魂。"指向色彩的生活思考和文学写作，要用自己的真实的感受、熟悉的素材、深入的认知、动人的情感去展示。如此，2019 的精神和生活于其间的一个个活生生的灵魂才能得到形象、有效地呈现。如此，谱写的故事才有通过写作达成的价值密度与思想重量。

二、范文解读

【例文一】

2019 的色彩

北京一考生

刘卫国从单位回到家时，还未推开门就已听见儿子教训孙女的声音。

即使在昏暗的灯光下，他也能看清儿子气得通红的脸上写着标准的恨铁不成钢。一串话从儿子嘴里机关枪似的跑出："小小年纪不知道该干吗，你今年要升高三了，怎么能瞒着家里报名？你知不知道女民兵方阵训练得花你 7 个月的学习时间！"一旁的孙女一言不发，脸也红彤彤的，眼睛没有一点犹豫地盯着她老爸。

刘卫国沉默地走过那对抗的二人，打开了上个月买回的 75 寸电视。这电视真大，屏幕里依稀可以看到争执的父女二人。孙女早就告知老爸她要参加国庆阅兵女民兵方阵的事儿，他心里被孙女这旁人看来"惊天动地"的举动烘烤得热辣辣的。虽然他不愿也不敢承认时代的洪流也许早已沉淀了他的理直气壮，但是他却在2019年这个夜晚的孙女身上看到了他曾有的火热的色彩。

刘卫国的青春是热烈的红色。按他父亲的话说，他真是生在了好时候。虽然在偏僻的山沟长大，但他也是"早晨八九点钟的太阳"，是"生在新中国，长在红旗下"的新中国第一批青年。学校条件有限，老师水平有限，刘卫国对了解新中国的渴望却是无限的，他如饥似渴地阅读着一切能搜集到的文字：艾青、臧克家的现代诗，红色经典小说甚至产品说明书……他像一株无人问津的小树，拼命吸收土壤中的养分，比旁人更早地结出了鲜艳的果实。初中毕业时，他在考试作文最后一行一笔一画地写下了"为创造新中国而奋斗"这几个闪光的大字。那一刻，他觉得自己终于没有辜负"卫国"这个名字。

"茜茜，你到底明白了没有？"儿子突然提高的音调把他从回忆中拉了回来。他望向自己的孙女，在取这个名字的时候，儿子和儿媳妇觉得茜字蕴含了一种传统的美感，正如《诗经》里说的那样。刘卫国也很喜欢，因为那一抹茜草蕴含着他对孙女的未来生活色彩的憧憬：热烈地爱着。刘卫国想说些什么，孙女突然开了口："爸，您不记得今年年初您去凉山进行医疗紧急支援的事情了吗？"

刘卫国记得清清楚楚。那个夜晚，那双坚定的眼睛，朝着他、儿媳妇和茜茜恳切地看着："我知道茜茜马上要上高三了。爸的身体很不好，但凉山那边60多名伤员真的需要医疗支援！"第二天，儿子就在家人的支持下赶往凉山了，一待就是一个多月。

"爸，也请给我一个机会，让我把青春奉献给自己的祖国，让我能在天安门前认真庄重地走过。7个月的训练并不会让我在奋斗的青春之路上缺席，反而会拥有更多。"刘卫国看着灯光下孙女年轻的、透着光的面容，恍惚觉得一切都没有忘记，一切都不曾改变。

他想起第一次看到了五星红旗。视线模糊了，他此刻无比清晰地看到红旗在一双双手的力量下冉冉升起，这是 2019 年最独特而又最恒久的颜色。这抹鲜艳的红，任凭时代磨洗，却永不褪色。这一瞬间，他觉得自己要做些什么。他的心跳从未如此剧烈，但他只是上前紧紧地抱住了自己的孙女。过了不一会儿，他们爷孙俩被一个更宽厚的臂膀抱住了。他想，2019 年会过得很热烈。

点评：这是一篇考场佳作。小说以独特的视角和别致的写法，用共和国 70 年发展历程中祖孙三代不变的忠诚与热忱来呈现红色的意义。文章选取了三个典型事件来表现：刘卫国在新中国的养护下茁壮成长；儿子在紧急事件中克服家庭困难，勇赴医疗前线；孙女在新中国成立 70 周年阅兵背景下，报名女民兵方阵训练。考生在典型事件的处理上详略得当，手法巧妙。在 2019 年的事件发展中运用闪回手法，截取三个片段加以记叙。三个事件环环相扣，因果相承。过去的故事推动了 2019 年核心事件中的冲突的解决。以小家之事呈现大国之面貌，以小场景折射大背景，形象丰满，语言沉稳蕴藉。

【例文二】

2019 的色彩

北京一考生

我又看见一抹流动的绿从山间盘曲的路上驶来。茫茫无际的白雪覆盖了地面，在这里，海拔 3 500 多米的高原上，这抹绿色是那么醒目。我大学毕业后来到这所养护站工作。起初来到这里，难耐的高原反应与寂静使我恨不得马上逃离。而那个人，却在这里，在这条路上走了 30 年。

"小曾，扎西德勒！"一道粗犷浑厚的嗓音划破寂静。一个身穿藏蓝色工装的汉子，从绿色的油车上下来。他留着口字胡，脑袋后面扎了个小辫儿，是个地道的藏族人，他叫其美多吉。其美多吉是个邮递员，30年往返在这雪线川藏317国道上，如今已经走了140多万公里了。

"小曾，我给你带来了些东西。"今年是特殊的一年，藏日拉隧道竣工了。其美多吉手里捧着牦牛肉，拿着青稞酒，朝我走来，有着说不出的兴奋："隧道开通后，信件就更能及时安全地到达了。"大家都知道，这条路一面临着碎石千堆，一面临着深渊万丈，还常有冰雪覆盖，危险至极。隧道的开通对于这个常年行走在危险路段的人来说真是一道屏障。

我看着多吉，他的身材魁梧，脸庞黝黑，脸颊却红红的，洋溢着幸福和喜悦。多吉热爱他的工作，也热爱这条雪原上的路，他把这项别人无法忍受的枯燥工作当作自己的毕生使命。记得有一次，歹徒劫持邮车。多吉拼死保护信件，最终身受17刀，肋骨断了4条，头盖骨也被削下去了一块。我去医院看望他，第一次看见这个巍峨如山般的藏族汉子在我面前哭得泪流满面。我知道这不是因为疼痛。他哽咽着说："小曾，我还想继续……我还想……"

有人知道他经受了怎样的痛苦，没有人知道他为什么对工作如此拼命，想必只有多吉自己明白。"多吉，你的身体怎么样了？""没大碍！"他一边说着，一边出门，朝着隔壁走去。

一缕歌声在雪原上飘荡，多吉哼着他最爱的《卓玛》来了。乡亲们听音辨人，早已立在院墙边等着。他热络地同他们打招呼，笑声响彻云霄。藏族汉子在他们身边，像一座大山，山的这边隔绝了所有寒风，仿佛春意已至，绿意盎然。

"多吉，今年家里桑塔高考，录取通知书要沾沾你的福气送来啦。"

"多吉，今年是建国70周年，我订的《人民日报》可要一期不落地送过来啊。"

"多吉大哥，今年巴桑结婚，在淘宝上订的创意糖果的包裹，您帮忙留意着哦。"

……

多吉一一笑着回应，又从车里拿出了水果蔬菜分给了小孩子。

我问他为什么要拼命保护那些信件。多吉笑了，脸上充满了藏族铁汉的自豪。他说，因为这绿色的邮车上，装的是孩子们的录取通知书，装的是党报党刊和机要文件，装的是堆积如山的电商包裹，这些都是乡亲们的期盼和希望。

寒暄过后，多吉又立即开车离去，就这样，雪线邮路上又响起了他粗犷而优美的歌声。"一双粗糙的大手，刻满人生酸甜苦辣。世上只有雪山崩塌，没有自己倒下的汉子……"他的身影在这条雪原之路的尽头消失。他总是马不停蹄地赶着路，我们知道。

今年，藏日拉隧道通车了。他的歌声更会唱响在过去从未到达过的地方，给那里闭塞的乡亲们带来那一抹希望的绿意。对于甘孜县的乡亲们来说，2019 的色彩是绿色的，即使冰雪依旧。

点评：本文的亮点在于构思。此文着眼于两个社会热点事件：藏日拉隧道通车和 2018 "感动中国"年度人物其美多吉。考生将之巧妙融合，将时间推及 2019 年，叙写了一段故事。故事中铺设了两种希望的绿意：藏日拉隧道的通车给常年行走在危险路段的工作人员以生命的卫护和旅途的畅顺；以其美多吉为代表的川藏工作人员给川藏百姓带来的希望与生机。从而准确充实地反映了国家政策和人民奋斗给这一方土地带来的生机与活力，笔端显示的是考生对于材料的加工和设计能力。其美多吉的人物形象塑造丰满有特色，语言朴实动人，饱含深情。

【仿写范文一】

2019 的色彩

人大附中　陈心扬

身在清华校园，眼前一片翠色。操场被绿树环绕，配着绿茵场的草绿，在密布乌云的天空下更显生机。冷风拂面，不远处高大的梧桐们抖擞着葱绿的叶子，愈加挺拔精神，涌起阵阵葱茏波涛。2019 的色彩，该是绿色吧。

正参加入学 30 周年校庆的父亲和同学们向我走来："今年 108 年校庆，时逢祖国 70 周年华诞，正接力跑呢。你要跑吗？"镜片后的眼睛闪着光，繁重的研究工作并未压垮他。尽管并不是清华校友中的一员，但看着这样青春的父亲，我同意了。

踏上跑道，空气冷冽而清新，扑面的风愈显寒凉，草木招摇着碧绿的手致意。斜前方是位高大健壮的青年，肌肉在皮肤下鼓起，脚步轻盈，迈着大步加速；身旁是父亲的同学，胳膊在微微发福的身体两侧前后甩动，腿抬得极低，白净的脸通红，微张着嘴大口喘息，摇摇晃晃地前进；更有位枯瘦结实的老者，想必常运动，神情淡定，胸廓规律地收缩舒张，很轻松似的。踢踏脚步声杂乱无章，呼吸声粗重急促。尽管状况不同，但是无人掉队。

其实，我有些疑惑："大家为什么跑？"父亲停下指指门旁公告栏，其上几个大字：文明其精神，野蛮其体魄。"让精神文明，应先让身体强健，来完成清华学子的诺言：'为祖国健康工作五十年'。"父亲扬起唇角，眺望奔跑的人群，清亮的眼睛反射着婆娑树影："你看那祖孙三代，老土木工程专家见证过 70 年前新中国成立，在新中国百废待兴之际毅然舍弃国外优越的条件回国，参与到武汉长江大桥的设计和建造之中，如今仍精神矍铄；他的儿子继承衣钵，为珠港澳大桥痴狂十几年，如今如愿以偿。而你们这一辈，"父亲看向我，笑意更甚，"风华正茂，拥有无限可能，承载着无穷的希望啊。"

主席台前的银杏枝叶垂得很低，轻轻颤动；以叶为背景奔跑着的人中年轻或年长的脸上都嵌着双发亮的眼睛，坚定有力的步伐紧跟队伍，仿佛仍是少年。偌大的绿茵场上似乎只剩这群人，成为葱翠海洋中的主角，喷涌青春健康的活力。

清华确是座青翠的校园，它在共和国的滋润下茁壮成长，处处葳蕤，满眼青葱。古树遒劲沧桑，虬曲着根节，傲然矗立；大树粗壮繁茂，伸腰立枝，凌空舒展绿臂；树苗瘦削滴翠，欣欣然抽出嫩叶，热情地汲取水和阳光。过去，古树奋斗着构造树林荫翳；如今，大树拼搏着丰富斑驳绿影；而未来，树苗将努力着缔造如盖绿荫。每个经过树下的学子都染上绿意，奔跑着，去野蛮体魄，去文明精神，成就新的希望，创建更美的明天。

踏上一座白石桥，我走到桥边看绿水澹澹。青碧河水映出团团树影，浅浅深深，在寒风中泛起涟漪，荡漾着2019的色彩。

我的影子也在河中荡漾。

点评：这篇文章是一篇记叙性散文。虽然情节并不复杂，但人物群像各具特色，主旨明确。作者善于把自己的所想所思、所感所怀，具象为一个个景象镜头、一个个人物镜头，使文章真实可感。事件从清华大学接力跑开始，延展出祖孙三代桥梁人的梦想传承，突出了2019的色彩背后的价值意义。同时，文章在主旨的呈现上虚实掩映，点面交辉，文字灵动，感受细腻温润。如能在人物塑造上有一定具体的事件呈现，会有更动人的力量。

【仿写范文二】

2019 的色彩

人大附中　李梦舒

"杜富国同志，今天又有一封崇拜者的信哦，要我读给你听吗？"

我询问面前的年轻人，目光不由自主地再次停留在他眼前的墨镜上。他点点头："麻烦你了，李护理。"

三月的阳光洒在信封上，好像想辨认清那一行歪歪扭扭的字迹。我忍不住笑了："这是孩子写的呀。"他一向紧绷的脸也露出了笑容："我还没有收到过小孩子的信呢。"

"杜富国叔叔，您好！我是一名三年级的小学生。在电视上看到你们手拉手、唱着军歌在清理过的雷区上大步前进的画面，让我觉得排雷战士都是了不起的英雄！您，更是英雄中的英雄！最近老师给我们开了一个主题班会，叫'2019年，英雄的色彩'，我马上就想到了您……"我的余光瞥见他的笑容越发灿烂起来，原来铁骨铮铮的战士，心里也有一块柔软的地方。

"……之前老师让我们体验当盲人的感觉，戴上眼罩之后，我感觉整个世界只剩下黑色了，不由自主就害怕起来。您在遭受意外之后，也会有这种感觉吗？同学们说2019年是五颜六色的，可您的2019年只剩下了黑色，您后悔吗？"

我一惊，抬头发现一抹微笑凝在他的嘴角。他慢慢抬起胳膊，空空的袖口扫过眼上的墨镜。

"杜富国同志，你……还好吗？"

他沉默了一会儿，摇摇头："没事。"

领着他慢慢走过小花园，已经有好几朵杜鹃绽开了——阳光在火红的花瓣上跳舞，一丝淡淡的香气正氤氲在空气中。"杜鹃花开了，好红啊！要是成片成片的，那得多好看！唉，你要是也能看见该多好。"说完后就自觉失言了，尴尬间他却笑了起来："李大姐，我还真见过一大片的杜鹃花呢！一次执行排雷任务的地点旁，满山的红杜鹃开得像一片云霞。你没想到吧，雷区也能这么美。我现在闻到了杜鹃花的香气，好像又看见了那片花海，那就是你想看到的画面哩!"

两天后的早晨,我把专门买的杜鹃花放在窗边:"这盆杜鹃现在只开了一朵,但也红得好看,放在这儿,你也闻闻花香。"他很高兴,不断说着谢谢。突然,又有些羞赧地说:"李大姐,你能帮我给那个小学生写封回信吗?"

我摊开信纸,写下他慢慢说出的话:

"亲爱的小朋友:感谢你给了我一个思考的机会——我的2019年,是黑色的,但我不后悔。在地雷爆炸、眼前一片血雾时,我是没想到怕的。而转运到医院的途中,我是怕的,怕自己会坠入黑暗。毕竟,黑暗是恐惧和死亡的颜色。所以,我一度认为雷区上空弥漫着死亡的黑影。可后来,我在雷区看见了漫山的杜鹃花开,那片火红是生命在燃烧。现在,又到了杜鹃花开的春天,虽然我的人生只剩下黑色,但在我心里还能映出五光十色。你的同学说得也不错,因为黑色是最深沉的、最汹涌着生命力的颜色。我很高兴用2019年甚至余生的黑色,换来你们的五颜六色。"

他把头转向那盆杜鹃,年轻的脸庞在阳光之中如此帅气:

"孩子,我把最喜欢的诗句'一腔热血勤珍重,洒去犹能化碧涛'送给你。这是秋瑾在1905年写的诗句,两年后她就义前会悔吗、会怕吗?我想她的答案和我一样:因为不悔,所以无畏。无数人的热血,化作滚滚碧涛,才能有今天的盛世华章。"

阳光打在小伙子的墨镜上,那里似乎涌动着光芒。

点评:这篇小小说在事件构思和人物塑造上是成功的。第一,人物的准确性。作者对人物的事迹、人物失明后的心理、人物品质的把握是准确合理的。现实人物取材应符合基本的事理逻辑、情理逻辑。第二,人物的价值性。作者想通过一个无知无畏的小孩子之言来挖掘杜富国同志内心深处更虔诚的情谊。和平年代的英雄是平凡真实的更是始终如一的。即便眼前一片黑色,但不视黑暗为死亡、恐惧与绝望,而将之作为换来别人生命色彩的光明之色。第三,故事设计巧妙。事件的连续以信件的交往作为线索,事件的延宕以杜鹃花的观察作为点染,事件饱满而有触感。

第十一讲　那条在生命间回响的信息

——2020年高考北京卷作文解析

> **【2020年高考北京卷作文题】**
>
> 　　当今时代，我们每天都会面对各种各样的信息。其中有一条信息，或引发了你的感悟，或影响了你的生活，或令人振奋，或使你愧疚，或让你学会辨别真伪……
>
> 　　请以"一条信息"为题，联系现实生活，展开联想或想象，写一篇记叙文。
>
> 　　要求：思想健康；内容充实，有细节描写；语言流畅，书写清晰。

一、审题指导

　　每一个时代都有它独特的语言，即时代语言。当某一词语或词语群频繁出现并被广泛使用时，这个时代的"新"就在被定义。近年来，"信息"一词无疑成为时代语言中最火爆的家族成员，这不仅昭示着信息时代的到来，而且反映着信息已渗透到当代人生活的各个角落。我们凭借着移动终端，在开启每一个软件应用的那一刻，就注定美妙的一天从获取信息开始，也从获取信息结束。

　　由此可见，"一条信息"一题体现了对当下时代生活的关联和关注，引导学生关注现实人生，聚焦生活体验，以写作者之观察与讲

第十一讲　那条在生命间回响的信息——2020年高考北京卷作文解析

述，表达对信息时代的态度和思考。

平实、简朴、自然，但有内涵、有深度。面对这样一个作文题目，考生的写作门槛是较低的，写作空间非常大。但也存在着审题上的关键节点。审题应关注到以下几个方面。

1. 何为"信息"？

一说到信息，我们首先想到的是手机短信、微信，也会想到一条消息，一条新闻。

学习任务：请判断如下事物是否算"信息"。

①图片。

②火警警报。

③被情报员推至窗外的花盆。

④一张微笑的面庞。

从提示材料来看，"其中有一条信息，或引发了你的感悟，或影响了你的生活，或令人振奋，或使你愧疚，或让你学会辨别真伪……"这句话说明信息不以形式和载体作为判断标准。而以下面两个特征作为合题标准：能够引发人们行为、心理、情感及思考的内容，以消除不确定性为价值。

当然，信息包含着干扰信息，无论是违背事实的伪信息，还是信息量为零没有消除任何不确定性的无效信息，抑或是片段截取的碎片信息，都对我们获取确定性造成了干扰。但无论以上哪一种，发信人发信的初衷都是消除收信人的不确定性。虽然结果却极有可能带来更多的不确定性，而这恰恰是引发故事波澜的关键要素。

总之，理解信息的关键在于对信息的原义和语境义（叙事中的价值义）双重把握。在这点上，这与2016年的"神奇的书签"有着很相似的写作要求。命题者将记叙文中一个叙事类道具元素作为切入点，以考查学生的审题及写作能力。以 2020 年为例，切题上其实侧重考查的是信息这样一个记叙文道具，能不能持续推动叙事的发展，引发深入的主题思考，产生真挚的情感共鸣。

2. 何为"一条信息"？

学习任务：请判断如下情况是否符合"一条信息"。
①信息内容在开头并没有交代，而是伴随着情节的发展逐渐展现出全貌。
②故事中出现多条信息，但叙事围绕一条主要信息展开。
③信息被篡改、误解，出现多个版本，最终还原真实面貌。

故事围绕一条信息不同于故事只能有一条信息，判断的关键在于信息在叙事中是否固定且有核心的价值义。因此，我们不以数目的多寡作为是否符合"一条信息"的判断标准，而是看是否有关键信息。多条信息可以区分主次的视为合题，不能区分主次的视为不合题。信息出现被篡改、修订、延迟、销毁等情况，恰恰是营造故事波澜的关键。

3. "一条信息"的叙事功能

学习任务：请按照以下标准（见表 11-1）为自己的作文归类。

表 11-1　　　　　"一条信息"切题标准

等级 标准	一类	二类	三类	四类
切题标准	一条信息能引起叙事、情节、心理、思想、情感的变化，叙事与一条信息紧密关联。	围绕一条信息展开叙事，叙事的大部分内容与一条信息有所关联。	一条信息仅作为叙事背景或点缀，撤掉信息故事照样展开。	叙事与一条信息无关。

二、主题启发

在一个信息化的社会里，我们最不缺乏的就是信息，但信息为个人或社会带来的悲欢、真假、利弊却各有不同。如何借信息之风乘风破浪，如何在信息茧房中保持独立，又如何在信息丛林中学会鉴别，这是题目希望学生可以深入思考的地方。

想让自己的故事给当代读者以立足当下的深刻省悟，同学们势必要围绕信息时代做主题开掘，为故事寻找一个有深度的灵魂。总体来说，信息时代的特征与内涵可以从积极与消极两个方面来谈。

1. 积极方面

（1）信息获取的数字网络化。

信息时代指的是数字时代，是以数字化为基础的信息时代，也就是在互联网、数字（数码）技术的支撑之下，信息传输和传播的方式以数字为介质，文字印刷、声音（听觉）、图像（视觉）、影像（视听）等彼此异质化的媒介也都转换为同质化的数字媒介，这是信息时代比较狭义的定义。

（2）信息获取的迅捷便利。

信息时代，人们可以通过互联网快捷获取过往时代所不能轻易获得的信息。

（3）信息总量的爆炸式增长。

信息时代最鲜明的一个特征，即社会上信息总量的爆炸式增长。信息在社会中的功能和影响越来越大，扮演的角色也越来越重要。而且，人的社会竞争力的大小也表现为其信息积累的多少、获取辨别信息能力的强弱以及开发利用信息程度的高低。

（4）信息成为社会的重要生产要素。

数据已成为继土地、劳动力、资本、技术之后的第五大生产要素，这是划时代的变革。

（5）信息形塑人类的思维与情感逻辑。

技术的进步使当代人的生活发生变化，这种变化逐渐形塑了我们的思维与情感逻辑，我们甚至"异化"为遵循信息技术规律与逻辑通路进行工作和生活的"后人类"。

2. 消极方面

可以说，人无往而不在信息之中。信息带给我们的益处是不容忽视和拒绝的，但信息对人亦不乏消极影响（见图 11-1）。

图 11-1 信息时代的信息之弊

（一 信息丛林；二 信息匮乏；三 信息超载；四 信息失真；五 信息透明；六 井蛙共振；七 信息鸿沟；八 信息茧房；九 信息依赖；十 其他；中心：挑战与风险）

（1）信息丛林。

信息丛林现象指的是在信息爆炸的时代，信息量巨大且复杂。这使得人们在获取和处理信息时面临困难，仿佛置身于信息丛林中，难以找到准确、可靠的信息。这种现象反映了信息的复杂性和多样性，同时也揭示了信息管理中存在的问题。

信息丛林现象体现了信息的复杂性，包括物质复杂性、生物（生命）复杂性、社会复杂性、文化复杂性、经济复杂性等多个维度。这种复杂性不仅体现在信息的种类和数量上，还体现在信息的来源、真实性和相关性上。由于缺乏相对一致的基本概念与研究范式，以及专业术语的失范，人们对复杂性的理解千差万别，导致知识累积困难。

（2）信息匮乏。

信息爆炸并不一定意味着对公众信息需求的满足。相反，信息的冗余会导致信息的相对匮乏。因为大量无价值的垃圾信息会将真正有价值或公众真正需要的信息淹没，当代人面对信息丛林，会造成另一种形式的信息匮乏，相对的信息匮乏。信息爆炸带来的匮乏还体现为老年群体在接受新技术与新知识中信息获得的无助。科技和网络的功能设计和内容生产造成老年群体在收发信息上的无助，从而带来了相对的信息匮乏。关注信息匮乏，是从质的角度来思考信息时代，故事也就有了新的切面。

（3）信息超载。

凯文·凯利在《必然》中写道："这个星球上增长最快的就是我们生产的信息量。信息以类似核爆的方式膨胀。但与真正的原子弹爆炸不同，信息爆炸不会只持续数秒，而会一直进行下去，好比一场持续几十年的核爆。"[①] 信息爆炸一方面拓展了人类的资讯世界，另一方面也带来了个人接受严重超载，尤其是信息内容的重复冗余，即便是一条信息，反复无效的传递也会极大影响当代人的生活效率与质量。

---

① 凯利. 必然. 张行舟，译. 北京：中信出版社，2023.

面对"乱花渐欲迷人眼"的信息丛林,如何有效减除冗余信息,保证信息带给自我的价值,这也是故事可以落脚的地方。

(4)信息失真。

自媒体时代到来,每一个人只要有一部手机,就可以成为一个信息发布者。谁来保证信息的真实度和严谨性?尽管我们常常提醒自己不肆意编造信息且不被错误信息误导,但我们得承认:人类确实是一个善于欺骗且善于被欺骗的物种。在后真相时代,政府及媒体更有责任呈现真实的新闻报道,审查疑似虚假、夸大、带有煽动性的信息,尤其要防范假消息在社交媒体上的病毒式扩散。而作为信息时代的公民,应保持独立判断和诚信,不仅要有效使用互联网和数字设备,还要敢于正视"证实性偏见",对扑面而来的海量信息进行批判性思考和鉴别。

(5)信息透明。

在信息时代,信息传播的多渠道,使得信息的传递过程更加透明,信息的传播范围和获取范围更加广泛。但同时,信息传播的透明性,却并不一定能带来信息的真实性和可靠性。信息的泛滥和信息差的扩大,反而让人们变得更加迟钝和偏激。与此同时,个人隐私方面的信息,因为没有遮蔽地呈现在信息端口,也增加了骚扰和诈骗风险,社会信任也受到了冲击。

(6)井蛙共振。

生活在井底的青蛙其视野非常有限,只能看到井口那一小片天空。当井蛙与其他井蛙交流时,它们由于共同的局限性认知而产生共鸣,更加坚定它们的错误认知,共同高喊"天空就是井口那么大!"。在互联网时代,"井蛙共振"则是指大量的人在接收到相似或相同的信息后,形成的一种共振效应,这种效应可能会导致极端观点的形成和扩散。在井蛙共振中,人们往往只关注自己的小圈子,容易形成一种狭隘的世界观和价值观。这种现象不仅限制了人们的思维和视野，还可能导致群体极化和社会矛盾的加剧。

（7）信息鸿沟。

数字时代的科技进步并未填平固有的阶级鸿沟，反而催生了新的"数字鸿沟"。1999年，美国提出"数字鸿沟"的概念，关注人们能否接入信息技术以及接入后不同人群所获得的机会差异，表现在由信息落差引起的知识分割、贫富分化等问题。多年来，数字鸿沟经历了从"接入沟"到"使用沟"再到"效果沟"的三级变迁并持续衍生新的形态，如城乡数字鸿沟、发展中国家数字鸿沟、银发数字鸿沟、性别数字鸿沟等。数字鸿沟的影响早已超出了传统意义上信息的范畴，其改变的不仅仅是人们对公共信息的获取，还有全方位对日常生活的重塑。诸如，消费购物、医疗卫生、交通出行等人们日常生活领域的数字化，都在不断促使信息匮乏者不得不主动进入或被动卷入数字化社会之中。

（8）信息茧房。

哈佛大学法学院教授桑斯坦在2006年出版的著作《信息乌托邦》（*Infotopia：How Many Minds Produce Knowledge*）中提出人类会习惯性地从已有的信念或假设角度来搜索、解读和获取信息，忽略甚至不看与自己价值观取向相左的信息。这就造成了人们像蚕蛹一般，越来越蜷缩进小小的"信息茧房"当中。如何避免沉浸在偏爱的事实或信息之中？如何检视并拓展自己的知识体系和视野格局？这些也是我们的故事可以回应的地方。

与信息茧房相关的是回音室效应。桑斯坦指出，在一个相对封闭的环境中，一些意见相近的声音不断重复，并以夸张的或其他扭曲的形式重复，令处于相对封闭环境中的大多数人认为这些扭曲的内容就是事实的全部。"回音室效应"更侧重强调网络技术在带来便捷的同时，也在无形中给人们打造出一个封闭的、高度同质化的"回声室"。

三、素材拓展与写法点拨

1. 素材拓展

素材链接一：媒体传递失真消息。

2005年4月17日，国内众多媒体发布关于"高露洁牙膏可能含致癌成分"的信息，引起轩然大波。截至2005年4月19日，在88%以上的过去信任高露洁品牌的消费者中，表示会继续使用的不到10%，高露洁销售额降幅达45%~65%。随后跟踪调查表明，这不过是媒体信息传递失真导致的一起公共卫生危机事件。事实真相是研究者只是表明在洗手液中发现的三氯生以及含氯的自来水在实验条件下可以产生反应，并未提及高露洁。而媒体断章取义了这篇文章。

素材链接二：老年群体信息无助。

中山大学传播与设计学院关于中老年人上网状况及网络风险调查报告显示，网络谣言是中老年网民群体遭遇比例最高的网络风险，部分中老年网民成为信谣与传谣的主力军。腾讯公司辟谣产品"较真"平台显示，中老年人易感谣言大致分为四类：饮食养生类谣言，疾病医疗类谣言，公共安全类谣言，公共管理政策类谣言。

老年网民之所以易受到网络谣言、"标题党"等不良内容的影响，主要原因包括：受教育水平低，缺乏基础科学常识，多以老经验判断新事物；接受信息多通过口耳相传，缺乏分析鉴别能力，易被误导；生理和社会活动能力降低，从众心理和"善意关心"利他心态又较重；空巢老人、流动老人增加，缺少代际交流关心，亲情关爱缺失，精神世界孤独空虚。以上原因导致老年网民易轻信网络谣言、"标题党"等，特别是谣言制作者往往利用老年人的善意，用"不转就会如何如何"的套路，使他们上当受骗，甘当"二传手"。

2. 写法点拨

在这里，为同学们提供几种巧妙的叙事思路，供同学们参考。

一般来说，以信息作为故事的开端，引发了故事的发生发展。用直叙的方法去陈述是容易铺展情节的。如果这条信息只是在开头交代一下，与后续的故事没有形成叙事逻辑，这就是"穿靴戴帽"，属于三类文。如果信息只是简单推动情节的发展，那就是二类文。

思考一：如果这条信息从一开始就出现，但它是作为故事的结果出现的，后文是倒叙，这算几类文呢？

我们想到爱用倒叙结构的鲁迅先生，为什么选用倒叙？重点不在于故事的讲述，而在于主旨思想的传达，他想借由倒叙的手法追根溯源，完成人物的反思和忏悔。如果在回顾故事的基础上信息触发了新的情感转变和对于人物人生的重新思考，那么这就不是简单触发，恰恰生成的是一种反思和忏悔，这是深刻而复杂的叙事。

思考二：那么信息可不可以在最后出现？

可以。比如它作为一个突转，引起了故事的回溯，形成了故事空间上的另一个套环。比如欧亨利式的结尾。总的来说，作为道具元素的这条信息对故事的情节推进都有着重要影响。例如这条"被延迟"的信息（见图 11-2）。

起	承	转	合
• 武汉方舱医院的重症监护室的医生收到来自妻子的短信，未来得及阅读就进入重症监护室12小时。	• 信息给医生带来了巨大的心理波澜，因为他出发前家中的高三生不舍父亲，强烈阻止他离开北京。	• 医生经过复杂的心理活动，决定专注投入到12个小时的监护中，因为他相信孩子会理解并尊重他的选择。	• 12小时过后，脱掉重重防护服的他迅速回到休息室，打开短信，果然如他所愿。

图 11-2 "一条信息"构思示例

一条信息的来回推动着故事的起承转合，曲折动人，其背后是全家人对于支援武汉的社会责任和个人担当的共识。更有在家人之间默默流动的温情和理解。结构的设计背后凸显的是情感和主旨。从人物来看，信息牵引了人物的情绪波动、心潮起伏，而正是这作为障碍的未读的信息，才向我们展示了一个立体平凡而又坚定伟大的医生形象，真实而动人。

思考三：一条信息可否出现"变形"？

有丰富立意价值和叙事价值的信息变形可以达到制造波澜、深化主旨、对话现实、影响当下的作用。比如我们来看这则"被误读"的信息（见图11-3）。

起	承	转	再转	合
• 中年记者面对职场生涯的重大关头：三个月没有采到爆点新闻，面临下岗。	• 坐在市集长椅上，想要借抽烟排解烦闷。突然发现远处怒气冲冲的中年妇女揪着小商贩衣领，记者迅速拍摄照片，速写稿件，制造了一条信息："中年妇女市集辱骂殴打商铺老板为哪般？"	• 收到主编的"祝贺"短信，松了一口气，为了看热闹走近信息源，惊觉是商铺老板总是缺斤短两，妇女是为顾客打抱不平。记者陷入巨大矛盾。	• 凭着未丢失的良知，打电话给主编，想要说明事实，但是主编告知他信息已经发布在门户网站，引发巨大点击量，再次被"祝贺"下挂断了电话。	• 收到网站上的留言，向他申明热心张大姐的故事。在张大姐故事的感召下，记者在留言区写下"作者申明"四个字。

图 11-3 "一条信息"构思示例

一条信息的误读与正读，一条信息的错发与对发，是一个面对职场困境和职业操守的记者的初心寻回的历程，更是对新闻职业人在当下的名利诱惑和生存挑战的双重障碍中何去何从的良心回应。故事背后是学生一双观察社会的眼睛，一份坚守良知的情怀。

四、范文解读

【例文一】

一条信息

人大附中 2021 届毕业生　张文帆

周末在家时，电话铃声突然响起来。这种在休息日打来的电话，大多是广告，接听之后只传来生硬的电子音。我慢吞吞地拿起手机，屏幕上的来电显示赫然写着"外婆"二字，这种意料之外的来电使我疑惑而紧张，赶紧接听了电话。

那边传来了我熟悉又陌生的声音，外婆小心翼翼地问："妮儿，你忙吗？"得到我否定的回答后，她稍稍放松了些，说道："我想问问你，我这手机怎么发'短信'啊？"对于这种问题，我几乎想脱口回答"上网查查啊"，却最终没有说出来——外婆用的是老年机，更不会操作电脑这种复杂的工具。

（学发信息——发什么，不说，伏之——"我"冷漠。）

我于是耐着性子，回忆着老年机的使用方法："先点开菜单，就是右下角那个，然后按右键，等它出来一个信封……"还没说完便被外婆打断了，电话那边的她焦急地按着键盘："我这屏幕怎么不动啊？你看看！"暂且忽略掉我看不到她的屏幕的事实，我意识到外婆的手机无法在通话时开启新的界面。

（学发信息——发什么，还是不说，伏之——"我"忍耐。）

我有些烦躁，直接对她说："现在在电话里教您太麻烦了，等晚上我帮您发了消息不就行了吗？"我自满于自己的妙计，外婆却斩钉截铁地拒绝，执意说一定要自己学会并把信息发出去。我不禁好奇起来，究竟是什么意义非凡的信息，能让外婆费尽周折地尝试探索对她来说如此新鲜的领域。

（执意自己发信息——发什么，刻意不说，玄之又玄——"我"好奇。）

　　外婆的一声"对了"又勾回了我的思绪。她轻轻地笑了，如同寻到了什么好玩法的孩子一样："我可以画下来！不会写字，画下来不就行了？"听到她雀跃的声音，我脑海里又浮现出这位七旬老人的身影。她满怀期待地把从电视上学来的新菜品摆上桌的样子，她专心致志地在老年合唱团吊嗓子的样子，她一本正经地摆弄电子互动人偶逗我刚出世的妹妹的样子。在这些时候，她的眼中总带着光，那些洋溢着的生命的热情在光点中翻滚，仿佛磨平了她眼窝旁深刻的皱纹。明明我还总是回避新品，拒绝软件更新，但她却努力想要走在"时尚"的前沿。

　　（换方式发信息——发什么还是没有说，宕开一笔——外婆的执着与努力让"我"敬佩。）

　　原来她想问的是转发短信的方法，我动用一切形象化的描述，终于全部传达给了她。夜间我回到老家的宅子，发现一向睡得极早的外婆的房间里还亮着灯，想必她还在研究自己学到的新技能吧。我没有打扰她，回到了自己的房间。

　　可我刚踏进房门，有新信息的提示音便传来了。打开手机查看，却看到发件人那一栏竟是"外婆"二字。我打开详细内容，没有想到收到信息的竟会是我。这是一条转发自运营商的短信，是服务套餐每天都会发到外婆手机上的笑话：

　　"开心一刻。王大妈最近很苦恼，和她的小孙子说做了红烧鲤鱼，小孙子也不会再吵着回家了。李大妈听后给她支招：'这还不简单？你跟他说家里装了无线网，他准来！……'"

　　（千辛万苦不是为学技术，而是为传递依恋与爱护——"我"感动。）

第十一讲 那条在生命间回响的信息——2020年高考北京卷作文解析 | 235

我想起她和蔼的笑和粗糙的手,我想起身去拥抱她,但最终还是停下了脚步——我再次拿出手机,也编辑了一条我珍藏的、有些无趣的、平日里不会讲出来的笑话,点击了发送。

("我"发信息——完成情感的传递。)

点评:关注作品在两代人的往来互动间所观照的主题——潮流中的多数与少数。

【例文二】

一条信息

人大附中2021届毕业生 张馨元

手机收到一条新信息。

"叮"的一声响,让我短暂地脱离繁重的工作。母亲微信头像上红红的数字"1"让我心里一沉——原来今晚就是除夕了。

信息只有一条,却是既熟悉又恼人的60秒语音。我灌了一口速溶咖啡,点开那条信息,微信那头的母亲开口了。

她的声音仍旧动听。我想起小时候,我会在她轻声哼唱的婉转动听的安眠曲中安然入睡——在我的心里,那是世界上最甜美、最治愈、最能让人心安和踏实的声音。于是孩童时代的每一个梦乡,都因为母亲的歌声而充满了甜滋滋的奶糖味道。

(信息的特殊性:语音信息拉近了对话者的距离,因它是附着情绪和情感的文字,唤醒了远在他乡的游子的情感记忆。)

"今年是不是又不回来了?……我和你爸可想你了……累了就回家歇两天。"然而此时信息里的声音的滋味,却像嘴里正含着的速溶咖啡——满是轻松的语气背后,分明极力掩藏着一丝埋怨和失落。

我听出岁月日复一日地在她声线上留下的皱纹,她故作轻松地说出"回家"二字时,是多么小心翼翼,几乎带上了不易察觉的颤音。

我心里像针扎一样疼，慌忙关了只播了一半的语音信息。这么多年，我从没完整地听完母亲发来的任何一条信息。之前是没有耐心，这次是确实不忍听下去。

心里的愧疚和急切，不断催促着我快速处理了工作，挎上包，在正午的骄阳下冲出了空荡荡的写字楼，向家的方向奔去。

（信息的特殊性：未听完的信息，是因思念采取归家行动的游子主动中断的信息。）

开车挤过一段段拥堵不堪的出京高速，大约在深夜时，我终于站在了家门口。

父母就坐在靠窗的沙发上，背对着我。我像小时候一样，蹑手蹑脚地猫腰走过去，玩起了"吓唬人"的幼稚把戏。

父母正抢着一只手机。父亲正埋怨着："你说你怎么能跟孩子说'又不回来'这种话！孩子工作多辛苦，听到你的消息多闹心啊！"

"嗐！也怪我多嘴，不过那条信息里不是和她说了吗，不用想咱们，安心工作就好……"

父亲点点头，叹了口气："今天包饺子吗？"

"不包了，孩子不回来，咱俩吃速冻饺子凑合一下吧……对了！我得给孩子再发一条信息，让她给自己做点好的，别老吃三明治了！"

"都发过一条信息了，我劝你啊，别发了！孩子那么懂事，过年不回家，心里肯定不好受，别打扰她了……"

父母几乎吵遍了那一条信息里的每件小事，每处措辞，每种语气里的小情绪……只是句句离不开"孩子"二字。

"还有，你那条信息应该发短点，隔壁李哥跟我说，年轻人都没时间听完你那种60秒的语音。"父亲这么和母亲说着，我才想到并没听完的另一半信息。

（信息的特殊性：信息有限，背后承载的不是贫乏，而是千言万语堆积而成的欲说还休。)

这一次，我又捕捉到和父母一同老去的房子发出的轻轻的回音。曾经，我觉得一家三口生活得很挤，可离开之后却发现它大得如此空荡。"……闺女，爸妈知道你工作忙，压力大，回家的路堵……你呀，不用想着回家过年陪我们，自己趁这几天好好休息……"

我在这缓缓播放的一条信息里湿了眼眶，扬了嘴角。我理理衣服，去敲那扇老旧的木门——

"爸妈，我回来了。"

（信息的特殊性：信息的变，却恰恰是亲情的不变，因为父母的情深包含着无私与包容。）

点评：关注作品通过构思信息的悬念和对比所传达的主题——信息在形塑情感时的有利之处。

【例文三】

一条信息

人大附中2021届毕业生　侯靖

"上头传来消息说，明天上午，书记要来咱们村视察！"村主任聚集了所有村干部，满面严肃："去年省里布置了扶助贫困户的任务，但是秋天那场严重的冻害让我们的果树都冻坏了，没有好收成，这任务可以说是没有完成，上头要是问下来责怪说我们办事不力可怎么办？"

干部们七嘴八舌地讨论起来，最终一致决定在视察当天，让最贫困的几户就待在家里不要出来，锁上房门，上头领导问起来就说是废弃房屋，没人住的……

不一会儿，村主任的消息也通过村头喇叭传遍了全村："……我们要做好全面的准备，不能让书记到后失望！"这消息就像溅进油锅里的水,让整个村子都沸腾起来了。

村主任还在不断地通过喇叭下达着各种命令:"都把自家过年穿的衣服拿出来明天换上,别让书记看到各家都穿得破破烂烂的!"李大妈听后有点慌张了,家里去年收成不好,自然过年也没舍得买衣服,这时小李一戳母亲问道:"书记每次视察不都是突击视察吗,怎么这次有准信?"李大妈不耐烦地回道:"村主任说的还能有错?咱们也要快准备了,不能书记到了就瞅咱家寒酸,没办法就让你二叔下午进城帮咱们买两件新衣服吧。"说着依依不舍地从妆奁里掏出一叠纸币递给小李,嘱咐别让他二叔买得太贵了,看着新就行。

"哼吱——"尖锐刺耳的猪叫声从隔壁田嫂家传来,原来是村主任提议让田嫂家杀头猪,明天上午叫上村里的女人们一起做桌好菜招待书记,田嫂自然舍不得年底能卖钱的肥猪,但听村主任保证:"只要能把书记招待开心了,你这也算是立了大功,年底给你家多拨点补助金。"田嫂也就同意了,她一边利索地磨着刀,一边开始想着将来到市场上卖猪的时候和客人吹嘘"这可是书记吃了都叫好的上品猪"的场景了。

这时村主任又开始思虑,村子收成不行,粮仓里存的东西自然也不多,万一书记到了一看觉得我们生产不积极可咋办?他愁得眉头紧皱,冥思苦想半天,偶然看到了村头堆积的已经剥完玉米粒的玉米棒子,突然灵机一动,叫上村里的男丁吩咐:"把这些玉米棒子想方设法往仓库里的米、面、豆下面塞,至少让粮食堆表面上看起来高一些。"四岁的丫丫看着自己的爸爸在奋力用玉米棒子填充粮仓,不禁笑出了声:"爸爸,你真傻,就算是把玉米棒子放到米里面,它也不会变成吃的啊!"丫丫的爸听了一敲小孩的头:"小屁孩懂什么,快回家找你妈去,别跑出来到处瞎说。"

就这样,忙忙碌碌了一天,村子里的每个人都在期待着第二天书记

第十一讲　那条在生命间回响的信息——2020年高考北京卷作文解析 | 239

的到来，以及书记看到村里富足面貌后可能会发下来的一面面锦旗……

第二天一大早，各家的女人就生起了火，和面的和面，炖肉的炖肉，忙得不亦乐乎，就为了等书记和视察团一到，能摆上一桌丰盛的流水席。

"丁零——"看着劳动着的村民，正笑得喜庆的村主任手机响了，接起电话，还没听对方说几句就立刻神色骤变，低吼："什么，昨天那条消息有误？书记改了主意去了五里地外的刘家村了？"听见村主任气急败坏的声音，小李停下了手中的活，看着已经做出锅的大鱼大肉，摸着自己身上发烫的新衣服，抬头看看当空的烈日，脸上火辣辣的。

点评：关注作品在信息的迎来送往间的波澜横生是如何讽刺信息背后的权力鸿沟的。

第十二讲　这，才是成熟的模样

——2021年高考北京卷作文解析

> **【2021年高考北京卷作文题】**
>
> 瓜熟蒂落、羽翼丰满，这是草木鸟兽成熟的模样；但对我们而言，真正的成熟却不仅仅指身体的长成……
>
> 请以"这，才是成熟的模样"为题目，写一篇记叙文。
>
> 要求：思想健康；内容充实，有细节描写；语言流畅，书写清晰。

一、审题指导

　　从题目的命制思想来看，2021年高考北京卷记叙文题话题指向了青春成长、人生发展、为国选材。"培养什么人、怎样培养人、为谁培养人"，题目旗帜鲜明地表达了态度，就是要引导青年着力规划成熟的人生。从题目组成结构来看，2021年高考作文题保留了导引材料、文题文体语和写作要求的基本结构，仍是典型的命题驱动型作文题。

　　不同的是，2021年高考作文题没有采用前些年以**叙事元素**作为命题点的命题思路，而是以**叙事主题**作为主要命题点。由此反映出北京市高考在记叙文命题上除了保持对考生叙事能力和语言表达能力的一贯重视以外，对考生思考认知水平的要求也在逐年增强。

第十二讲 这，才是成熟的模样——2021年高考北京卷作文解析 | 241

题目的基本语言单元为一个句子。"这，才是成熟的模样"的命题包含了多重要求，既有限制性，又有文学性。十七八岁的考生在有限时间内不仅要完成对于"什么是成熟"的认知思考、"什么才是成熟"的思辨，更要为此种思考找到可以使形象完整的素材，挑战颇大。这就要求学生给题目的审读立意留出充分时间，并遵循章法而思动。

记叙文构思有两种思维路径。一种是先解析主题再塑造形象，另一种是先优选素材再开掘主题。而基于"主题观点"的记叙文题目构思，更依赖第一种思维路径。

二、主题启发

1. 何为"成熟"？

《心理学辞典》对"成熟"有如下定义：指个体的身心达到完全发育的状态，包括生理成熟和心理成熟。生理成熟指个体的神经系统、肌肉组织和各种器官的形态、结构和机能随着年龄的增长而发育完善，心理成熟指个体的智力、语言、情绪、情感及社会能力等方面的发展达到顶点。从这段定义中我们发现，"成熟"一词从概念的外延来看，包括生理与心理方面的成熟。这正如导引材料指出的：真正的成熟除了如同瓜熟蒂落、羽翼丰满等身体的长成外，也包含着个体在智力、语言、思想、情绪、情感及社会能力等方面的成熟。当然，导引语也提示我们成熟不一定是人的成熟，也可以是"我们"这样一个集合体所代表的社会、国家、集体的成熟。

从内涵来看，成熟要求个体的发展到达一种程度——顶点。但顶点的标准为何，没有给出具体的说明。实际上，即使是脱离材料语境，成熟也是一种相对的状态。这是因为个体的生命经历、天赋能力、性格、思想、处境等有所不同，即便是同一生命个体，其生命发展过程中每个阶段的成长课题亦有所不同，尽管人们有一种朝向成熟发展的先天倾向性。同时，人类生活的任何方面都属于或源于成熟过程中的某一时刻，成熟的内涵及特征确实因人而异，因时而异，因地而异。

但这并不是说在写作中，成熟的外延可以任意扩大。与成熟相对的偏执、冲动等消极情绪化，片面、自私等负面认知，早衰、世故等处世态度，都不可算作题旨的成熟之意。

总而言之，只要作者建立完整自洽的价值观并乐于为自己构建的价值体系奋斗奉献，那便可算作成熟。

按照以上的理解，成熟也可以是一种天真。孟子认为：大人者，不失其赤子之心者也。马克思在谈到希腊艺术和史诗的时候指出：

> 一个成人不能再变成儿童，否则就变得稚气了。但是，儿童的天真不使成人感到愉快吗？他自己不该努力在一个更高的阶梯上把儿童的真实再现出来吗？在每一个时代，它固有的性格不是以其纯真性又活跃在儿童的天性中吗？为什么历史上的人类童年时代，在它发展得最完美的地方，不该作为永不复返的阶段而显示出永久的魅力呢？[①]

由艺术到人生，那"固有的性格"所体现出来的对于美好的向往、追求本能的自我超越、追求永恒的荣誉，是跨越人生各个阶段所应保有和发展的永久魅力。

历尽千帆，成熟的个体往往会意识到自己应寻回或保护自己的赤子之心，如此才能达到通而为一的大境界，单纯或者说纯真有时候就

[①] 马克思.《资本论》节选本. 中共中央马克思恩格斯列宁斯大林著作编译局，编译. 北京：人民出版社，1998：29.

是一种通透的理性，一种顿悟的深刻。

2. 何为"这才是成熟"？

由于成熟是一个相对概念，命题者加入"才"既体现出了命题的严谨与思辨，也对考生的叙事提出了新要求。在作文标题中，副词是小词大用，切不可忽视。"才"作为副词，在现代汉语中有五种含义：表示前不久；与"只有"连用，表示只有在某种条件下然后怎样；表示发生新情况，本来并不如此；表示程度低；表示强调。

从语境来看，"才"既表示一种强调，也蕴含着主人公要经历发展和挑战才有思想的跃进，更包含着一种对比，暗含着其他情况不够成熟。以上三点对于学生叙事的提示是，要铺垫不够成熟的认知基础，要设计促进主人公认知发展的情节时间，要写出最终成熟的模样，与不够成熟形成对比。当然这种对比既可以是和自己的过去对比，也可以是和他人的对比。

值得注意的是，关于成熟的认知起点和终点决定了故事立意的高度和思考的深度，而关于成熟的认知变化过程是否完整、合理、清晰，决定了叙事合理与否和道理充分与否。

3. 何为"成熟的模样"？

何为模样？它既可以是人的外在长相、装束及行动的样态，也可以是一种动态的形势、趋势与情况。总的说来就是要写出一个人、一个社会、一个民族或一个国家的成熟表现，将你对成熟的认知外显出来给读者看。

那么如何外显出来呢？这就对学生的实感层面的写作能力提出了要求。学生习惯了头脑写作，但写故事也要靠耳朵、鼻子、眼睛、躯干去听、闻、观、触，这样写出来的模样才是生动的、丰富的。落实在文字上,就是让读者通过可听、可见、可感的实感意义上的传神细节充分把握成熟的模样,从而将作者要表达的对于成熟的认知,甚至没有用对话、独白和心理描写出来的东西,刻在读者的心里,这是叙事的笔墨。

三、范文解读

【例文一】

这,才是成熟的模样

人大附中 2021 届毕业生　杨熙宝

"姚老师,你这课今天怕是上不成了!"

妇女识字班的姚老师自教案中抬头,从村主任的话中拼凑出这样一幅场景:头茬麦子熟了,天还未大亮时她的学生们便拿着镰刀背了筐,像群出巢的鸟雀似的叽叽喳喳地走出村口,幼稚得要命。

(带有视角认知、情感色彩的解读,实际是对乡村妇女充满活力、热爱劳动的模样的写照。)

是啊,幼稚,尽管她们是群早已步入中年的妇人。姚老师想着,什么时候她们能雷打不动地来学些文化,大概才是真正地成熟了吧。

(巧设认知起点,表面为一个知识分子对于乡村中年妇女不求知识进步的幼稚行为的忧心,实际铺垫了知识分子脱离土地人民真实状况的不成熟认知。)

"我叫她们来上课,这点麦子男人能收完,她们偏要去!"村主任不住地搓着手掌。

"没事,"姚老师笑了笑,干脆站起身,"反正现在也上不了课,不如您带我去地头看看她们吧。"

村主任把姚老师引到山坳旁边,匆匆返回村子去查看新打的井。(一笔写村主任,勾勒出了乡村干部的负责。)浮着黄土的山坡坑坑洼洼，姚老师小心翼翼地走着，终于转过了面前这道坡，看到那片忙碌的土地。

这是怎样的一幅场景啊。

烈日高悬，金黄色的麦穗低垂着头，从脚下的田野一直蔓延到远方青白色的天际，和遥远的地平线交会在一处。姚老师从几顶草帽下面认出熟悉的面孔，那些在课堂上挺得笔直的腰杆一次又一次弯下，把大捧的麦子拢进怀中。

（用场景来传达劳动对于人的震撼与感召之力，为姚老师思想成熟铺设了必要的因果逻辑。）

"姚老师！"不知谁先发现了她，转瞬间那些女人便像潮水一样向她围拢，"您咋来了！"

"姚老师，您可千万别生气，"凤英，两个孩子的母亲，她班上学得最快的学生，用手背拂过头发，"俺刚才干活的时候还想着您教的诗呢，锄禾日当午，汗滴禾下土，是这么背吧。"

"是，是这么背，"姚老师回答，"凤英，你这么喜欢诗，今天怎么不来上课？"

"想去来着，"凤英只是笑，"但是俺们这儿祖祖辈辈都有个讲究，头茬麦子长得最好，麦芒最沉，头垂得最下，割麦子的时候腰就弯得最低。这个时候全村人都要出来割一点，这是在给养了我们这么多年的土地鞠躬。姚老师，俺说这您可别笑话俺啊，姚老师？"

（用人物对话表达乡村女性对于成熟的质朴思考，以麦子的成熟姿态去言说人的成熟模样，蕴含丰富哲理。）

姚老师已然语塞，她想说别叫我老师，我该叫你们老师；她想说很抱歉我曾觉得你们不够成熟，可离开了这片土地的无根的我，才是真正的稚嫩；她想讲高中那节几乎被她遗忘的历史课，老师在黑板上画出一个Y形，枝丫的交点——华夏古老的农耕文明便成熟在如今她脚下的这片土地上。

"给我一把镰刀吧，"她最终只是说，"教我割麦子，中午歇下的时候我再教你们些诗。"

艳阳高照，学生们，抑或是老师们在周遭，姚老师第一次挥舞镰刀。镰刀沉重，麦芒扎手，可她割下满怀的麦子，沉甸甸的麦穗压在胸口，沉甸甸地压进心头，让那颗悬着的青涩的心，第一次沉稳地落回土地，扎根、生长。

抱着满捧的麦子，姚老师终于感受到了成熟的模样。

（虚实相映，以麦子的成熟模样呼应人物的成熟，以人物的心理认知变化表达了"人应扎根于土地生长，才可有成熟的模样"这一主旨。）

点评：本文对于成熟的思考很深入。作者笔下的成熟，是应扎根在土地之上，以诚恳、谦逊、庄重的模样对待土地，对待生命，对待生活。叙事精彩，暗藏伏笔，次要人物欲扬先抑，巧设突转，主人公对成熟的认知变化自然合理。对成熟的模样描写生动，语言富有诗意，且能够以麦穗之成熟比喻人之成熟，有艺术感。是一篇优秀的考场佳作。

亮点：叙事精巧，成熟的主人公蕴藏反转，随着情节的发展逐步显现。思考深刻，通过"谁才应该走向成熟？"这样一个疑问，宣示了劳动对于知识分子的深刻意义。

【例文二】

这，才是成熟的模样

人大附中 2021 届毕业生　刘覃昕

那年我二十岁出头，正是热血沸腾的年纪，单薄的身子骨承受不住那来处不明的壮志豪情，好像总是知道自己要为什么伟大事业献身似的。你若问我什么是成熟，那我的答案便是用一腔热血奔赴心中无上荣光的理想——这样无畏地燃烧的成熟，男子汉的成熟。

（交代青年对成熟的认知起点：用一腔热血奔赴理想。）

父亲觉得我实在太幼稚了。他问，你要为之献身的理想是什么？我答不上来，却心知这样的不理解只是因为他们从未体验过这种使命的感召，这样喷薄的热血！父亲有个老朋友达杰，在可可西里组了一支对抗偷猎藏羚羊的队伍，他和达杰叔一商量，安排我入队——历练历练。我兴奋不已，用生命保护家乡生灵正是无上荣光，而如此我也能自证我的成熟。

（用父亲的疑问铺设青年的不成熟：对于献身理想的不确定，努力证明成熟的不成熟。）

就这样，我站在可可西里的土地上了。帐篷里，武器横七竖八地堆在角落，青春期的单薄身躯裹了两层棉衣仍止不住地发颤。眼泪几次要夺眶而出，而我只能紧紧咬住牙。无人说话，空气滞重如可可西里的夜。有人冒出一句："太难了，都是虚妄的努力……"我刚准备附和，却发现这声音的主人正是自己，只是脑海被早些时候的画面占据了，没有发觉。

（设计第一重困境：可可西里生存条件苦寒、恶劣。）

那天下午我们在雪原上巡视，竟真的遭遇了偷猎者的队伍。对方人数不及我们，武器装备却远为精良，双方交战，我们牺牲了一名队友，最后却只能看着那辆越野车扬长而去。竟是这样的！无上荣光！我闭上眼，那一车血淋淋的藏羚羊皮在脑海中挥之不去，睁眼，雪地上斑斑血迹红得刺眼，只感觉心里有什么东西就要倒下。原来我身上单薄的不仅仅是一双肩膀。达杰叔一言不发，咬着牙，拳头握得很紧，随即又松开了。

（设计第二重困境：盗猎者猖獗，随时有生命危险。）

那位队友，我还来不及熟悉。达杰叔还在他那辆漏风的面包车里站岗，我悄悄溜出帐篷的寂静，溜进寒夜，敲了敲他的车窗，钻进车去。

无人说话。达杰叔用薄棉衣的衣角反反复复擦拭那把破枪，枪把泛着冰冷的光。良久，我开口："叔，我……"

他截住我的话："都看见了吧？今天对你的触动不小。每一个刚来的孩子都和你一样，你们年轻，热血沸腾，就是来为心里的光荣献出生命的。可是你看到了吗？这不是一时的冲动上脑，是实打实的搏命，是真实的生死。有时候它就是无望的。你有这股子热血理想，可也要有与之相称的勇气和毅力，这沉甸甸的是责任，要扛得起来。什么是真正的成熟，希望你好好考虑。"

（与达杰叔的对话凸显主旨——"真正的成熟是要扛起这沉甸甸的责任，并怀揣随时为之牺牲的信念"。）

风声阵阵。他的眼睛望着我，目光深邃、尖锐，看穿了我稚嫩的皮肉，看到那颗成长中的颤动的心。刚见他时觉得他变了不少，当时只道是被可可西里的严酷天气历练得沧桑，又蓄了胡子，这才发现真正变了的，是眼神中多出的沉静与坚毅。我陪着他在车里坐了一夜，终于在后半夜接过他手里的枪，让他在晨曦中沉沉睡去。

（以达杰叔的成熟的模样感召"我"，给读者以具体可感的形象。"我"接过达杰叔手中的枪，是从成熟认知到成熟行动的模样。）

我们给牺牲的队友立的那块碑很快就被风沙碎石磨得粗糙不堪了，像其他那些更早的碑一样。它们漆黑、沉重，像极了这任务无上荣光的背面——我最近才得以窥探的另一面。而我，也逐渐背负起荣光背面的责任与绝望，日益感觉肩膀变得厚实有力起来。从来与热血无关——在看清了那冰冷之后仍能日复一日以身相暖，这，我想，才是成熟的模样。

(为牺牲队友立碑，也是有关成熟的行动，更深化了主旨——成熟从来与热血无关，是看清冰冷后仍能以身相暖的模样。)

点评：本文作者对于成熟的思考认知过程完整，层次清晰，认知深刻，体现出很好的思辨功力。故事取材于真实生活，对于可可西里和守卫队的状写真实而惊心动魄，有很强的现实观照性。关于成熟的形象丰满可感，情感真挚，有很强的打动力。是一篇优秀的考场佳作。

亮点：本文选材典型，有很强的现实观照。关于成熟的思考准确深刻，达到了完整自洽的价值意义，并形成乐于为自己建构的意义而献身的认知。

第十三讲　网络空间的浪漫与梦魇

——2022年高考北京卷作文解析

【2022年高考北京卷作文题】

网络时代、疫情期间，很多活动转向"线上"，你一定有不少关于"在线"的经历、见闻和感受。

请以"在线"为题目，写一篇记叙文。

要求：思想健康；内容合理、充实，有细节描写；语言流畅，书写清晰。

一、审题指导

2022年高考北京卷记叙文题旨在考查高中生在当下社会生活中的参与和感悟。文题聚焦在一个情境横截面，一个让学生有话可说、有故事可讲的情境横截面，一个让学生可以有思辨性和个性化思考的情境横截面，以期引发学生对于当下社会生活的参与与思考。

"网络时代、疫情期间"指出故事应着眼于当下互联网平台。"你"关于"在线"的故事当然可以是写亲身经历的故事，也可以是自己看见和听见的他人发生在线上的故事，无论如何都应该包含"你"借由"线上"的经历和见闻而表达的感受。题目的基本语言单元为一个词语。精准审题立意的关键在于对"在线"一词的把握。

第十三讲　网络空间的浪漫与梦魇——2022年高考北京卷作文解析 | 251

切题关键点一：在线是否等同于线上？在线是否等同于精神在线？

"在线"的命题既有限制性，也有文学性。"线"是客观媒介，"在"是主观意图；在线作为一个存现动词，不同于只指向具体客观情境在场的"线上"，也不等同于精神在岗或关心陪伴。"在线"不是简单的情感在线、精神在线，一定要有一个实体——网络在线。

题目要求故事应首先依托于具体的客观情境；同时也应对人的主观意愿或状态予以关注，以强调身心在线。因此，在线特征明显、故事体现在线的情境是文章切题的关键；故事对在线的情节内容或形式有丰富感受或深入认识，体现出互联网平台的独特价值是故事立意明确、深刻的关键。

切题关键点二：在线是否可以写离线或线下？

有关"在线"的故事既应包括"上线""线上""在场"的情节，也应有选择地运用"线下""离线"等情节。

一方面，"线下""离线"可作为对比性场景或障碍性场景出现，为人物认识在线活动制造了一种距离，建构了在场之外的意义空间，成为更好地理解在线活动的重要视角。主人公或是因为在线活动的窘境而重新认可线下活动的价值，或是从线下活动的窘境转至线上活动从而获得一种"解救"，这些都是通过对比和衬托来凸显线上活动的独特价值。

另一方面，"线下""离线"也可作为铺垫性场景或行动性场景出现。当"线上"活动陷入困境时，"离线"和"线下"活动也可以成为一种契机，触发主人公的觉醒和回归。主人公暂时离开网络空间起初可能是一种回避或逃离，但最终会获得一种更好的回归动力。"离线"作为"在线"在空间意义上的悖反叙事，反而会成为推动"在线"意义生成的触发情节。以上几种对于"离线""线下"的场景运用，都需要注意处理好其与"在线""线上"的详略比例。

在故事的描写记述中，场景之刻画应表现出"线上"之特征，情节之记述应紧扣对线上活动的认知发展进行。比如下例"线上学习"的故事片段中，小作者很好地表现出了网络给学习场及学习主体带来的变化。正是因为网络平台的实时交互和虚拟空间的特征，主人公的青春之窘得以被遮挡并最终得以消解。

"咱们来看这个题啊……"我的心思却不全在听课上，一手托着腮帮子，一手将巧克力送进嘴里，（在线学习对学习者自觉性的挑战。）眼睛瞟着摄像头中认真听课的"自己"，脸上整洁了许多，眼神一点儿不僵硬，动作还挺自然。（网络为不愿被人发现真相的青春少年提供了"谎言"平台。）"不错不错。"我心里说。

"第七题，远洋，你来说说。""啊，我在，在——"我慌手忙脚地想开麦，点了几次才打开。"呃，呃就是……"我紧张得眼珠乱转，嘴角抽搐。

"没事，他们看不见。"我安慰着自己，终于稳下来，找回了水平："先化简，然后……"我侃侃而谈，思路无比流畅。

（在线的虚拟性为青春的尴尬设置了屏障。）

"好，不错！完全正确！"听了老师的评价，我长出一口气，放松地活动活动脖子，瞄一眼聊天区，一排排"陈远洋太牛了！"在整齐地致敬。"等等"，我一个激灵，屏幕上，正在台上的陈远洋，一张满是青春痘的大脸，正惊愕地看着我。我刚才开麦的时候打开了摄像头！

（情节的突转依赖于在线的实时交互特征。）

"完了，这下全完了。"没等我叫出声，老师的声音又传来："表扬一下远洋啊，不光人在线，心也在线。不错，继续保持！"

第十三讲　网络空间的浪漫与梦魇——2022年高考北京卷作文解析 | 253

"叮"的一声，有私信："试试片仔癀祛痘膏，我用过，还可以。"是我那打球的"损友"阿一。

（在线的"私聊"功能也带来了线下课堂不可能有的互动，让主人公的青春之窘得以消解。）

我鼻子忽地一酸："所以，其实也不会怎么样，对吗？"

二、立意指导

如何围绕"在线"表达出独到而深刻的认识？

解决这个问题，需要对素材进行分类考量。

"在线"的故事大致分为两类。一类是本就只能依托互联网平台才能存在的故事，比如在线交友、在线游戏、在线阅读等等。对这一类型，我们只需要通过故事思考该事件所反映的网络交互的价值和影响。比如，网络交友让我们超越了现实中交友的局限，为"社恐"人群提供了有效的社交距离，为困惑人群提供了一个自由平等的对话平台；但同时网络的虚拟性也会带来诈骗、虚幻、脱节的负面影响。

另一类是受各种因素影响，原本线下却转入线上的活动，有"互联网＋"的新形态，比如在线音乐会、在线参观博物馆、在线跟进动物保护、在线课堂学习、在线直播带货等等。对这种活动，我们就需要有意识地比较该主题事件在"线下"和"线上"的不同面貌，在此基础上提炼出互联网平台对这项活动的特殊价值和影响。

比如，在线音乐会相较于线下音乐会不需要租借大型表演场地，更无须聘请保安、场务、票务等人员，花费的成本相对更少，打破了地域、年龄、圈层和物质条件的限制，让更多的人享受音乐。一些收入微薄的打工者可能无法负担动辄上千的演出票，但线上音乐会却会打消这一顾虑，赋予他们平等享受音乐和休闲的可能。这些都是线下音乐会不具备的。但线下音乐会的稳定性和在场感则是线上音乐会需要突破的瓶颈。

以上两种活动，虽然在主旨的推进上有所不同，但均考查作为网络时代的新新人类，考生是否对互联网的价值有着更全面思辨的认识。你对于当下生活中的互联网有何认识？互联网作为一种"以用户为中心"的媒介，是以解决用户的真实需求为出发点的。例如，谷歌和百度解决的是"人与信息"的痛点，腾讯和 Facebook 解决的是"人与交流"的痛点，阿里巴巴等解决的是"人与交易"的痛点。

三、主题启发

在故事的构思中，我们需要具备对网络社会及互联网的基本认知，以此作为思考"在线"影响的思维起点。不同于信息社会，即信息在各种活动中占据高密度的社会，网络社会是在个体、群体和社区等各个方面都以社会和媒介的网络为深层结构的社会。而网络社会的目前阶段是以互联网为媒介已经持续了多年的全球网络社会。

因此，互联网技术及应用所具有的互联性、广域性、虚拟性和即时性对人们的生产生活产生了直接而深远的影响。

1. 互联性

互联网技术打破了传统的分野和阻隔，让各个社会单元紧密关联，包括个体之间的关联、群体和组织的关联，也包括社会关系和全球关系。这种紧密的互动与关联促成了更多的分化，因为新的网络联系，信息检索和交流不断扩展，形成了不同的视野。这就要求处于网络时代的个体必须打破自己的小圈子去接触外界获取经验。

2. 广域性

网络技术打破了自然空间和社会空间的阻隔，实现了层次和层次之间的复杂互动。比如，在当下，我们凭借网络端口可以跨越所有从属的层次，和远方的个体、群体与组织建立联系，并创造新的自我和改变远方的他者。

同时，网络世界作为具有主动性和创造力的平台，鼓励用户发展接受者和参与者的双重角色，它甚至鼓励网络的集体参与和创造，不只由某一方来掌握话语权。

3. 虚拟性

网络社会的基本表现是社会现实主体以虚拟存在方式在计算机网络上展开活动、相互作用。首先，空间本身的虚拟性。网络空间所创造的空间是有别于实体空间的虚拟环境，是由数据和算法构成的。但这并不意味着不真实。其次，网络空间主体的虚拟性。主体的真实身份和状况与虚拟空间的不尽相同，体现出一种与现实空间既密切又遥远的关系状态。最后，网络空间客体的虚拟性。网络中的信息、物品和服务都是以数据的形式存在的，这同样与现实中物品产生了一种复杂的关联。同学们恰恰可以在这虚拟与现实的对照上做好素材的储备工作。

4. 即时性

传统社会建立于居住得很近的人们的直接互动之中，而现代社会在时间和空间上延展得越来越远。时间的障碍被当代的技术打破，互联网能在同一时间把一切联系在一起；同时，技术的发展也帮助着有信息检索需要的网民可以瞬时检索到需要的信息，传送"实时"发生，信息可以在任何时间发送和接收，而不需要耗费路程、时间和人脉去寻找可能无法找到的信息。

需要注意的是，这种影响是一把"双刃剑"（见图 13-1）。

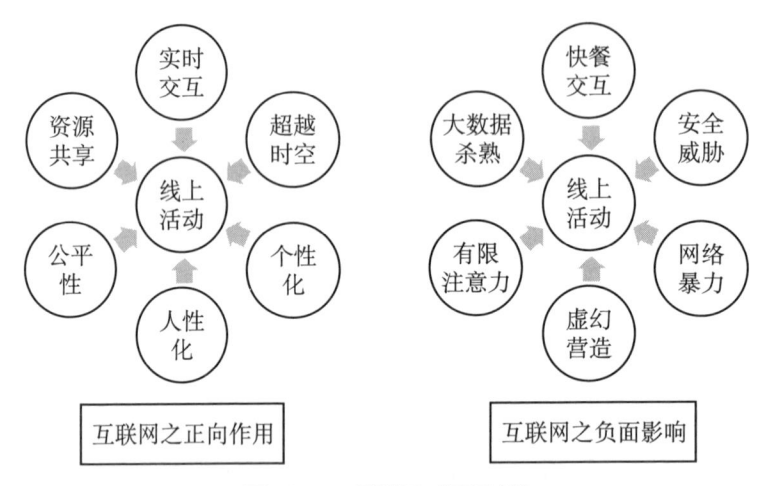

图 13-1 互联网"双刃剑"

（左图：互联网之正向作用——实时交互、超越时空、个性化、人性化、公平性、资源共享，均指向"线上活动"）

（右图：互联网之负面影响——快餐交互、安全威胁、网络暴力、虚幻营造、有限注意力、大数据杀熟，均指向"线上活动"）

总之，互联网本身所体现的复杂性，使我们对在线活动的判断不仅仅是简单的好坏、对错之分，更是一种更为个性化、更具思辨性的认识，一种在矛盾中走向理性的情感。笔下的故事也不是仅仅停留在一种简单的"流水账"记述上，而是呈现出一种以丰富思考为依托的情节有波澜、人物显立体的面貌。

四、范文解读

【例文一】

在线

人大附中 2023 届毕业生　薛芮

手机传来提示音：您的线上展览已预约成功。这是众多博物馆联合推出的文物展，会展出很多不便线下展示的文物。父亲几次三番催

第十三讲 网络空间的浪漫与梦魇——2022年高考北京卷作文解析 | 257

解臣去看，他这才不得不在网上预约了展览。他没有太在意，仍在为两三万的利息和一家外国古董公司交涉。

（预设情境：博物馆线上展览。）

但解臣其实很讨厌古董，他觉得这都是死人留下的东西，是封建社会的余孽，死气沉沉让人很不舒服。他家是古董收藏世家，但他觉得堆满了瓶瓶罐罐的四合院像是一座坟，一座只会麻木地数着从前日子过活的坟，对大千世界的一切充耳不闻，守着一个已经死了的世界。古董对他的唯一意义可能就在于可以帮他赚上几百万了。

（预设人物背景：主人公解臣对古董存在抵触情绪，认为其作为历史的一部分与当下是脱节的，唯一的价值在于商品价值。）

进入线上展厅后，解臣百无聊赖地刷起了文物展图。乾隆时期的龙纹白瓷碗、宋官窑的青云纹彩釉，这都不是什么珍品，顶多值百八十万，他见过太多比这好的了。解臣暗自想着一会儿怎么跟父亲交差，又划到了下一个展厅。

这个展厅做成了沉浸式的，说是可以让人仿佛身临其境欣赏一下这些文物。解臣觉得有点意思，他戴上VR眼镜，二维的《清明上河图》登时立体起来，他好像真的置身其中一样。展览的效果做得很好，以原画为模板做了虚拟场景，耳边还配有汴京商贩的叫卖声和汴河的潺潺流水声，解臣跟着大路上一列骆驼队进了城，看见娶亲的队伍从北拐来，新郎官骑着枣红马满面春风；街道正对面一家酒馆的小厮正撑起揽客的旗幡，还冲码头上忙生意的客人们招了招手；汴河中央一只大船正待过桥，船夫们有的忙着撑长竿，有的忙着放桅杆；桥上的人探头探脑，为过船的场景捏了把汗……

（虚拟情境之一：通过描绘《清明上河图》的图景，向读者展示在线观览不逊于线下观赏的特点：生动性和逼真性，让观览者仿佛身临其境。）

解臣看得有些痴了，他看着这些再熟悉不过的场景展现在眼前，突然有点热泪盈眶。汴河水激情澎湃地流淌着，商贩们熙熙攘攘，一瞬间他竟有些恍惚，究竟这是画中景还是景中画？他的视线突然对上了街头眉眼弯弯的货郎，两双眼就这样目光交会了，一瞬间，时间的壁垒轰然倒下，鲜活的生命喷涌而出，一眼万年，他们就这样默默望着彼此，平淡又炽热的目光中尽是跨越千年的两个世界的思念。"文物竟也可以不死气沉沉吗？"解臣呢喃着，手中的青釉瓷杯都多了丝温度，好像也急不可耐地要讲述自己的故事。

（虚拟情境之二：通过一个具体细节的焦点描写，即与货郎眼神的交会，向读者展示出解臣心理认知的变化：文物通过在线的方式可以活起来，不再死气沉沉。）

一直看到最后一个展厅，这里没有任何文物，只立着一群人。以孙瀛洲、朱福元等人为首的一批文物保护者的照片呈现在屏幕前。"他们一生都在为海外文物回流鞠躬尽瘁，把全部身家都花在让国宝回家上……"解说的声音适时响了起来。解臣的思绪已经开始飘走，他突然想起爷爷在世时总爱给他讲张伯驹的故事，讲他怎么散尽家财买下流失海外的字画，又悉数捐给故宫。他又想起自他祖爷爷开始，家中几代人省吃俭用，省下一笔笔从商赚来的钱从国外收购古董，最终又多么潇洒地大手一挥送给国家。

（虚拟情境之三：通过展示文物保护者的事迹与爷爷的故事的关联，凸显了"文物携带着文化保护与传承的情怀"这一主旨，为下文解臣行动转变奠定了基础。）

想起桌上堆着的合同，解臣的内心突然有些不安和愧疚。

解臣退出了线上展厅，他揉了揉发酸的眼睛，打电话给外国公司，没再咄咄逼人，让利2个点，要求古董必须当天就发出，随后转手联系了博物馆，提前安排好了转赠事宜。

第十三讲　网络空间的浪漫与梦魇——2022年高考北京卷作文解析 | 259

"回家吧，我带你们回家。"

（在线的情境转向线下的情境，解臣也完成了认知的蜕变，在商人的身份之外多了文物保护者的身份，这正是"在线"的功用。）

点评：关注作品在场景的虚实穿插间是如何展现"互联网技术助力文化传承与创新"这一主题的。

【例文二】

在线

人大附中 2023 届毕业生　张明晶

那一刻，在线上的我是有罪的，也没有一个人是无辜的。它就如同一张网紧紧地裹挟着我，挣脱不开。我渴望撕碎它！再把他从这网中解救出来，可我怎么也解不开自己亲手系下的最后一个结……

（预设主人公心理情境：对于网络世界中的罪恶、对包含"我"在内的许多人的批判与谴责。）

我甚至还记得几个月前的嗤笑：半大的孩子找亲生父母真还是第一次见。看着微博里我加入的一个"吃瓜"群聊在疯狂地议论这个寻亲的学生如何如何，我不由地感叹他小小年纪竟如此聪明，在线上发个寻亲博文不知比那满世界贴寻人启事的法子效率要高多少。果然没过多久他便找到了亲人，没有像一般寻亲家庭那般失而复得后抱头痛哭，媒体拍了三个人直愣愣地站在一起的照片，反倒是站在一边的记者笑得跟朵花似的，群里的叫"小善良"的网友还特意截了图做了个表情包。

忽地想起，点开自己的表情包收藏管理，那四个人就躺在那里，我想删掉，可是一不小心点开了，真是讽刺。

（回顾寻亲事件，为作者心理转变提供背景。作者对网络世界的认知来源于一次寻亲事件，这实际是一场由记者主导和渲染的新闻事件。)

本以为这件事会以全家团聚美美收场,媒体、孩子、父母各取所需,但再次把事情推向热搜的是父亲的哭诉。"我们没有钱呐,他还跟我们要房子、要钱,我们这还有个小的要养啊!"他抹着眼泪诉说着自己的不易——真是个没良心的。群里有个自称是这父亲老乡的新进群的人,在当天晚上就发了"小作文",标题是《忘恩负义的白眼狼》,还找到了孩子的大学同学做证,说这孩子撒谎成性。看着群里这似要群起而攻之的态势,我的愤怒也在飙升,我把评论区清一色辱骂的帖子转发到了微博、动态、朋友圈。

我看到点赞飙升的评论——一个私信聊天的截屏,那个大哥发的话是我从未见过的,这么不堪入目的字眼。但我的正义感瞬时在线,毫不犹豫地点了赞,使它冲入第一。不是说"今天你沉默不语,那么当明天你无法辩白时别人也不会为你发声"吗?或许这个时代真的需要这样的发言家。转发量破了万,我很清楚地知道,这将会是一场在线的暴力,但我认为那是天将降大任于斯人。

(在线情境之一:寻亲事件在网络上发酵变质为忘恩负义事件,而这仅仅来自一方的片面之词,却引发了网络中不明真相的网民的集体暴力,这为下文的自杀事件埋下了伏笔。通过这一情境,向读者展示出网络世界"虚假不明"的弊端。)

哗哗哗,消息提醒音疯响,我上了线,那个群又炸开了。

小善良:哎,听说没,那个找妈的小孩好像自杀了!

路人甲:啊?什么时候啊?没听说。怎么了?怎么了?

小善良:嘁,谁知道啊,好像是昨天,也有可能是前天吧。

…………

屏幕黑了一片,但"死"好像敲亮了屏幕,我才意识到我连这个小孩叫什么都不知道。那是我第一次看那孩子的微博主页——17岁在技校念书，我愣住了，真是荒唐。我耐心地读完了他上万字的遗书，那是我第一次在线上阅读这样长的文章，所有的文字都明晃晃地指向——这少年被冤枉了被网暴了被逼死了。

（在线情境之二：网络暴力事件导致了当事者的自杀悲剧，这一情节是通过网络世界中的对话来完成的，符合作文题目设置的"在线"情境的特征。）

我曾一度认为我的善良与理智是在线的，但我这又算什么？算是我一直深恶痛绝的施暴者的帮凶吗？我不敢参与那些善良的一直默默支持他的网友们为他祈福的活动——我真的"在线"吗？我真的应该在线吗？这真的是我在线的样子吗？可是我明明不是这样的。

可是他永远也不会在线了。而这网又束着我，把我禁锢在这儿。在线上看着那个同乡又开始直播带货，热评榜大哥又开始对孕妇群体评头论足，可这么大的发声场，我却只剩喑哑。

（回应开头，作为网络世界中的一员并参与了这次事件的我，对如何"在线"、应以怎样的身份和操守"在线"做出了深刻反思，直击着读者的灵魂。）

点评：关注作品如何通过对"众生相"的行动刻画和对"我"的心理描写来揭露"互联网的脆弱与冷酷"这一主题。

第十四讲　亮相

——2023 年高考北京卷作文解析

【2023 年高考北京卷作文题】

舞台上，戏曲演员有登场亮相的瞬间。生活中也有许多亮相时刻：国旗下的讲话，研学成果的汇报，新产品的发布……每一次亮相，都受到众人关注；每一次亮相，也会有一段故事。

请以"亮相"为题目，写一篇记叙文。

要求：思想健康，内容充实、合理，有细节描写；语言流畅，书写清晰。

一、审题指导

2023 年高考北京卷记叙文题聚焦于一个场景横截面，一个情节时刻，一个由此延展开去可以追因求果、辩证思考的情境写作任务，以期引发学生既细致又深入的观察思考。

从题目类型来看，这是命题作文：要求考生以"亮相"为题，不可更换其他题目；要求故事内容要围绕"亮相"展开，不可穿靴戴帽。将词语拆开来看，"亮"既指登场亮相的定格动作，也传达出使人眼前一亮的效果；"相"则是一个名词，是时刻或场景的状态，但其背后应传达人物丰富的精神状态。

这也是一道情节驱动类的作文题。命题要求围绕亮相的时刻或场景，写就一段故事；要将"亮相"作为叙事动力，有效推动情节发展和主旨达成。这里有两个标准：一是要在故事中呈现"亮相"的时刻和场景，并作为重要情节参与叙事；二是"亮相"的前序情节和后续情节应与"亮相"形成有效的因果关联，共同推动主旨达成。

本题还是一道蕴含类比思维的作文题。结合材料导引语的第一句来看，"亮相"一词指在戏曲表演中上场、下场或戏曲表演中连续性动作结束时的瞬间定格。表演者通常采用雕塑的姿势，站立不动，能集中地展现出人物饱满的精神状态。同时，材料导引语的第二句扩展了"亮相"的概念范畴和写作领域，结合三个举例我们可以发现，只要是在公共场合展示自己的形象、观点和成果，并获得他人认可的瞬间，都可以算作亮相。

综上，我们可以基本归纳出切合"亮相"一题的关键特征。

1. 类比完整性

戏曲舞台亮相的时刻或场景中应包括主体、受众、舞台和定格表演这四个要素，以此类推，类比写作的"亮相"的时刻或场景也应完整包含这四个要素，且要保证元素类比的相似性不能被打破。如果类比的相似性原则在构建故事中被违背，那么故事的切题就会受到影响。

2. 发生瞬时性

从时间发生的长度来看，因亮相这个动作是由定格完成的，因此它应该是瞬时性的。这要求写作者要突破故事实际发生的时间，通过详述法拉长演述时间，让"亮相"的这一时刻或场景在故事中占据分量。值得注意的是，瞬时性是一个相对概念，由故事中主人公经历事件的长短决定，比如奥运会的开幕式或奥运会，相对于现代中国的百年奋斗征程来讲，就可以算是一场亮相，又如淄博的烧烤节，就是淄博面向全国的一个崭新的亮相。

3. 价值崭新性

亮相的瞬间要求给人以眼前一亮的接受效果，否则它与出现、出场区别甚小。这势必要求亮相之时和亮相之前的形象要形成鲜明的对比，或是从无到有，或是由此及彼，人物的动作定格一定传达出了与众不同的精神面貌，而其背后一定有认知和行动成长作为基础。因此，崭新性的亮相时刻，其背后实际由成长性的台下经历支撑，二者有着密切的因果关联。值得注意的是，亮相是可以重复发生的，只要写出本次亮相的节点性意义，那么就具备了意义和价值的崭新性。

4. 立意思辨性

因戏曲舞台中的角色本身就有丰富性，如生旦净末丑，由这些角色所展示的亮相也就形态各异。类比到其他生活领域或时刻，亮相的时刻或场景也就有着褒贬两重色彩。相比于褒义色彩的亮相，我们也可以关注其贬义色彩的亮相，从而对包含亮相的现实故事形成更充分的认识。我们可以通过讲述一个粉墨登场、充满谎言的现代"汪精卫"的故事，来思考亮相的粉饰性危害；我们可以通过讲述一个被迫登场、远离自我的囚徒式的亮相，来思考父母和孩子的相处之道；我们可以通过讲述一个醉心亮相、沉迷亮相的癫狂者的亮相，来反思亮相是不是生命唯一的价值意义的证明；等等。

二、范文解读

【例文一】

亮相

人大附中 2023 届毕业生　李奕宸

多么安静的夜晚，却传来了落子的"笃""笃"声。起来一看，果

第十四讲 亮相——2023年高考北京卷作文解析 | 265

然是我那小子在独自琢磨围棋招式。他摸了好长时间的手，他在思考时都会摸手。

我从门缝处仔细看那棋子，纵横横纵，到底是在哪个交叉点上？看不清楚。这小子明天参加七局制棋圣挑战赛的第一场，这第一盘棋的前十二步会被记者拍摄录像，后面的便是两位棋手闭门下棋，所以这十二手俗称亮相战，向来至关重要。

（开篇点题。将戏曲舞台之亮相平行类比至围棋挑战赛的前十二步：有录像，可被观众观看；历时短，但可显棋手心态、风格和实力。）

"爸爸，我知道您在外面，想进来便进来吧。"我于是推门进去，好好把这寥寥几步棋又看了一遍。饶是我有几分棋力，乍一看竟看不出落子次序。我被这大胆的开局震慑住了。

（写一个看起来大胆的围棋亮相，引发读者的好奇和担忧。）

显然，儿子在等我的评价。我只能说好像有些冒进。可不禁想到了他刚学棋半年的那个寒假，白天与街坊老大爷厮杀，晚上就一个人溜到书房中，摸着手摆棋子。这样沉默着独来独往，仿佛生活在只有对弈的世界里。之前我可以让他九个子，但他再和我下时，已经堪称"棋逢对手"了。

（通过插叙将儿子看起来"冒进"的亮相背后的秘密交代了出来，亮相背后的努力让我们有理由相信，这样的大胆并非冒进，而是有准备地开新局。）

他大概仔细地斟酌过了吧，这个布局？他也解释道，对方这样我便这样应对，那样我也有这样的变化。"所有可能性都算好了？"我问。他说他不知道，不到亮相时怎么知道。

他站起身来，自言自语道："这亮相赛十二手，一般来说决定不了大局，但是，就是有那么一种气，好像呼出来之后全盘就活了一样。另外，我想把我最近的研究成果通过这个方式亮亮。"

（再次点题，交代出棋手亮相之于全局、之于处境的价值，大胆的亮相背后靠的是一种一往无前、横刀立马的气势。）

我不得不想到去年今日，也是面对这个老资格棋圣，他一往直前的气势顿时一挫。那棋圣赛是挑战制，这任棋圣守擂已久，愈发驾轻就熟。我看到那十二手，便觉不对。锐气已丧，四平八稳的棋只是现在还看不出损益。老棋圣这场面见得多了，面对这作茧自缚的对手，我见那传来的照片上他在眯着眼笑，仿佛已经看穿了对手的破绽。

亮相战已败，二十一连胜的纪录顿时折戟。摧枯拉朽地，老棋圣轻取。

"就差亮相时的一口气吗？"我说。

"那就下。"我们在同时说。

（插叙过去亮相失败的事件，交代儿子如此亮相并且如此理解亮相的原因。）

第二天对弈时，我仿佛能听到一步步棋子落下时的疾风。转瞬间，十二手便下完了，我只是觉得好，比昨晚看到的还要好。众高手更是连呼高妙，他们开始琢磨这棋路。

那小子执黑，我能看到他怎样一气呵成地下完他的六手，像是瀑布般飞泻而下，白子东一招、西一招地被水率着走。

（形象生动地写出了行云流水、锐不可当的十二手亮相。）

我毕竟棋艺有限，于是把位置留给了年轻人，独自起身咂摸那十二步的味道。仿佛看见了我那小子一马当先、锐不可当地冲撞那千里金城，抱着即使身死也要在城墙上留下血迹的决心，才摆一个招式就让众人全看出来了——好一个亮相。

（父亲是儿子亮相的最特殊的观众，他了解亮相背后儿子付出的

第十四讲 亮相——2023年高考北京卷作文解析 | 267

所有努力。这样生动的场景想象，既点明了围棋场上应该如何亮精彩之相的主旨，也写出了父亲的自豪与欣慰。)

点评：本文将亮相的舞台移植至围棋挑战赛的第一场，选材新颖。故事紧扣亮相，运用通感、比喻等修辞，生动地再现了围棋赛场上的精彩亮相；同时在故事发生发展过程中，作者巧妙剪辑叙事链条，在两次插叙中向读者展示出儿子选择"冒进"亮相背后的成长过程和理由，叙事合理又巧妙。更独到的是，小作者没有选取儿子的视角进行故事讲述，而是通过一位最特殊的观众——父亲的视角去刻画这一场亮相，既使插叙的情节合理化，又塑造出一个期待并陪伴儿子成长、最终见证儿子精彩亮相的父亲形象，丰富了故事的主旨和意蕴。不愧是一篇精彩的考场小说！

【例文二】

亮相

人大附中2023届毕业生 任秋莼

巨大的帷幕缓缓拉开，聚光灯打在祥子和高妈身上。他们亮相的瞬间，台下响起热烈的掌声。而我只站在阴影中，半边身子侥幸分到一束灯光。像我这样的小角色，即便亮相，也是没人关注、毫无价值的。

（开篇交代主人公关于亮相的困惑，引发读者思考：小角色的亮相有无价值？有无人关注？）

其实几个月前，我也曾想过像祥子那样站在舞台中央。话剧院宣布新编《骆驼祥子》时，我本幻想着凭借"祥子"一举成名，哪知最后导演只让我扮演"孙侦探的手下"这样一个无名角色。在那些只能仰望着他人的时刻，我感到自己失去了尊严，被抛在了黑暗中。

（插叙造成主人公认知困境的原因：梦想和现实之间的鸿沟。）

我很随意地对待这个角色。在帷幕拉开时，塌着肩膀、垮着身体站在台上，脸上流露出不耐烦的神情。既然是无名的小人物，又有什么被用心打磨的必要？

演出结束后，导演恼怒地叫住了我，用剧本指着我："怎么回事？亮相的时候垮着身体？你之前的体态都白练了吗？"

（用应付的态度对待自己的角色，错误的亮相表演带来了后果，推动主人公关于"亮相"的认知转变。）

他盯着我，喘了好几口气："你在这等着，看一下一会儿老马的表演。"

我没有搭腔，郁闷地坐在一旁，被夏天的热风吹得烦躁。

帷幕再一次拉开，这次的场景已经变成了冰天雪地，道路的尽头是虎妞的房子和一盏暖黄色的灯。

老马几乎蜷缩在地上，他裹着一身残破的棉衣，从脚尖到眼睫毛都在颤抖。脚尖是透过破鞋露出来的，指甲里藏着污垢。台下的观众会看到吗？显然或许不能，但他分明记得老马在后台仔仔细细将干净的脚趾、手指和鬓角涂上些泥垢。他是背靠着观众的，只留背影。但他想表达的、要表达的、向观众表达出来的，都在那背影里了。冷色的聚光灯打在他身上，像是把他裹在了霜雪之中。

（次要角色对待亮相表演的郑重与认真，促使主人公重新审视小角色的亮相。）

扮演老马的前辈下台后，我怀着敬意匆匆赶到他身边："前辈，您亮相的那一瞬间太精彩了，我都不觉得这是个配角了。"

前辈的表情在听到我的问题后严肃起来："配角便是配角，演出时间短，要配合好主角；但配角不是没有价值！台上台下，主角配角，各有各的亮相，这幕戏才有了它完整而丰富的灵魂。我记得你，你饰演'手下'，对吧？"

第十四讲 亮相——2023年高考北京卷作文解析

（次要角色对于配角也要亮好相的深入思考，促使主人公重新认识小角色的亮相。）

我没想到会被记住，惊讶地点了点头。

"亮相就是那么一瞬间，但那一瞬间，你的身份、情绪、经历、处境都能被展现出来。戏里戏外每个人都不同，那亮相时的样子也不可能千篇一律。这样想一想，是不是每个人的亮相都可以精彩？"说完后，前辈又露出了温和的笑。

我又惊又喜又愧又叹。

（次要角色对于配角如何亮好相的深入思考，促使主人公重新揣摩小角色的亮相。）

亮相的瞬间，就像是将角色的前半生浓缩到一刻。我被这样的想法打动，真正开始研究"孙侦探的手下"这一角色。作为"恶势力"的一员、旧社会中无名的群众，我该以怎样的神情和姿态，表现出对弱者不知从何而来的恶意？

舞台上的灯光再一次亮起，我挺直了后背，皱起眉，半眯着眼看向哭哭啼啼的高妈。轻哼时的气流呼出鼻腔，撇撇嘴，手指头不紧不慢地敲着桌子边缘，俯视下的高妈显得更加无助脆弱。我让内心生出对他们的不屑，再从眼神中流露出来，仿佛自己真的变成了一名反派手下，在舞台上开启了人生片段。

观众的掌声响起的那一刻，我相信其中有一部分是属于我的，毕竟这方舞台再广阔，我再渺小，也拥有独属于自己的亮相。

（伴随着主人公最终的精彩亮相，他在戏剧人生中的亮相也得以定格。）

点评：本文对亮相的价值意义思考深入，富有哲理。作者笔下的亮相，窄一些来说是关于戏剧舞台上小角色有无亮相的必要；宽一些来说是关于社会舞台上小角色有无亮相之价值的思考，很有现实关怀和针对性。对亮相的场景刻画，既符合《骆驼祥子》中的相关角色的基本形象，运用合理；又融入了作者对于这些人物如何亮相的具体思考，使得主旨的达成自然而有说服力。在叙事中，文笔自然流畅，描写细腻真实，是一篇优秀的考场佳作。

第十五讲　打开

——2024年高考北京卷作文解析

【2024年高考北京卷作文题】

个人成长需要打开视野，人际交往需要打开心扉，科技创新需要打开思路……打开，发现新的自己；打开，带来新的气象。每一次"打开"，都有一段故事。

请以"**打开**"为题目，写一篇记叙文。

要求：思想健康；内容充实、合理，有细节描写；语言流畅，书写清晰。

一、审题指导

2024年高考北京卷记叙文题聚焦在一个情节时刻，以塑造人物、引发故事，进而思索人生与社会。

从题目类型来看，2024年的题目与2023年的记叙文题目类似。本题既是一道命题作文，要求故事内容要围绕"打开"展开，不可穿靴戴帽；又是一道情节驱动类的作文题，要将"打开"作为叙事动力，有效推动情节发展和主旨达成。这就要求"打开"不能只局限于打开这个词。在写作中，一要写出打开的过程，二要写出打开的效果。

稍显不同的是，"打开"这一动词，暗含着遮蔽或关闭之意，可以说没有遮蔽或关闭就没有打开。因此，想要完成对"打开"这一情节的扣合，就要写出从闭锁到打开的过程。同时，相比于"亮相"，"打开"一词缺少宾语，即打开的对象。尽管对象不一定是实体，但要构成一个完整意义的情节，离不开对打开的主体和对象的补全。

综上，我们可以基本归纳出切合"打开"一题的关键特征。

1. 打开依赖对象

打开的对象有虚实之分，但由于记叙文所强调的形象的思维特点，打开的对象更推荐虚实的结合。如在一位同学的笔下，打开的窗户兼具了实体的窗户和虚拟的心窗两种含义，打开也意味着一种生命认知的豁然开朗。

片段一：

"打开窗子听听吧，除了吵闹，窗外一定有你想听到的。"护工轻轻说道，说完便欲去扭开东边那扇窗。

"慢着，还是我来吧。"老张拦住了她，扶上了窗把手。这次不再是愤怒一拉，而是慢慢一推，两扇窗页间撕开一条狭小的窗缝，又接着渐渐敞开。他听到声音如流水涌入耳中、泻入房中、灌入他干涸的诗海。他听到枝头嘹亮的鸟鸣，比诗中幻化出的更加灵动鲜活；他听到风卷新叶的沙沙声，将春意一并吹拂到各个角落；他听到锅与铲的叮当碰撞，激出股股饭香牵着疲惫的人们归家；他听到楼下乐团的合奏彩排，鼓乐齐鸣间仿佛又回到青春战场……

"原来生活一直是诗，只是我合上了窗。"老张想。

打开的对象既可以是伊甸园，为生命和社会带来新的气象；也可以是潘多拉魔盒，给人类带来意想不到的困扰和灾难。如在同一位同学的笔下，诗人老张打开的是与清幽相对立的喧嚣，这显然是诗人不乐意接受的打开。

片段二：

老张爱诗，诗是他在这个喧闹的世界中最清幽的庇护所。老张读诗，写诗，他把退伍后的十余年都一股脑投入诗的海洋。一张纸、一支钢笔，写着写着他就听到诗中风在低吟，蝉在鸣唱，以及——

"当！"一声巨响将老张硬生生从诗的世界中扯出。老张的眉毛紧紧皱起来，一转头，果然看见了东面大开的窗。原来是儿子新请的护工，正为了通风推开一扇扇窗。霎时间一团嘈杂争先恐后地涌入老张耳中——冲着窗外吊花脸的小李，枝头叫声粗哑的喜鹊，花园里嬉闹的小孩与一帮露天练习的乐手……种种杂音混成一团乱麻在老张脑中四处乱闯，将老张那静谧的诗境搅成一地残渣。

当然，无论是哪一种性质的对象，对打开这一情节来说，都起到了具体化和限定性的作用，而且与主题密切关联。比如在上文习作中，小作者对于打开对象的虚与实、消极与积极的构思，对达成"诗歌的创造不能脱离生活"这一主题起到了积极的叙事效果。

2. 打开要有过程

与"亮相"一词相较，"打开"从动作执行长度来看，常常是瞬时性的；但从行动发生长度来看，却需要一个相对较长的过程。这要求写作者不仅要写出"打开"的行动，而且要体现出"打开"的过程。具体来说，可以从以下几个阶段来完成构思。

（1）打开之前。

打开之前一定会发生很多事件，但与"打开"密切关联的情节主要有两种。

一是记录关闭时的情状，以完成对命题的扣合。如果在对象关闭的情状描写中，突出对影响的状写，实际就为故事铺垫了"打开"的必要。如果在对象关闭的情状中，补充了主人公关闭的理由，实际也为主人公的成长铺垫了认知误区。比如下面的习作在"女主人公选择关闭家中琉璃窗"的情节中，记述了主人公关闭的理由和关闭后的内心煎熬，真实动人地反映了上个世纪"沉睡"的人们内心挣扎的情状。

片段一：

> 我房里有一扇顶漂亮的五彩西洋花纹琉璃窗，我极喜欢。全家上下仅此一扇。我以前每天都要站在窗前开合十次。从这西洋琉璃窗前看出去，仿佛这残破的世界也变得美丽。
>
> 直至那一日，爆发了巷战。据说外面的暴匪不分青红皂白地杀人，前街卖烧饼的陈叔被追得紧了顺着墙往公馆里爬，直接被暴匪击中，倒在公馆的围墙里头。
>
> 自此我总觉得这窗子上玫瑰般的红，染着一点陈叔的血，只是颜色相近，瞧不出来罢了。
>
> 于是便再没开过窗。
>
> 仅凭声音也知晓，日本人的军队进了城，是直接开的城门。卫队跑得整齐，人们也渐渐习惯了枪声。沉寂了几日的叫卖声又开始了，不过价钱翻了倍。一切那么熟悉自然，仿佛这城，打一开始就是日本人的。
>
> 罢了，有甚所谓呢？在紧闭的窗子里苟且过完一生就够了。

二是补充打开的前提，以完成对命题的深入。对于以"打开"为主题的故事来说，打开这一动作的达成显然是有一定困难的。无论是主人公的认知困境，还是主人公面对的外界阻碍，困难都作为打开的障碍存在，让故事变得波澜起伏，更重要的是面向读者完成了经验和认知的开掘。比如在琉璃窗的故事中，主人公最终完成琉璃窗的打开，依凭两个情节：一是作为觉醒者的哥哥的呐喊，二是作为领路者的传单的唤醒。这两个情节深入地反映了上世纪唤醒沉睡民众的重要条件。

片段二：

那日哥哥忍无可忍闯了进来，皱皱鼻子开了窗，我并不想阻拦他，有甚所谓呢？他见我无言，便开始了无尽的絮叨。从蒋介石的不抵抗说到他学堂里的日语课本，义愤填膺，口沫横飞。哪有大家名士的讲究？我暗自腹诽。

窗外刺骨的寒风钻进来，像陈叔倒下一般向屋里倾倒。东北漫长的寒冬将要开始，他说的那些，我有些害怕，沉默了许久，但只说：

"哥哥，天凉记得加衣。"

说着抽上了窗子。哥哥的激昂戛然而止，突然失了声一般。半晌，他没再说话，把手里的报纸敲在桌上，黯然离开了。

整日闷在房间里实在无趣，遂抓起报纸开始看。那是北京的——不是报纸——传单。我登时攥紧了这掉脑袋的东西，一字一句地读起来。原来，有人在乎东北，有人在全国各地抗议着，为这座"日本的天然的城"抗议着。有人在告别和摒弃旧的糟粕，女性剪发读书，学生运动。而我躲在琉璃窗里，却只知肉菜每日涨价。

我在房里来回走动着，心念着我所深爱的土地，像有一把火在内里烧我。

我猛然打开窗，寒风涌进来，是新鲜的、让人清醒的空气。

(2) 打开之时。

打开的动作发生是瞬时的，但不代表其是抽象的，它反而是具体、充实的。

打开附着着情绪，比如主动还是被动、开心或是悲伤、憧憬或是麻木等等，均体现出主体的情态。

打开伴随着方式，比如借着别人之力打开枷锁、借文学之力打开历史、借科技之力为脱贫打开出路等。

打开存在着位置的问题。从哪里打开、朝哪里打开、在哪个时刻打开，这些在生活中从来都不是简单的问题。比如在下面的这篇习作中，小作者用对"新闻的窗口应向哪里打开"的回答完成了对"新闻工作应向平凡容易被忽略的角落打开窗口"这一使命的重申。

片段：

我不知自己是怎样在工厂中徘徊了一整天，脑中时刻浮现着未着锈迹的机器，旁边是年轻的脸庞，额角滑下专注的汗珠，滴在手上丝毫不影响零件翻飞。只记得墙上高高开着的那扇窗中，一束阳光倾泻而下，空气中灰尘飞舞着，时间仿佛停驻于此。同样灿烂明媚的阳光，照耀在百年前生生不息的车床上，照在布满笑意的嘴角旁。

他们不累不乏吗？不枯燥吗？可他们怎么依旧能写下川流不息处的奋力一跃？沉默的矿山和工人，把岁岁芳华写成日复一日的劳作，又从喉咙低处吟出浑厚激昂的诗歌。那鼓舞人心的力量带来的余温残留指间，跨越百年丝毫未减。我不再去想未完成的报告，冰冷的文字留不下摄人心魄的甘苦，留不下岁月沉淀后温暖的力量。

深夜，我打开窗。夜风和暖，我看到了新城市中从未见过的月色和星空。

（3）打开之后。打开之后的时刻要给人以不一样的场面效果，那势必要求打开之后和打开之前的场景形成反差，否则打开与关闭便无区别。比如在琉璃窗故事中，片段一与片段二这两个片段形成对比，打开之前的嘈杂与打开之后的生机形成了反差，也引发了主人公认识的跃进。

3. 打开需要效果

人物的打开必然伴随着打开对人物的影响，或是积极影响，或是消极影响，无论如何，都在展现着打开这一动作不可或缺的效果和意义。正如前文所述，打开的意义或效果不仅依赖于打开之后的继发性事件，也依赖于打开之前的效果性情状，它们有着密切的因果关联。当然，打开也可以重复发生，只要写出单次"打开"的节点性意义即可。

二、范文解读

【例文一】

打开

人大附中 2025 届毕业生　姚依梵

人们筑起高厦屋檐以寻求庇护，却独又在围墙遮掩的空隙间开出窗来。

小林曾以为，是窗让幽闭的空间变得更似关住人心的牢笼，明明屋顶已然遮住了头顶的天空，窗儿偏要露出一角，撩动着人的心弦。而到窗边看时，宽展的屋檐却又如穹顶般将其他一切覆盖住了。

（开篇交代主人公对于"打开窗户"这一普遍行为在认知上的心结。）

小林所居住的阁楼，偏又有许多窗。正向北面开一扇，却只能看见墙后垂柳的一角，只有风吹起时，才能瞥见婀娜的枝条从砖红的墙边露面。而风是不常有的，树生了根，不能越过围墙，他纵有灵活的步伐，却甚至不能突破面前的这扇窗，于是便愤愤地半合上百叶窗帘，只让些许阳光洒进屋里。但最让他不解的还是同侧的屋顶上那扇小小的天窗，狭窄到仅容一人通过，木制的窗框已经朽坏了，只在雨水的季节里滴下水来，弄湿他新创作的画稿。

（叙写主人公在具体生活中"打开窗户"这一行为的不便和不必。）

小林不曾打开这扇窗，整日在阁楼里钻研那些画作，也不曾有过满意的构思。"别人读不懂我的作品，我也读不懂他们的春天。"他对诗人朋友这样说，春天从未走到他的身边来，而墙上的窗子也未曾邀请到春日的光临。"不如打开窗看看？"他摇摇头，窗外什么也没有。

（交代主人公的职业身份，为不打开窗户带来的危害铺设具体的切入点。）

而朋友却早已自顾自地搬了凳子，将天窗打开了："开窗！你不愿开窗去找心中的春天，难道等着春来找你？"几滴沉积未干的雨水沿着窗框滑下来，滴在小林因遮蔽阳光而举起的手背上。"水，有水呀！"他听见朋友欢欣的惊叹声。"真奇怪，几滴水……"小林甩甩手，而朋友却双手一撑，从窗户出去了。

"快上来呀——"

（打开的契机：由次要人物介入完成对窗户的强制性打开，以引发下文主人公的认识转变。）

小林不情愿地将头探出那扇敞开的窗，刚要发问，便愣住了。墙后的柳树此时展露了她的全貌，柳枝摇曳的后面，一片湖泊在阳光下静静地闪着金光。"水漫在河床上，船浮在水上，天空飘着云——于是云彩也变成了船儿，垂柳也成了湖底的水草，你说，有不有趣！"诗人朋友感叹着，小林却没有回答，他只是静静地看。

多年来，他只道世间的美未曾眷顾他，却不知推开一扇窗，美便尽收眼底了！人言双眼为心灵之窗，诚然。他顿如醍醐灌顶。

于是小林回到房中，又拿起了笔。

（打开的时刻：从实际窗户的打开到主人公心结的打开，主人公发现生活对艺术创作的重要价值，完成认知的转变。）

一个月后，他的作品在画展上亮相：推开的窗、明镜似的湖、船似的云朵，还有那湖边多姿的柳条。下面写着画的题目——打开一扇窗。

"描绘的是春，又为何以窗为题呢？"人们说。

同往常一样，他笑而不语。

（打开的意义：从效果上达成了对"是否需要打开"这一问题的回答。）

点评：本文聚焦于艺术世界与现实世界是否需要融合相通的主题，选材新颖，思考深入。故事紧扣"打开"，逻辑合理，完成了对打开的过程及意义的有效叙写。语言干净有味道，形象有诗意，是一篇充满韵味的故事。

【例文二】

打开

人大附中 2025 届毕业生　蔡志天

小时候的我最喜爱在窗门紧闭的卧室里看书。最好洁白的地板上一粒灰尘也不要有。最好安静的空气中一丝喧闹也不要混入。

那时的我尤爱读泰戈尔的《飞鸟集》和冰心的《春水》。或柔美或绚烂的诗句在心中化开，留下澄澈的回忆。窗户像是相机的取景框一样，总是不偏不倚地将梧桐树风移影动的树叶揽进来。彼时的我认为那是最美好的日子。我总以为这样的美好会长存，直到高中老师开始要求看鲁迅的作品。

（双点映照：从生活中对卧室绝对干净的坚持到阅读中对柔美世界的偏爱，内隐主人公对不美好之现实的拒绝。）

我对鲁迅向来是又敬又怕的。我觉得他过于尖锐严厉，所以除了课本里那几篇，我几乎就没再读过鲁迅的文章。

（聚焦"打开"对象并交代远离鲁迅作品的缘由。）

但总归是师命难违，我只好在窗边读起了《呐喊》。我的兴致一直寥寥，直到读到那篇《明天》。

文中的单四嫂子是个粗笨的女人，但她丧子的切肤之痛却是那样真实，让我难以抑制地共情起来。宝儿的葬礼上，那些"尚存古风"的鲁镇人是那样冷漠，令我悲愤。而单四嫂子没有希望的明天又令我哀伤。这篇文章与我以往读的小说大相径庭，一时间我竟也觉得这洁白的屋子太空，太安静。压抑的氛围让我忍不住打开了窗户。

（虚实相映：从打开《呐喊》被单四嫂子的悲惨命运触动到打开卧室的窗子，完成了鲁迅作品需要被打开的启蒙。）

在打开窗户的一瞬间，终于有新鲜的空气打在脸上，一时间，我竟忽然觉得世界格外大。隐约听到哭声，我诧异——是单四嫂子的吗？目光四寻，最终发现是楼下小朋友的抽泣声。从窗户外向下看，是从未有过的视角。我看见做垃圾分类的叔叔弯着腰，袖管上满是油污；我看见白发稀疏的老人拄着拐艰难地踱步。这是我不曾留意过的画面，是我选择性忽视的世界。

（打开的意义：通过对打开窗户所看到的现实生活的状写，向读者展现出打开鲁迅作品对当下的价值。）

久久地，我难以平静。关闭这扇窗户保护了我想象中的伊甸园，却也让我错过了最真实的世界。而我先前那些固执的偏好和拒绝，垒起了象牙塔，封死了我心灵的窗户，封死了我通向世界的路。我再也看不见最完整真实的世界。又是何其悲哀啊。

（打开之后的反思：用鲁迅的自省推动我的自省，完成了在阅读世界里打开和关闭的价值求索。）

终于，我开始看《且介亭杂文》、开始看《野草》，读的过程中虽常常因为代替耻感而感到隐隐钝痛，但这却实实在在让我感受到了人性的复杂，丰富了我的生命体验。我也并没有从此再也不读《繁星》《春水》，因为它们的美与爱真实存在，这也是构成我生命的重要部分。从此以后，我的人生才真正变成了旷野。

我终于在十七岁那年推开了我人生的窗户。

窗外一片喧闹，正好。

（打开之后的行动：主人公没有停留在一次打开，而是继续打开鲁迅的作品世界，完成青春通向真实的旷野。）

点评：本文取材于学生的真实生活，与读者真诚地交流自己在阅读生活中遭遇到的困扰，有很强的现实感和针对性。更难能可贵的是，小作者没有回避自己对鲁迅作品阅读的真实感受，而是由这一真实感受出发完成对自我的剖析和反省，这显然是认真阅读鲁迅作品后所带有的味道。在叙事技巧上，作品对"打开"进行了虚实结合的设计，以落实鲁迅作品在当下的价值。是一篇可贵动人的文章。

【例文三】

打开

人大附中 2025 届毕业生　莫轶然

我打开信箱，里面躺着一沓明信片。

单元楼外的信箱已经闲置很久了，金属外壳在风吹日晒下显得有些暗淡，边角处因为自行车不小心撞击而坑坑洼洼。在通信如此发达的年代，很少有人使用信箱了。我攥着钥匙插入锁孔，像个异类。

但她知道我会打开。她总是知道。

那一年我生日那天，她一早便来敲门，催促着我去取今天的报纸。"打开信箱，会有惊喜哦！"

"啪嗒"一声，金属的柜门弹开。我伸出手，轻轻拽出报纸，一张明信片从中滑了出来。我捧起那张硬卡纸。一只皮毛光滑的银色小猫从卡纸边探出脑袋，睁大了乌黑的双眼朝我望着，翻过面，是她手写的、尚歪歪扭扭的大字：

生日快乐！愿你的每一天都充满阳光、花朵与梦想！

P.S. 信箱里藏着一个世界呢！

我想象着她握着笔在房间的角落冥思苦想，最终一笔一画地写下简单却真挚的祝福，微微翘起了嘴角。

后来，明信片成了我们之间独特的沟通方式。每一次，我都慢慢地等，等不知道有没有被寄出的明信片徐徐地走，等在打开信箱的那一刻，和另一个时空中的她一步一步走近，一步一步相遇。

不知道从哪天开始，家里不再订报纸了。信箱不再被打开，我们也渐渐疏远。我们都有新的生活和社交圈，而恰巧都不在对方的圈子里面。有一次大学暑假，我们正好在信箱墙前遇见，闲聊几句，像每一对刚认识的人那样机械地添加了联系方式。一定要多视频通话啊，我们叮嘱着对方。

可是打开视频，看着手机屏幕上亮起她的脸，我一时竟不知道该说什么好。通过科技打开的世界，显然无限地拉近了我们的物理距离，可也带来了不可逃遁的心理疏远。

自己已经离开对方的生活太久了——我对她具体的近况一无所知，她在我的心里只有一个模糊的影子。我们尴尬地微笑着，寒暄了几句，逃跑似的飞快挂断了视频。熟悉的陌生人是要慢慢靠近的，给对方一些醒来的时间。粗暴直接的打开让有些感情、有些话不再能顺畅地落实在语言上，像那一面墙的信箱一样，落了灰，上了锁。

可是……真的不在乎吗？

"从前的日色变得慢/车，马，邮件都慢……"十五岁的她将这首诗抄录在明信片上，从遥远的南方寄给我。南方冬日的暖阳附着在笔迹上，驱散了朔风的寒冷。

既然说不出，那就写。既然手机字体全都呆板而冰冷，那就用笔，一个字、一个字，写下多时的想念。既然即时的消息失了诚恳与郑重，那就把一切说得出、说不出的思念投入邮筒，等着它兜兜转转回到单元楼下，回到信箱里，回到她的心里。

而与此同时，我也等待着，像小时候的每一天一样，等着自己打开信箱的那一声清脆，等着那一份庄重的期待终于落地。

几天后，我打开了许久未开的信箱。里面是一沓明信片，样式和小时候她给我的生日明信片差不多，各式各样的小猫调皮地眨着眼睛，算算时间，应该比我寄出得更早。她的字迹早已变得清秀，在第一张明信片上写道：这是补偿。那些明信片中断的日子，我希望你可以用另一种方式在场。

也许，在信息飞驰、生命加速的年代里，还固执地打开信箱，有些不合时宜。但谁又能拒绝呢？

毕竟，有所等待地打开才是生命诗意的奥秘。

点评：本文以打开的对象——信箱，承载了自己对快节奏的当下如何安放情感与生命的思考，新颖而深刻。故事时间跨度长，却没有显得平铺直叙，原因有二：一是叙事链条的剪辑得当，通过插叙的手法将过去的故事融合在当前时间线中；二是心理活动的描写细腻深刻，给读者以涵泳、品味主题的时间与空间。在打开的意义和效果的传达上，理由充分且有力，能引发读者对于生活的反思，有现实意义。总体来讲，这是一篇优秀的作品。

图书在版编目（CIP）数据

记叙文写作课. 备考指津 / 徐翔宇著. -- 北京：中国人民大学出版社，2025.5. -- ISBN 978-7-300-33806-4

Ⅰ. G634.343

中国国家版本馆 CIP 数据核字第 2025PG8965 号

记叙文写作课
备考指津
徐翔宇　著
Jixuwen Xiezuoke

出版发行	中国人民大学出版社		
社　　址	北京中关村大街 31 号	邮政编码	100080
电　　话	010-62511242（总编室）		010-62511770（质管部）
	010-82501766（邮购部）		010-62514148（门市部）
	010-62511173（发行公司）		010-62515275（盗版举报）
网　　址	http://www.crup.com.cn		
经　　销	新华书店		
印　　刷	北京宏伟双华印刷有限公司		
开　　本	720 mm×1000 mm　1/16	版　　次	2025 年 5 月第 1 版
印　　张	18.25　插页 1	印　　次	2025 年 5 月第 1 次印刷
字　　数	225 000	定　　价	59.00 元

版权所有　侵权必究　印装差错　负责调换